〔法学精义〕

行政法理论基础

传统与革新

沈岿 ◎ 著

清华大学出版社
北京

版权所有，侵权必究。举报：010-62782989，beiqinquan@tup.tsinghua.edu.cn。

图书在版编目(CIP)数据

行政法理论基础：传统与革新／沈岿著 . —北京：清华大学出版社，2022.9（2023.11重印）
（法学精义）
ISBN 978-7-302-59880-0

Ⅰ．①行… Ⅱ．①沈… Ⅲ．①行政法－研究－中国 Ⅳ．① D922.104

中国版本图书馆 CIP 数据核字 (2022) 第 009931 号

责任编辑：朱玉霞
封面设计：徐 超
责任校对：王凤芝
责任印制：宋 林

出版发行：清华大学出版社
网 址：http：//www.tup.com.cn，http：//www.wqbook.com
地 址：北京清华大学学研大厦 A 座　　邮 编：100084
社 总 机：010-83470000　　邮 购：010-62786544
投稿与读者服务：010-62776969，c-service@tup.tsinghua.edu.cn
质 量 反 馈：010-62772015，zhiliang@tup.tsinghua.edu.cn

印 装 者：涿州市般润文化传播有限公司
经 销：全国新华书店
开 本：170mm×240mm　　印 张：16.75　　字 数：268 千字
版 次：2022 年 9 月第 1 版　　印 次：2023 年 11 月第 3 次印刷
定 价：89.00 元

产品编号：094264-02

谨以此书献给恩师罗豪才先生

自　序

整理和出版这本书的直接动因是纪念我的导师罗豪才先生。

2018年2月12日,恩师辞世。彼时,不巧,我在美国宾夕法尼亚大学法学院访学,既不能在恩师生前再见其一面,又不能相送,一直深感遗憾。尽管我的夫人余伟利恰好在京,代表我前往告别,毕竟难比亲临。赴美之前,曾经探视恩师于病榻前,却苦于无法对话。每每忆起,不禁唏嘘,悲从中来。

恩师生前,我曾经两次向他提议,希望他可以口述一生,留下其少年时在新加坡参加抗日活动、归国后求学、毕业后成为北大教员、从事法律系和学校管理、开创行政法学理论流派、于最高人民法院任职大法官以及最后担任致公党主席、全国政协副主席的传奇人生。可是,从容淡泊的他,每次都是微微仰头、轻捋银发、呵呵一笑,仿佛"古今多少事,都付笑谈中"。如今,其家人、弟子以及多年部下,都觉得有必要为他撰写一部传记。只是,不能向恩师本人求证诸多历史时刻,集众多当事者之记忆碎片的写作,虽有不断进展,毕竟较为迟滞缓慢。

去年3月14日,清明前,与同门一起,在八宝山祭拜恩师。不经意间,草木荣枯,时光荏苒,转瞬已去三载。墓碑上恩师笑容宛然,似在询问弟子们这段时间学问有何进益。老师生前最喜钻研理论,经常挑战自己的知识结构,吸纳更新的观点学说,让自己始终站在学术前沿,亦寄望弟子们在学术之途上有所斩获。望老师项背,实难企及。一时不知该交什么答卷出来。

最终促成本书念头的,是清华大学公共管理学院的于安教授。于安教授也是恩师弟子,入门前在行政法学界成名已久。在我攻读博士期间,就曾经前往他的家宅登门请教。一次小聚,我们聊及软法的发展以及法典化的时代。席间,于安教授掷地有声地提到,北京大学是以基础理论研究著名的!

说者无心,听者有意。是啊!恩师于20世纪90年代初开创现代行政法平衡理论,此后,率领一干弟子专注于该理论的不断阐发、发展和完善,引发学界关于行政法理论基础之共同探索，历时 10 余年；之后，他又创造性地将兴起于国际法语境中的软法概念应用于国内的公共治理，再次掀起关于软法研究的热潮，甚至打开重新审视"法律"概念的窗口。无论其观点的支持者还是反对者，都应该会承认他在基础理论研究以及引领基础理论研究上的卓越贡献。想来，这也就是同仁所认可的北大之特色。

27 年前，追随恩师，在其一手打造的热烈争论、冷静思考、沉心写作之同门氛围中，有所感悟、有所收获、有所发表，最终，以博士论文《平衡论：一种行政法认知模式》完成学业，贡献对平衡论的一己之见。毕业留校任教后，恩师继续在广袤学术大地上驰骋探索，我则未再直接以平衡论为题进行著述——按师门惯例，此为后继弟子们的任务——除了曾经回顾行政法理论基础以及在恩师走后评论其法律思想。

然而，忝列罗门，不敢荒废于基础理论之研究，在关注行政法之具体或局部问题的同时，始终不忘从恩师处习得的一种整体观察。在关于行政法变迁与政府重塑、治理转型，关于行政法中的监控者和管理者视角，关于行政自我规制与行政法治，关于行政法上的效能原则，关于互联网经济与政府监管创新，关于应责胜任法治政府的构成，关于司法面向行政法学传统的反省等等，都秉承了"体系型思考"的方法。甚至，在变换主题、角度、维度的持续深入求索中，还发现了平衡论以往未曾有意识挖掘的司法面向行政法学传统与监控视角的关系问题，"面向行政所面向"、行政有效性与管理视角的关系问题，以及两种面向是否有可能为行政法学体系所兼容的问题。以上种种，朝花夕拾，掇之捋之。于安教授的提醒，让我萌生了将这些论述重新整理成书的想法，以此向恩师汇报，许是他最愿意、最开心看到的。

过去数年，在上述研究方面对我有所助益的学界同仁、期刊编辑、门下学生甚多，抱歉无法一一致以谢意。北京大学宪法与行政法研究中心以及北京大学法学院各位同事的帮助以及营造的良好学术环境，也是我之前屡屡提及的。此番，我特别希望借此良机向"行政法学的概念与体系"系列研讨会表示致敬和感谢！本书中的许多想法，都是在与研讨会上同仁们火花四溅又风趣横生的争论中产生的。

本书的绝大部分内容在母亲史涪春、夫人余伟利、幼子沈子越的陪伴中完成。感谢她（他）们给予爱意无限、和谐幸福的家庭！无此美好后花园，难以成就任何学术之果！尤其是，本书在最后整理时日中，她（他）们都予以精神上的极大支持！才逾舞勺之年的沈子越亦愿意贡献其近来的美术佳作，作为封面的原图和每章的缀饰，让本书呈现不同于以往所出书籍的特色。欣慰之极！喜悦之极！感谢之极！

  清华大学出版社朱玉霞老师，之前仅有通讯，未曾谋面，为本书的出版相见商议时，慨然允诺给予最有力的支持与帮助，包括——但不限于——为收录美术作品而额外的排版、印刷付出。自交付书稿至付梓问世，期间一年有余，朱老师于各处细节皆精心关照。对此，亦深怀感激！

  是为序。

沈 岿
2022 年 9 月 28 日

目 录

第一章 移易植难：民国行政法学掠影 ········· 1
一、变法图强与动荡时局 ········· 2
二、拿来主义与本土化 ········· 3
三、法治理想与现实的百年嗟叹 ········· 9

第二章 行政法理论基础的争流 ········· 13
一、开拓疆域：命题与纲领 ········· 13
二、渐臻成熟：系统化论证 ········· 22
三、百家争鸣、百花齐放 ········· 31
四、更上层楼、更辟新径 ········· 43
五、结语：整体、共识和未来 ········· 51

第三章 "为了权利与权力的平衡"及超越 ········· 58
一、为了权利与权力的平衡 ········· 59
二、软法与硬法的混合治理 ········· 67
三、结语：超越的不仅是自己 ········· 75

第四章 行政法变迁与政府重塑、治理转型 ········· 78
一、行政诉讼、复议、赔偿与责任政府 ········· 80
二、行政作用的约束与有限政府 ········· 85
三、公众参与、信息公开与开放政府 ········· 90
四、行政法一般原则与理性、公正、诚信政府 ········· 93
五、行政自我革新与效能政府 ········· 97

六、反腐、监察改革与廉洁政府 ………………………………… 101
　　七、公共治理和协作治理 ……………………………………… 104
　　八、风险治理、网络治理、数据治理和全球治理 ……………… 107
　　九、结语：任重道远、路阻且长 ………………………………… 112

第五章　行政法中的监控者与管理者 ………………………… 114
　　一、新行政法及其两种进路 …………………………………… 115
　　二、若隐若现的角色：监控者和管理者 ………………………… 123
　　三、统合的维度与限度 ………………………………………… 133
　　四、结语：行政法学体系转型使命 ……………………………… 141

第六章　行政自我规制与行政法治 …………………………… 144
　　一、外部规制的成就和不足 …………………………………… 145
　　二、行政自我规制对法治政府的塑造 …………………………… 153
　　三、行政自我规制的发展动力 ………………………………… 160
　　四、结论：不可忽视亦不可高估 ………………………………… 164

第七章　行政法上的效能原则 ………………………………… 166
　　一、学术史的回顾 ……………………………………………… 167
　　二、作为行政法一般原则的理由 ………………………………… 171
　　三、制度建构论上的规范内涵 ………………………………… 182
　　四、法适用论上的规范内涵 …………………………………… 186
　　五、效能原则与其他行政法一般原则 …………………………… 192
　　六、结语：理论拒绝固步自封 …………………………………… 195

第八章　互联网经济与政府监管创新 ………………………… 199
　　一、作为一种生活系统的互联网 ………………………………… 199
　　二、互联网经济的政府监管原则 ………………………………… 202
　　三、互联网经济政府监管方式创新 ……………………………… 208
　　四、结语：为未来监管 ………………………………………… 213

第九章　走向应责胜任的法治政府 ……………………………… 217
   一、守法和能干：孰优？ ………………………………………… 218
   二、代议民主式法治的魅力和局限 ……………………………… 223
   三、何谓应责胜任的法治政府 …………………………………… 227

第十章　面对传统、现在与未来的行政法学 …………………… 234
   一、行政诉讼是法治基石 ………………………………………… 235
   二、司法面向的行政法学传统 …………………………………… 237
   三、行政诉讼法与传统的局限 …………………………………… 240
   四、真的不用回答行政实体问题吗？ …………………………… 244
   五、迎面扑来的现在与未来 ……………………………………… 247
   六、结语：我们的使命 …………………………………………… 252

> 恰如用自己的手拔着头发，要离开地球一样，他离不开，焦躁着……
>
> ——鲁迅

第一章　移易植难：民国行政法学掠影

中国行政法学的肇兴，大约始于20世纪初期清朝覆亡前后。[1]自从1902年底译书汇编社出版董鸿祎编译的《日本行政法纲领》后，[2]1903年，商务印书馆又出版日本学者清水澄的《行政法氾论》（中文版）、开明书局出版丁额著、王纯翻译的《普鲁士行政法典》，直至1907年，共出现国外行政法学著作译本十余部，中国行政法学著作四部。进入20世纪二三十年代，在行政法学研究领域，学者群体已然具有相当规模，而著书（包括翻译、编译本和中国学者自著本）则如雨后春笋层出不穷，范围涉及行政法总论和分论各个部分。[3]

关于彼时行政法学兴起背景和特征之认识，不仅有助于理解这一对当下中国仍旧在苦苦探索的政府法治至关重要的学科"从何而来""为何而来"以及"如何而来"，理解"传统基因"在百多年后的扎根与影响；也可从中领悟，在国门打开、西学东渐之后，思想与理论的引进——"移"——看似是相对容易的，而其所倡议的法律与制度的建构实施——"植"——则是更为艰难的。后者会遭遇有着非常复杂成分的本地"土壤"。这个厚厚的、多少有点深不可测的土壤潜在地有把"南橘"改成"北枳"的能力，所以，需要移植者对"被移之物"进行一番改造以接地气、服水土。然而，法律和制度的移植并不是移花接木，其中的主要动因就是要改变脚下的土壤。于是，这样的工程就如同拔着自己

---

[1] 有学者言，这一时间约为清末戊戌变法之时。参见王珉灿主编，《行政法概要》，法律出版社1983年，第25页。一门学科的兴起，无论如何，应以一批著述和研究群体为标志，二则戊戌变法时期国人关注的中心在于是否变法、如何变法，似乎尚未就行政法学展开独立的系统研究。

[2] 参见王贵松：《论近代中国行政法学的起源》，载《法学家》2014年第4期，第153页。

[3] 详见皮纯协主编：《行政法学》，群众出版社2000年，第315-317页。

的头发想要离开地球似的，始终是艰难的、困扰的、折磨人的。这一点迄今未变。

一、变法图强与动荡时局

毫无疑问，近代中国行政法学作为一个知识体系，在本土逐渐成长的过程，自然会受其所嵌入的政治、经济、社会系统中复杂因素之影响。本章于此仅试图揭示与彼时行政法学休戚相关的两个因素。

1."变法图强"的共识

中国自19世纪中叶以来，备受西方列强以及因全面学习西方、励志"脱亚入欧"而已然在国力上崛起的近邻日本欺侮，政府上层官员和知识界都在苦苦思索"图强"之方法和路径。其中，魏源通过《海国图志》倡导的"师夷长技以制夷"思想可谓其中之代表。

至19世纪和20世纪之交，不能简单地学习西方"船坚炮利"之法，而应实行"大变"和"真变"，即效仿作为西方富强稳定之根本的组织形式——即政治法律制度，这一认识日益成为风行的共同观念。[1] 其实，此观念早已形成，只是1897年中日甲午海战和1904年日俄战争的结果直接促使其广为滋长。"当时所谓士大夫受中、日战败之刺激，由反对李鸿章议和误国运动，一变而为维新自强运动，而其主张之目标，乃在'变法'。所谓'变法'，仅为一种方法，企图求由变法而自强而御侮而救亡"。[2]

然而，由这个观念推进的变法运动，与其说是中国古代法向中国近现代法的衍变，不如更确切地说是中国在模仿西方近现代法基础上实行的断裂式法律革命。变法图强的共识视古老中华法系缺乏可以支撑变法的制度和知识资源。正因为如此，近代有志之士无法也不愿从中国古代法中寻找变法所需的主要资源，并且，他们中间的大多数在观察列强之后，对日本这个在语言、文化上有相近之处而在学习西方制度方面又取得重大成效的邻国更感兴趣，似乎借鉴其

---

[1] 参见马作武：《清末法制变革思潮》，兰州大学出版社1997年，第5-6、14-16页。
[2] 杨幼炯：《近代中国立法史》，商务印书馆1936年，第14页。

法律制度和法学知识（甚至法言法语）更为便捷。[1] 于是，由"变祖宗之法"而激励学西方之法，由学西方之法而促成中国近现代法学之萌芽。行政法学亦在此背景中逐渐孕育而生。

2. 动荡的时局与制度

自清廷迫于各方面压力迈出"变法"第一步以后，20世纪初期的中国法律近现代化过程历经清政府、南京临时政府、北洋政府、广州与武汉国民政府以及南京国民政府（其间还罹于抗战烽火）。一方面，每任政府都有自身的政策考虑和创制方案，且随情势转移而屡屡转换；另一方面，需要建立的法律制度（尤其是公法制度）多系以前所未有，初创之期难免粗糙疏漏和不断修正。

所以，当时，作为近现代法学研究对象的法律制度尚处于变动不居、没有成型的状况，与政府变革关系尤其密切的行政法制度更是如此。有学者言："政府每经一次更张，而行政法规，亦必有不少之变更，际此朝令夕改法律状态不安之秋，兹书之不能收完善效果，亦意中事，……"[2] 行政法制度的变动不居，也自然影响到行政法理论之确定性。"第我国中央及地方之行政组织，无日不在推移改变之中，在理论上欲求一确定之观念，一时殊不易得。"[3]

二、拿来主义与本土化

一方面是希望学习西方的观念、理论和制度，另一方面又困于国内始终未能稳定的政治、法律建构方向与环境，学者们力图用主要转借于日本的西方行政法理念来诠释或规范中国近现代行政法的创制，使得由此构筑而成的行政法学呈现以下特征。

1. 研究的领域和体系基本定型，但实为日本行政法学的摹本

从20世纪二三十年代出版的有关著书来看，当时行政法学研究领域和体

---

[1] 参见李贵连：《二十世纪初期的中国法学》（上、下），载李贵连主编：《二十世纪的中国法学》，北京大学出版社1998年，第1-37页。
[2] 赵琛：《行政法各论》，上海法学编译社1933年，弁言部分。
[3] 范扬：《行政法总论》，商务印书馆1935年，序言部分。

系已经基本成型。首先，整体上由总论和各论两部组成。其次，总论包括行政法基本理念和原则（涉及行政法地位、渊源、与其他法的关系、公法关系等）；行政组织（涉及中央与地方行政组织、官吏法、公法人、自治行政等）；行政行为（亦称行政作用，涉及行政命令、行政处分、行政契约等）；行政救济（涉及诉愿、行政诉讼、行政损害赔偿等）。[1] 最后，各论包括警察行政、保育行政、财政行政、外交行政、军事行政、法政行政等。[2] 其中，警察行政的含义相当广泛，指"直接固社会公共利益，基于一般统治权，限制个人行为的自然自由之权力作用"。[3]

然而，这些研究领域的基本组成多系日本行政法学的移植。1927年，被后人誉为"中国现代行政法学家和教育家"的白鹏飞[4]在《行政法总论》中坦言："然以吾国现行法令之粗杂与不备，吾人即欲勉力建一贯的主义于其上，亦势理之所不能。从是，则惟有罗列诸家之说，及并代诸闻国之法制，以为我成法写实对照之一助。……是编出自吾师美浓部博士多年之指导。"[5] 美浓部达吉是当时执教于日本法政大学的行政法学泰斗之一，"吾国法界人士负笈东瀛者，多出其门"。[6] 对照白鹏飞一书和美浓部早期著作《行政法总论》[7]，可以发现诸多完全雷同之处。

在此，以两书体系和其中对"行政权界限"的解说为例，列表示之。而行政法各论构造也多存在接近与相似的地方。[8]

---

[1] 例如，参见白鹏飞：《行政法总论》，商务印书馆1927年；钟赓言：《行政法总论》，朝阳大学法律科讲义1922年；赵琛：《行政法总论》，上海法学编译社1933年；张映南：《行政法总论》，中华印书局1935年；范扬：《行政法总论》，商务印书馆1935年。
[2] 例如，参见赵琛：《行政法各论》，上海法学编译社1933年；白鹏飞：《行政法大纲》（下卷）（即各论），好望书局1934年；徐仲白：《行政法各论讲义》，北平中国大学讲义1935年；管欧：《行政法各论》，商务印书馆1936年。
[3] 徐仲白：《行政法各论讲义》，北平中国大学讲义1935年，第1页。
[4] 皮纯协主编：《行政法学》，群众出版社2000年，第316页。
[5] 白鹏飞：《行政法总论》，商务印书馆1927年，导言部分。
[6] [日]美浓部达吉：《行政法撮要》，程邻芳、陈思谦译，商务印书馆1934年，译者序部分。
[7] 参见[日]美浓部达吉：《行政法总论》，黄屈译，上海民智书局1933年。
[8] 例如，参见[日]清水澄：《行政法各论》，金泯澜译，商务印书馆1908年；[日]清水澄、松本顺吉：《行政法》，曹履贞编辑，湖北法政出版社1905年。

白鹏飞《行政法总论》		美浓部达吉《行政法总论》	
体系	对"行政权界限"的说明	体系	对"行政权界限"的说明
第一章 行政法之基础观念及基础规律（包括行政权；行政法；公法关系；行政行为；行政行为之无效；行政行为之取消；行政上之强制行为；行政上之损害赔偿及损失赔偿） 第二章 行政组织（包括概论；现行官制之梗概；官吏法；公法人；行政上之争讼）	（1）行政权之作用不得与法规相抵触。 （2）以行政权侵害人民之自由及财产时。必须有法规之根据。 （3）行政权非有法规之根据。则不得对于特定人免除其法规所命令之义务。或为特定人设定特权。 （4）即法规许行政以自由裁量。 【备注：见第4-7页，序号系笔者所加】	第一章 基本观念及基本规律（包括行政权；行政法；公法关系；行政行为；行政行为之无效及撤销；行政上之强制执行；行政上之损害赔偿及损失补偿） 第二章 行政组织（包括国家行政组织通论；现行官制之梗概；官吏法；公共团体总论；现行地方自治制度之梗概；各种之公共合作及建设物法人） 第三章 行政上之争讼	（1）行政权作用不得抵触法规。 （2）若无法规根据，行政权不得命人民以义务，侵害其权利。 （3）若非有法规之根据，不得对某特定人免除法规所命令之义务，为某特定人设定权利。 （4）法规任行政权自由裁量时，其裁量权于其限度上及于其内容上亦须服从法规之限制。 【备注：见第14-17页，序号亦系笔者所加】

2.初步探讨行政法学方法论问题，重视"以理说法"

行政法学研究方法论问题始终因行政法学的存在而存在，学科起步伊始，更是难免一番讨论，尤其在如何区分与行政法学相近学科方面，因为学科的独立必须研究对象和方法的独立。范扬曾言："行政法学为法学之一分科，当以就法律的现象及以法学的方法组织而成立者，较为合于理想。著者于方法论一端，不敢谓有深造，但平时亦颇注意，尤其近时发达之纯粹法学学说，觉其颇有可采之处。惟为便利读者了解起见，关于法制原理，不得不加说明，立法上未完备之处，亦不得不略抒所见，所以完全采取此种见地，亦觉以为未可。但行政法学与行政学或政策学，究有分际，彼此不容侵袭；应属行政学详细讨论之点，则著者不得不认为非法学的问题，而勉力避之矣。"[1]

细分析之，这段论述有两层意思：其一，就学科间分野而言，旨在排除行

---

[1] 范扬：《行政法总论》，商务印书馆1935年，序言部分，第1页。

政学或政策学对行政法学的干扰，确定行政法学研究之适当对象；其二，偏向于从纯粹法学立场考察现行的法律制度，而不过多地以超验的价值判断来评论法律。其实，中国行政的近现代化实际上是移植西方的行政原理，行政法的创制自然始终追随被学者袭用过来的西方行政法理论。因此，尽管范扬强调纯粹法学方法，但从其著书内容看，依然像其他行政法学者一样，无法避免用渗透西方一定法治价值观的理论来解说法律现象，建树学科体系与主要内容。

赵琛则从"编纂注释法律"和"法理解释"区别的角度说明行政法学的方法论问题。"兹举学者间研究方法二则，以供研究之用。第一，'尽集现行法令，编纂而解释之，'然有左之缺点：1.行政法变更无常，必欲得一研究之归结点，恐杳渺无尽期。2.泥守此法，徒成为器械的作用。3.行政法令，随机应变，无论有如何精密之规定，终不能尽法理上之理论。第二，'当依抽象的论定行政之形式，不以现行法令之编纂为目的。'此说似较完善，亦有左之缺点：1.理论上巧于分析，事实上恐不无疏漏之虞。2.有养成偏重法理解释，轻视现行制度之弊。依吾人理想，以定研究方法，非合两说兼而有之不可；但法学之目的，以养成法理的观念为主，集合法令，乃其从焉者，是以近世学者，每多采用第二方法也。"[1]

可见，当时的流行方法倾向于"以理说法"和法学理论的培养，而不是简单地编辑所有法令，并对法令给出注释。这也是为当前法学方法所认同的一点。

3. 立足本国特殊情境的理论研究本土化的努力初显端倪

在舶来的学术框架之内，中国学者并未完全置本土情况于不顾，相反，他们也试图通过独立思考而获得贴切国情的理论成果。尽管比较整个研究情状，他们的这种努力只是其中之略微。

管欧曾经建议政府和行政法学者应共负三项责任，其中就一般地提及法律适合国情的必要性及其与法律进步的协调关系。"法律实含有非意识的旧元素（Unconscious old element）与意识的新元素（Conscious new element），此两种元素，乃常居互相争雄之状态中，社会之改进，即基于此种新元素之滋长发达。行政法规既为国家行政之规范，一方固应使该项法规适合国情，期切实用；

---

[1] 赵琛：《行政法总论》，上海法学编译社1933年，第8-9页。因该书系自右至左竖排，故有"左之缺点"一说。

一方亦应不忘以新的意识，熔铸为法规之新元素，以作推进政治之先导，是在政府当局与治斯学者共负之责任三。"〔1〕

更加直接地表现为行政法理论之重要组成而又最为典型的学说，当数孙中山的三民主义、五权宪法理论和建国大纲等。多数学者都或多或少地对其与中国行政法制度近现代化之间的关系予以阐释，从而将其融入行政法学之中。〔2〕以赵琛的论述为例："各国均由民选议员组织国会，而我国现制，则立法院构成政府机关之一部，立法院院长，为政府所任命，而立法委员，又由立法院院长提请国民政府以为任免，是与各国国会制度，大有异也。惟此制仅为训政时期之临时制度，经数年试验之后，则知在理论上，亦有相当之价值。"他认为与各国议会制度比较，当时立法院制度具有避免党派极端争执、程序简捷足以减少纠纷与牵制、常年开会利于法律制定等优势。〔3〕

虽然像赵琛等学者的立论是否合理，尚待探讨，但他们把握住中国行政法近现代创制的一些独特情况，并对这些富有本土特色的创制背后的理念进行阐发，作为行政法学的重要内容。这是值得关注的一个进步。

4. 基本接受西方步入福利国家以后的行政法理论

一方面，中国学者接受西方行政法理论之际，恰是西方已经普遍开始转向福利国家的时期；另一方面，中国近现代化运动的生长点并没有深厚的个人主义本土积累。因此，学者较为轻易地认同渗透浓郁的社会连带思想的行政法理念。

白鹏飞称："现代的国家。不仅依司法及警察以维持社会之安宁为已足。必更进一步。而以开发社会之文化。增进国民之福利。为一种重要的任务。是为国家文化之目的。国家为达此种目的计。或自为大企业者。而经营不适于私人自由经营之各种生产事业。或保护奖励民间之事业。及课人民以各种负担。而策此等事业之遂行。"〔4〕

---

〔1〕 管欧：《行政法各论》，商务印书馆1936年，自序部分，第2页。
〔2〕 例如，参见张映南：《行政法总论》，中华印书局1935年，第11页；管欧：《行政法各论》，商务印书馆1936年，第3页；陈汝德：《读〈行政法学方法论之变迁〉》，载[日]铃木义男：《行政法学方法论之变迁》，陈汝德译，国立北平大学法商学院1937年。
〔3〕 参见赵琛：《行政法各论》，上海法学编译社1933年，第355-356页。
〔4〕 白鹏飞：《行政法总论》，商务印书馆1927年，第2-3页。

范扬也如此评价西方法治主义："此法治主义之思想，以尊重个人之权利自由为生命，本为十九世纪文明之产物，在今日社会国或文化国时代，以谋社会全体之利益为前提，关于个人主义之思想，已生重大之变革。第一，现代国家，其使命已不专在个人权利自由之保护，及权力行为之限制，而以开发社会文化，增进人民福利，为最重要之任务。其次，现代国家为顾全社会利益之计，对于个人之权利，已加以若干之限制，非复如旧时之自然法说，视个人权利为绝对不可侵矣。惟在今日，凡国家行为，应受法规拘束，个人权利，仍须尊重之一点，依然保持同一方针。"[1]

不仅学者的直接论述表明其立场，而且诸如对适当自由裁量的认可、对公民社会、经济和文化权利的肯定等，都是这种立场在具体行政法问题上的反映。

5. 行政组织和各部门行政法的研究占据相当重要地位

当时，多数行政法总论的著书中，行政组织内容往往占据相当的比例。例如，在白鹏飞、赵琛和范扬各自的《行政法总论》中，与其他同一层面的组成部分相比，"行政组织"部分的篇幅是最多的。另外，学者也非常注重具体的部门行政法之研究，认为"各论"部分是整个行政法学体系建构方面不可或缺的。通过赵琛和管欧的话，可以想见学者的心情："顾国内关于此项书籍，尚鲜出版，而学术界对于此项书籍之需要则甚殷，余又何敢藏拙不与学者商榷耶。"[2] "关于行政法之著述坊间经售者颇少，而行政法各论尤不多观。"[3]

比照当时翻译过来的日本行政法学著述，[4] 可以明显发现中国学者的承袭印记。不过，中国行政的近现代化转型是以行政组织的重构为开端的，而这种重构又主要建基于来自西方尤其是日本的经验。所以，重点介绍为国人所不熟知的行政组织以及相关的各部门法律，似乎当然地成为学者的责任。范扬在说明行政法学与行政学或政策学确有区别之后也认为，由于行政组织庞大复杂，

---

[1] 范扬：《行政法总论》，商务印书馆1935年，第34页。
[2] 赵琛：《行政法各论》，上海法学编译社1933年，弁言部分，第2页。
[3] 管欧：《行政法各论》，商务印书馆1936年，自序部分，第1页。
[4] 例如，参见[日]清水澄：《行政法总论》，金泯澜译，商务印书馆1907年；[日]美浓部达吉：《行政法总论》；[日]清水澄、松本顺吉：《行政法》，曹履贞编辑，湖北法政出版社1905年。

为方便读者明了整个系统,不得不给予较大篇幅。[1] 也许,作为后人来看,这种研究视点并非毫无继承的价值。因为,虽然行政法是法律一分支,但以法律的自治为名完全摈弃对法律以外因素的考虑,亦会落入形式主义法学的陷阱。

至此,本世纪初期起步的中国行政法学已经得以粗略的回顾,可见,尽管移植西学、举步维艰,但在短期内的研究成果也相当可观,为后人的继续发展奠定了基础。

三、法治理想与现实的百年嗟叹

然而,在承认中国行政法学初始生长所取得的可观成就之时,尚需从理论研究与制度现实之间关系的角度出发,对当时的行政法学作另一侧面的观察。

自西方兴起宪政、法治与人权保障思想之后,行政法的精神始终被定位于行政必须服从法律。若行政管理背法律而为,就要受到其他国家权力机构(尤其是法院,而无论是普通法院还是行政法院)的审查和矫正,并使遭受违法行政侵害的权利、利益得到救济。世界上许多国家行政法的发展,无不着重于在制度层面上使该精神得以落实,也与使该精神丰富化的行政法学理论密切关联。不过,无论是在制度建构方面,还是在理论研究方面,行政法都要受到各自国家法律传统、不同历史时期的政治经济制度以及人们对行政的要求的制约。尤其对于将效仿西方法律制度作为现代化策略之一的东方国家而言,部分社会精英接受西方理念的步伐要远远大于本国制度现实发展之步伐。

因此,尽管在中国最初研究行政法理论的学者之著述中,可以发现许多与当代行政法理念非常相似的思想,但这些思想同其时中国行政法之制度现状的确相距甚远。1949年以前的国民党政府一方面把孙中山提出的"依法行政"原则,作为其制定行政法之依据,在纵向的历史维度上具有一定的积极意义,而在另一方面,国民党政府又以"戡乱"、稳定国局为名,以"战时行政法"理论为指导,制定了一些特别行政法规,有的法规之效力甚至高于宪法。如国家《总动员法》《妨害国家总动员惩罚暂行条例》等。这些法规都旨在加强其专制统治,限制民主和自由,实是与以自由、民主和法治为基础的行政法精神相

---

[1] 参见范扬:《行政法总论》,商务印书馆1935年,第67-216页。

悖。⁽¹⁾若离开立法层面而关注贴近民众之行政管理现实，无法、违法或依"压制型法"⁽²⁾行政的侵权事实更是屡见不鲜。

其实，这种理论与现实的巨大反差，并非当时中国独有，在中国法制所仿效的日本亦是如此。在外观上具有立宪主义的明治宪政体制之下，日本政府对民主自由运动的压制（19世纪末期），以及以1938年《国家总动员法》为核心的反法治主义之军国体制的建立，⁽³⁾都反映出当时部分先进的公法理论之窘境。更何况，中国行政法学始探索者之一白鹏飞先生所师从的美浓部达吉博士拥有自由主义的理念，其对明治宪法的自由主义解释，是与穗积八束、上杉慎吉等君权绝对主义宪法学者相对立的，借以抵抗军部和右翼军国主义的思想运动。后来，其著作因遭受军方、右翼势力的攻评而被查禁。而当时日本大部分行政法著述都是围绕着天皇绝对主义原理而展开的，一般很少重视行政法对国民权利和自由的保障。⁽⁴⁾在那个特殊时期，即便美浓部达吉在日本贵族院演讲解释天皇机关学说（借鉴德国的国家法人学说把天皇看作"机关"，是对国体的一种现代化解释，虽不否认天皇的存在，但强调天皇的统帅权力受宪法宪制）受到欢迎，即便其学说被当时的昭和天皇裕仁认可，也无法对抗强大的军部和右翼军国主义的势力。⁽⁵⁾

于是，当代日本有学者在回顾历史时指出，"当时的行政法是一部带有日本特色的，是自上而下由特权官僚为维护其'臣民统治'而制定的法律便览文集"。⁽⁶⁾明治维新时期的行政法学则是为权力服务的"官僚法学"。若进一

---

〔1〕参见张晋藩、李铁：《中国行政法史》，中国政法大学出版社1991年，第415-416页。

〔2〕"压制型法"是美国学者诺内特、塞尔兹尼克提出的一种法律类型，该类型的特点是"法律目的：秩序；合法性：社会防卫和以国家利益为名的理由；规则：粗糙而烦琐的，对规则制定者只有微小的约束力；推理：特殊的，便利而具体的；自由裁量权：普遍的，机会主义的；强制：广泛的，受微弱限制；道德：公共道德，法定道德主义，'强迫的道德'；政治：法律从属于权力政治；对服从的期望：无条件的，不服从本质上被作为蔑视加以惩罚；参与：谦恭的依从，批评被作为不忠诚"。参见[美]诺内特、塞尔兹尼克：《转变中的法律与社会》，张志铭译，中国政法大学出版社1994年，第18页。作为一种理论模型，它并不见得完全对应现实，但基本可以概括出现实中较多、较集中体现这些特点的法律制度。

〔3〕参见杨建顺：《日本行政法通论》，中国法制出版社1998年，第11-15页，第25页。

〔4〕参见杨建顺：《日本行政法通论》，中国法制出版社1998年，第68-69页。

〔5〕参见[日]前坂俊之：《太平洋战争与日本新闻》，晏英译，新星出版社2015年，第124-132页。

〔6〕[日]和田英夫，《现代行政法》，倪健民、潘世圣译，中国广播出版社1993年，第4页。

步言之，当时中国和日本的前述状况之所以形成，还与中国仿效日本，日本则以德国为模本这一历史事实有关。而德国行政法也是在接受来自英国、法国的自由民主和法治思潮之基础上，面对强大的、根深蒂固的君权与官僚特权而发端起来的。[1]

以上对民国行政法学的浮光掠影般回顾，可以再次证明，与制度的植入、生根发芽相比，思想和理念的移受似乎更具便捷性。而移受之物若要同时完成适应土壤之挑战和改造土壤之任务，总会让无数人在不同历史期发出似乎永恒不变的理想与现实的嗟叹！

---

[1] 对当时德国行政法学的主要特点及其产生的历史情境之描述与分析，参见沈岿：《平衡论：一种行政法认知模式》，北京大学出版社1999年，第106-111页。

宫 /Palace 01/29/2020

> 看万山红遍，层林尽染；漫江碧透，百舸争流。鹰击长空，鱼翔浅底，万类霜天竞自由。
>
> ——毛泽东

第二章 行政法理论基础的争流

中国（大陆地区）行政法学，于20世纪70年代末、80年代初复兴的时候，就有学者思索"行政法理论基础问题"，[1]并著文立说、各抒主张。此后，关于该主题的研究，绵延至今，从未断歇。尤其是，20世纪90年代初，北京大学罗豪才教授力推"平衡论"学说，犹如巨石激起千层浪，支持者、异议者竞相发表观点，更使行政法理论基础的探讨蔚为大观。三十余年如白驹过隙，蓦然回首，恍惚有一条若隐若现的河溪盘络其间。本章拟溯流而上，观其脉络，探其意义，或可为探求其未来走向贡献绵薄之力。[2]

一、开拓疆域：命题与纲领

1. 为人民服务论：开辟

1983年，最早就"行政法理论基础"这一命题公开发表专门论述的，当属

---

[1] 从修辞的角度看，"行政法"和"行政法学"显然是两个有着不同指称的概念，"行政法理论基础"和"行政法学理论基础"似乎也应该是有区别的。不过，由于历史上的学术讨论，已将二者混为一谈，本书也就迁就历史原貌，无意再纠缠二者内涵的不同，统一以"行政法理论基础"指称。

[2] 在"行政法理论基础"研究的展开过程之中，回顾和反思总是间或地出现，此乃学术发展之必然和必备。例见，杨解君：《关于行政法理论基础若干观点的评析》，载《中国法学》1996年第3期，第64-75页；周佑勇：《行政法理论基础诸说的反思、整合与定位》，载《法律科学》1999年第2期，第39-47页；郑贤君：《对行政法理论基础问题讨论的评价》，载《首都师范大学学报》（社科版）1999年第6期，第51-55页。关于行政法理论基础研究的系统回溯，还可参见杨海坤、章志远：《中国行政法基本理论研究》，北京大学出版社2004年，第三章"行政法理论基础研究"，第64-91页。

应松年、方彦、朱维究教授合著《行政法学理论基础问题初探》一文。[1] 如同任何写作都受其所处时代的观念、话语和知识状况之掣肘一样,此文也明显烙上了行政法学乃至法学复兴之初的岁月印记。传统的法律阶级论话语充斥其间,关于国外行政法学的知识因刚刚开始积累而略显简单,当时学术界并不十分严格的学术引证要求也影响了此文,使后人在阅读时很难追索此文的知识渊源。然而,若能设身处地理解并忽略这些印记,那么,从此文的字里行间,完全可以领略其在率先提出命题、建构研究进路和框架、确立学说纲领方面的诸多闪亮之处。

首先,此文是以整体观、类型论、历史学的进路,来对待行政法理论基础在行政法学体系中的地位与角色的。在开篇,此文即宣告:

> 在行政法学研究中,行政法学的理论基础问题是很重要的课题之一。它不仅反映了不同类型行政法学的阶级本质和形成过程的具体历史特点,而且直接影响行政法学的体系结构、主要观点以及整个行政法学的研究和发展方向。

寥寥数语,却道出了行政法理论基础研究不可或缺的三个关键命题:(1)行政法理论基础对整个行政法学体系结构、主要观点和发展方向具有重大影响力;(2)行政法理论基础与不同类型的行政法学有着密切的勾连;(3)行政法理论基础是具有历史性的,应在历史的维度上予以考察。

此文令人遗憾地未就这种内涵三个命题的进路本身,进行系统的合理化论证和阐述。但是,它沿循这条道路,概括了源于法国行政法的"公共权力说"和"公务说",并把英国行政法强调控制行政权力的特点提炼为"控权说"概念。隐约之间,已然完成对两种类型的行政法理论基础之确立,即便是简单的、

---

[1] 此文最初载《中国政法大学学报》1983年第2期,亦转载于应松年:《中国走向行政法治探索》,中国方正出版社1998年,第36-44页。"行政法理论基础"命题究竟由谁率先提出和关注,似乎已成历史之谜。在行政法学初创阶段,这一主题虽少有人研究,但已形成所谓"宪法理论论""议政合一论""批判借鉴的行政法治论、控权论"等观点,只是这些观点散见于有关文章中。《行政法学理论基础问题初探》的"为人民服务论"是"阐述得比较明确、充分的一种观点"。参见杨海坤:《论我国行政法学的理论基础》,载《北京社会科学》1989年第1期,第140-148页。

粗线条的。在此基础上,它才试着建构属于另一类型的"我国社会主义行政法学的理论基础"。

其次,此文并未给其建构的学说以明确的冠名,后来的学者根据其基本观点而称之为"为人民服务论"。[1] 这一学说的纲领性主张是:(1)社会主义国家行政机关行使行政权的目的是为人民服务;对行政机关的多渠道监督体系不是为了控制权力,而是为了行政机关能更全面、彻底地为人民服务;行政机关制定和执行行政管理法规是国家行政机关为人民服务的重要方法;(2)为人民服务的基本内容包括两方面:一是保证人民充分行使民主权利;二是提高物质文明和精神文明,最大限度满足人民不断增长的物质和文化需要;(3)社会主义行政法学新体系的建立,应当把反映行政机关为人民服务广度与深度的行政法学分论放在重要地位,应当在行政法学总论中从为人民服务的角度出发,去论述行政机关和工作人员、去研究人民群众参加行政管理、去探讨行政机关的行为怎样为人民服务得更好;等等。[2]

可见,这是一个在行政机关(行政权)和人民(主权者)的关系维度上展开的对行政法的整体观察。它有着两个特点:其一,由于受法律阶级论的影响甚深,在这个维度上建立的行政法理论基础之类型,以是否突出为人民服务为标准,把资产阶级国家行政法和社会主义国家行政法划为两个大的阵营,从而努力阐发我国行政法理论基础的为人民服务论;其二,早期行政法学与政治学、行政学共享同样或类似方法和话语的特点,也影响到为人民服务论的提出。它以人民是主权者、行政机关为人民服务、向人民负责为基本要义,来框定行政机关和人民的关系。这样的研究进路着眼于作为抽象整体的、作为主权者的人民,从而遮盖了具体的、个别的、处于公民角色的人和组织同行政机关之间的关系。而且,法学引以为体现其独立性的话语——"权利义务关系",也未在其中得到充分的运用。

---

[1] 参见杨海坤、章志远:《中国行政法基本理论研究》,北京大学出版社2004年,第64页上脚注①,以及第70页。
[2] 参见应松年、方彦、朱维究:《行政法学理论基础问题初探》,载《中国政法大学学报》1983年第2期,第80-83页。

2. 人民政府论：跟进

为人民服务论在当时并未获得普遍认可，[1] 但它对行政法理论基础的整体观、类型论、历史学的进路，得到此后本主题研究的延承。杨海坤教授于1989年的文章《论我国行政法学的理论基础》中，在整体观的进路上继续前行。该文意识到行政法作为部门法的法律性质，指出行政法是"规定政府可以行使的权力，确定政府行使这些权力的原则，确立政府与其他行政法律关系主体之间的权利义务关系等"，所以，"研究政府权力的制度化、法律化成为行政法学的基本课题。"在此基础上，该文详尽地阐述了"政府由人民产生，政府由人民控制，政府为人民服务，政府对人民负责，政府与公民之间关系逐步实现平等化"五个原理，并认为它们有机联系地构成了我国行政法理论基础。[2]

此论虽然后来被认为是"政府法治论"的萌芽，[3] 但由于其未在当时给自身命名，而立论的五个原理又都围绕在政府与人民之间的关系之上，故有人称之为"人民政府论"。[4] 其实，就最初的行文而言，似乎作者更倾向于将其理论定名为"马克思主义政府理论"：

> 马克思主义是我国社会主义法学的理论基础，马克思主义的政府理论应该是我国行政法学的理论基础。……只有全面、深刻地把握马克思主义政府理论，并在我国社会主义初级阶段条件下正确地运用，才能使我国行政法体系成为科学的完整的体系……[5]

---

[1] "学术界有不同认识，认为'为人民服务'是一个普遍的政治原则，……我们的一切法律、法学，归根结底都是为人民服务的，唯独以此作为行政法学的理论基础似乎不够贴切。"杨海坤：《论我国行政法学的理论基础》，载《北京社会科学》1989年第1期，第139页。

[2] 参见杨海坤：《论我国行政法学的理论基础》，载《北京社会科学》1989年第1期，第140-147页；杨海坤：《中国行政法基本理论》，南京大学出版社1992年，第33-46页。

[3] 参见杨海坤、章志远：《中国行政法基本理论研究》，北京大学出版社2004年，第71页。

[4] 参见杨海坤：《行政法的理论基础：政府法治论》，载《中外法学》1996年第5期，第53页。

[5] 杨海坤教授后将文章题目更名为"政府法治论是我国行政法学的理论基础"，发表于罗豪才主编：《现代行政法的平衡理论》，北京大学出版社1997年，第304-318页。文中提及："笔者把我国以行政法为研究对象的行政法学的理论基础概括为政府法治论。"这是对其理论的正式冠名，"马克思主义政府理论"概念未再出现。

无论给该论以怎样的名目，管中窥豹，当时颇具特色的法律阶级论，对行政法理论基础的探讨影响甚深，人民政府论也与为人民服务论一样，未完全从中跳跃出来。或许，也正因为如此：第一，它只是简单表明马克思主义政府理论在"批判继承人类思想史中的进步的政府理论基础上结合无产阶级革命实践总结出来的"，而没有在类型论、历史学的进路上进一步挖掘与其对应的行政法理论基础类型是什么；第二，它仍然在政府与人民之间的关系维度上阐述其纲领性主张，与为人民服务论的着眼点、聚焦点如出一辙，只是较之更为全面地、分层次整理了这种关系。

3. 早期平衡论：突破

摆脱法律阶级论的话语，摆脱"主权者人民"的视角，运用现代行政法学知识和话语，保持整体观且在类型论和历史学进路上实现重大突破的，是罗豪才教授、袁曙宏博士、李文栋硕士于1993年发表的《现代行政法的理论基础——论行政机关与相对一方的权利义务平衡》一文。[1]这也就是以后蔚然兴起的"平衡论"的开山之作。

不过，该文正式发表之前，罗豪才教授曾经在1991年，于国家工商行政管理局举办的工商行政管理系统复议、应诉人员研修班上，讲授"行政法若干理论问题"。其从行政法律关系、行政法的作用、行政责任、行政法治原则、行政法学体系等方面，阐述了行政法主体之间的"权利义务平衡"的观点；同时，也敏锐地、极具前瞻性地提到了"行政管理方式灵活化、手段多样化、淡化行政权力色彩，鼓励相对人积极参与"的行政法发展趋势之一。此次授课内容之大部，被吸收进《现代行政法的理论基础》一文，是"平衡论"更早时期的探索足迹。[2]

还应当提及的是，早在20世纪80年代中期，姜明安教授就在其《行政法学》专著中，从对行政法的目的和作用阐释的角度，将行政法的理论学说归纳为三

---

[1] 此文载《中国法学》1993年第1期，第52-59页。
[2] 参见原国家工商行政管理局条法司编：《工商行政管理执法·复议·诉讼问题研究》，黑龙江科学技术出版社1993年，第181-190页。当然，就著述正式发表时间的先后顺序以及"平衡论"概念的正式提出而言，罗豪才教授等撰写的《现代行政法的理论基础》一文，历来被认为是"平衡论"的创始。

个流派:"政府管理法"学派、"控制政府法"学派、"二者兼顾论"学派:

有的学者只承认行政法的积极目的和作用,故认为行政法就是"政府管理法";有的学者只承认行政法的消极目的和作用,故认为行政法就是"控制政府法";大多数学者则是从积极和消极两个方面的目的和作用来看待和研究行政法,认为行政法既是关于行政权的行使又是关于其权力行使的监督的法律。持第一说者如苏联学者科托克,他在《苏联行政法概论》中说:"苏维埃行政法是规定国家机关和命令活动的社会主义法律的一个部门"。持第二说者如美国学者弗雷银德,他在《行政法判例》一书中说:"行政法——这是监督行政机关的法律,而不是建立行政机关的法律"。持第三说者如英国学者内吉梯、特赖斯,他们在《英国和大陆的行政法制度》一书中把今天流行的行政法定义归结为:"行政法是关于行政权的行使和控制的法律"。[1]

姜明安教授所做的三种学术流派划分,主要标准是各派学者有关行政法对行政权的作用的核心观点,而没有在各派核心观点基础上对各派的相应理论进行较为系统的整理,也没有直接以行政法上行政主体与行政相对方之间权利义务关系为考察对象。但是,姜明安教授的努力,反映出其在类型论的路径上,已经实现了不同于为人民服务论的突破。更为重要的是,这些学术流派的归纳,对早期平衡论的形成无疑有一定的影响或启示作用;而"二者兼顾论"可谓是"前平衡论"的理论形态。

罗豪才教授等三位学者所著的《现代行政法的理论基础》,显然是在法学发展10多年之后,对体现法学和行政法学独立性的话语有了自觉的认识和运用,明白地意识到法学乃"权利义务之学","在行政法上,行政权与公民权是一对相互关联的范畴","行政权与公民权的关系是行政法的核心"。[2] 此文所确立的平衡论就是围绕着"行政机关与相对一方权利义务关系"这一核心概念展开的。以这个概念为基石,早期平衡论在其上面建构了两个较为宏观的辩

---

[1] 参见姜明安:《行政法学》,山西人民出版社1985年,第11页。
[2] 参见罗豪才:《行政法的核心与理论模式》,载《法学》2002年第8期,第4页。

证图景。

一是行政法历史发展图景。该文指出，古代行政法强调行政机关管理、不重视相对方权利，其理论基础是"管理论"。近代行政法则强调保障相对方权利、尽可能限制行政机关管理，其理论基础是"控权论"。而现代行政法在本质上是追求行政机关与相对方权利义务总体平衡，其理论基础应是"平衡论"。这就在观念上梳理出一条在世界范围内行政法演绎的线索，即行政法的历史是行政机关与相对一方权利义务从不平衡到平衡的过程。

二是现代行政法权利义务关系结构图景。该文认为，在现代行政法体系之中，行政机关与相对一方在法律地位上是平等的，但是，行政机关与相对一方的权利义务关系，特定地或局部地看，总是存在着不对等和不平衡。例如，在行政实体法律关系中，行政机关总是居于主导地位；而在行政诉讼法律关系中，相对一方居于优越地位。但是，这些不对等和不平衡恰恰实现了二者总体上的平衡。并且，现代西方和我国行政法都发展出一些法律手段来保障平衡的实现，包括：在立法内容上实现行政机关与相对一方权利义务的公平分配；在执法程序中掺入民主与公正因素从而能更好地兼顾民主与效率；通过行政合同、行政指导等淡化行政权力手段；以及确立既保障公民权又监督和维护行政权的行政诉讼。

当然，平衡论并非纯粹的思辨之学，其兴起的背景中有一个制度构建的因素是不得不提的。这就是在起草制定《行政诉讼法》时期学术界曾经引发的一场"控权"还是"保权"的争论，以及《行政诉讼法》最终明确的立法宗旨：

> 20世纪80年代中期以后，为制定行政诉讼法作理论准备，我国行政法学界曾围绕行政法与行政权的关系、行政法的性质和功能、行政法的基本原则等问题，展开一场关于行政法要"控权""保权"，还是"既要保权又要控权"的争论。我国1989年制定的《行政诉讼法》规定了"保护公民、法人和其他组织的合法权益，维护和监督行政机关依法行使职权"的立法宗旨，与这一阶段理论争论有密切的关联。[1]

---

[1] 罗豪才：《行政法的核心与理论模式》，载《法学》2002年第8期，第3页。

平衡论的提出，在相当程度上就是对曾经的这场争论以及制度实践的积极反思和概括。

4. 公共权力论、服务论：争鸣

早期平衡论也只是处于提出纲领性主张的阶段，其建构的两个图景也还是简约的，甚至是有待修正的。但是，它毕竟实现了上文提及的突破，不仅为其日后的发展搭建了基本框架，也为本主题研究提供了更为宽广的视野与刺激。与早期平衡论同时寻求突破的、并明显针对平衡论的刺激而予以回应的，还有武步云教授提出的"公共权力论"和陈泉生教授倡议的"服务论"。

在诸多的论者之中，武步云教授率先思考了"具备哪些条件才能构成行政法理论基础"这一问题。他认为，行政法理论基础必须：（1）能够正确地解释行政法的本质、功能、价值；（2）是行政法作为一种部门法赖以建立其体系，因而也是行政法学的基本范畴、原理、体系赖以建立的基础；（3）能够揭示行政法产生、发展的客观规律。按此标准，他批评平衡论并不具备这些要件。因为：

> ……说政府和公民之间的权利义务的平衡，是行政法产生的原因，或用以解释行政法的本质、功能、价值、体系及其发展规律，似乎是有难度的。同时，权利义务的平衡是法律上的权利义务的一个普遍性特点，这里的"平衡"实质上是指权利义务的对应性，而且仅仅是在具体的法律关系中表现出来的。相反，在行政关系中，政府和公民之间的权利义务关系在总体上恰恰是以不平等为特征的，从根源上讲，政府的权力正是人民赋予它的，在总体上也很难说是平衡的；……如果说权利义务的平衡是行政法的理论基础，那么它同时也是如民法等其他法的理论基础，这样它也就不成其为某一种法的理论基础了。

在批评的基础上，武步云教授主张公共权力论作为行政法的理论基础。在他看来，首先，行政权力作为一种公共权力，是人民的、社会的权力，但又凌驾于人民大众之上、社会之上。这就构成了公共权力的、自然也是行政权力的根本矛盾。这种矛盾性内在地要求有与之相适应的法律（行政法）予以规定和调整，从而可以解释行政法生成的原因。其次，行政法体系的建构离不开行政权力的结构及其行使过程。行政权由主体、手段（行政行为）和作用对象（包括后果）三大部分组成，行政法体系也就相应地由关于行政主体的、关于行政行为及其方式、程序的和关于行政行为后果的法律规范组成。最后，在历史的维度上，行政法发展变化的直接政治基础，是行政权力的发展变化。对应地，也历史性地演绎了"君权神授论""分权制衡论"和"控权论"等不同形式和内容的公共权力论。〔1〕

细究公共权力论的纲领性主张，暂且不论其对平衡论的批评是否切中肯綮，在总体上，它既继承了本主题研究的整体观、历史学进路，又像平衡论一样突破了传统的观念和话语，凸显了独具行政法学特色的观念和话语。然而，与之前的各论所不同的是，它似乎力求建构一种统一的、可适用于不同国家、地区以及不同历史阶段的行政法理论基础。无论行政法在不同场域或不同时间有怎样的差异，皆可落足于统一的公共权力论之上。这种努力的结果，偏离了本主题研究最早形成的类型论进路。在公共权力论的视野中，行政法理论基础不再有不同的类型；那种通过类型之间的比较、来获致对不同场域或不同时间行政法特性之认识的意义，也就基本丧失了。

与为人民服务论不同，陈泉生教授倡议的服务论，是继平衡论实现突破后的又一探索，故也基本上不见法律阶级论话语和"主权者人民"视角的影子和印记，行政法学发展后的知识成就在其中得以充分展现。〔2〕与公共权力论的区别之处在于，它无意尝试一种统一的行政法理论基础，而是希望建构与当今行政法发展新趋势相匹配的学说。更为突出的是，它认为法国的"公共权力说"和"公务说"、英国的"控权说"、美国的"正当程序说"以及苏联的"管理论"，甚至罗豪才教授提出的"平衡论"，都未脱离"保权说"和"控权说"的框架。

---

〔1〕 以上"公共权力论"的观点，详见武步云：《行政法的理论基础——公共权力论》，载《法律科学》1994年第3期，第16-19页。
〔2〕 有一种观点认为陈泉生教授的"服务论"与应松年、方彦、朱维究教授的"为人民服务论"乃一脉相承，同属"服务论"范畴。参见杨海坤、章志远：《中国行政法基本理论研究》，北京大学出版社2004年，第70页。对此，作者难以苟同。

"平衡论"立意固然佳美,将行政法作为政府与公民关系的平衡器,但它仍未跳出行政法的功能仅在于"保权"还是"控权"抑或"既保权又控权"的格局。

于是,服务论力求完成的创新,在于打破"行政权力与公民权利关系"的窠臼,将现代国家服务行政的特点以及现代行政法民主、法治、福利的本质,都纳入其学说体系之中。服务论的基本主张就是,国家行政已由往昔的秩序行政向如今的服务行政转变,行政法的主要内容也就发生了重大变革:偏重于服务与授益;强调行政的积极性;加重行政的民主色彩;广泛采用非权力方法。服务论还认为:要求国家更多承担起对公众福利的责任,与现代团体主义法理思潮一致;要求国家行政由消极的依法行政向积极的社会行政转化,符合社会本位的法律观;要求政府扮演"服务者"的角色,也顺应了现代行政法民主化的趋势。[1]一言以蔽之,陈泉生教授的服务论立足于现代行政及行政法之特性,有着明显的历史观,且不满足于在行政权与公民权的关系维度上纠缠,试图寻求更新的突破。只是,尽管服务行政在现代国家行政中的角色、地位和作用日益增强,但将全部行政皆视为服务行政,似乎也有以偏概全之嫌。相比同时期的平衡论,服务论也未表现出有意在类型论进路上探究与之对应的理论类型。

综上,自20世纪80年代初至90年代中期,本主题研究尚处开疆拓土的阶段。学界论著甚少,既有的论述也多为核心概念、基本命题和纲领性主张的提出,系统化的论证尚未充分铺开。而且,在理论探索过程中,基于局部、有限的知识而必要且不可避免的想象,也使得各学说在行政法的历史叙事方面存在不少可理解的错误。然而,疆域既开、基本进路已定,更为成熟的理论探索也就是一个时间的问题。

二、渐臻成熟:系统化论证

20世纪90年代中后期直至本世纪初,是本主题研究进入系统化论证的阶段。开创时期确立的整体观、类型论和历史学的进路,在行政法理论基础的疆

---

〔1〕 详见陈泉生:《论现代行政法学的理论基础》,载《法制与社会发展》1995年第5期,第14-17页。

域上不断延伸，一路持续地收获成果。平衡论、新控权论、政府法治论、公共利益本位论、新服务论等，都在致力于完善自己的学说，强化理论的解释性、规范性和逻辑自洽性。其中，尤以平衡论为典型。〔1〕

本章拟在这一部分以平衡论为例，说明对本主题的一种系统化论证的努力，而将同样寻求系统化的其他努力，放在下一部分予以评说。当然，这不仅仅出于篇章结构合理性之考虑，更是作者本身的偏好使然。不过，无论叙事者如何尽力保持中立的立场和态度，历史叙事一直以来就难免叙事者偏好或多或少的影响。甚至，由于平衡论支持者众多，对该理论的陈说也不尽一致，此处对平衡论的梳理也难免在不同的陈说之中选择作者所偏好的。

1. 方法论的反思性建构

如上所述，自"为人民服务论"暗暗指向整体观、类型论和历史学的进路或方法（approaches）以来，本主题研究基本上是在这些进路或方法上的延伸。只是，在疆域开拓之初，"为人民服务论""人民政府论"仍然受传统社会主义法律观的影响，从而在类型论上隐约有资本主义和社会主义的阵营划分。平衡论突破了这一类型划分，建立了与其自身对应的两种理论模式：管理论和控权论。实现创新之后，平衡论的倡导者和支持者皆在进一步详细阐述和完善其主张。其中，最为重要的是对方法论的反思性建构。〔2〕

平衡论的发展是一个连续的过程，若一定要进行阶段划分的话，那么，前期的它侧重于规范性研究，后期的它则偏向于阐述平衡论的实证基础。与之对应，前期的它在方法论上经历了一个从不自觉到自我觉醒、自我检视、自我界

---

〔1〕 这在很大程度上得归功于两个因素：一是罗豪才教授持之以恒地将"平衡论"作为一项重要的理论建设事业来对待，将此项事业作为中国行政法学藉以同世界行政法学对话的一个重要平台来对待；二是在罗豪才教授连续数年开设的以"平衡论"及行政法基础理论研究为主题的研究生课程的带动之下，一批以北京大学宪法行政法专业的教师和硕士、博士研究生为主体的学者，纷纷加入到"平衡论"的探索——无论是支持还是反对——之中。这两个因素使得"平衡论"拥有了持久发展的推动力和群体智识源泉。

〔2〕 "横看成岭侧成峰，远近高低各不同"。趋近被观察对象的视角与远近不同，势必造成不同的观察结果。由于受到来自世界和自己的限制，完全证实或说服他人接受自己对世界的观察为真，会是一件非常困难的事情。因此，建立唯一正确的权威似乎是没有多少意义的，更有意义的倒是，经常审视自己观察世界的方法及通过这些方法所获结论在有限范围内的真理性。方法论对关于世界是什么的认识有着举足轻重的塑造作用。一个理论的成熟与否，与其在方法论上自觉、自察、自省的程度密切相关。所以，在此首先考察平衡论在方法论上的发展。

定的过程，后期的它则在这样的觉醒和对规范性研究的反思基础上，一开始即注意运用相关学科的理论工具，努力证成平衡论的实证基础。

　　作为规范性理论的平衡论，主要完成的理论任务有两个：一是揭示历史上曾经存在的与之对立的两个观念或理论模式——管理论和控权论；二是阐发现代行政法的理论模式为什么应该是平衡论。为此，它主要运用了本质探索、矛盾分析、历史观察、类型建构与整体认知的方法。对于这些方法，最为关键的是理解其真正的意义所在，否则，极易造成对平衡论的误解。择要言之：（1）本质探索并不是要确立对不同类型行政法本质的唯一正确、权威和排他的判断，而是要提供更有利于认识经验世界中不同类型行政法的理性工具；（2）矛盾分析不是简单地进行矛盾论的演绎，而是展示不同类型行政法现象中行政机关与相对方权利义务关系在对立统一方面的具体特性；（3）历史观察不是为了还原行政法在各国、各地区的全部历史，而是按照历史学不可避免的选择史料、解释史料的方法，建构历史上行政法的类型并探究其意义；（4）类型建构不是纯粹进行主观想象，虚构一种经验世界中并不存在的现象，而是运用韦伯式理想类型（Weberian ideal type）的方法，在"弥漫的、无联系的、或多或少存在、偶尔又不存在的具体的个别的现象"基础上，进行高度抽象综合后形成具有内在逻辑一致性的概念模型；（5）整体认知不是要将研究焦点聚集于个别的、具体的行政法问题之解决上，而是要在关注行政法各现象或各部分之间相互关系的基础上，得到对行政法整体性质的认识，进而在更多或更深的意义上去理解具体现象或部分。[1] 作为规范性理论的平衡论，不仅在这一方法论的自我觉醒、自我界定过程中，反省并修正了以往一些较为草率、粗略的观点，[2]更是让其主要主张的合理性、有效性得到了更为可靠的范围和哲学基础。

　　自1999年开始，平衡论者已经明确意识到发展实证平衡论的任务的重要性，

---

〔1〕　详见沈岿：《平衡论：一种行政法的认知模式》，北京大学出版社1999年，第17-63页。

〔2〕　"平衡论者已经认识到，最初的基本主张中至少有两个主要方面是不妥的：一是关于古代、近代、现代行政法分别在本质上是管理法、控权法和平衡法的单线进化论图式；二是关于行政机关、相对一方自身权利义务平衡的观点。前者的弊病是忽略了'行政法'一词所指称的特殊范围，并且这种单线的进化论既容易导致对各国行政法历史上具体形态的忽视，又会形成简单的绝对规律观念；后者则在很大程度上造成了'平衡'范畴涵义的模糊。因而，平衡论者在以后的论述中一般不再坚持这两个观点。只是由于平衡论者没有明确表示放弃或修正上述观念，致使一些行政法学者提出与此相关的质疑。"沈岿：《平衡论：一种行政法的认知模式》，北京大学出版社1999年，第11-12页。

以及完成该任务所需要的方法论工具。

平衡理论目前作为一种规范理论还必须发展出一种实证基础,旨在操作层面上使"行政权与公民权应当平衡"这一规范性问题转换成"行政权与公民权可以平衡"这一实证性问题。当学术研究深入到人类的行为动机和机制设置中种种复杂关系的时候,平衡理论正面临着一种现实的挑战:担负着制度的创新和执行任务的立法机关、行政机关和司法机关并非是抽象的实体,这些机关都由一个个具体的个人组成,他们都是有普通公民一样的能力、愿望、需要、偏好和弱点,能否设置一套有效的激励和约束机制使这些机关和官员愿意,并且事实上不得不遵守"平衡"规则便成了唯一值得关注的问题。这里涉及一个关于必须将制度的设计者也置于制度设计框架里考虑的实证问题,博弈理论、公共选择理论和机制设置理论业已为这一重要而复杂的问题提供了建设性的解释和工具模式。[1]

理论任务要从论证"应当平衡"转向论证"如何平衡",正是在这一意识的指引下,实证平衡论的演进与其对相关理论工具的自觉运用是同步展开的。它尝试利用制约、激励机制理论,使规范平衡论所主张的行政主体-相对方权利义务结构性平衡,可以通过复杂的行政法制约、激励机制设计来实现;[2] 尝试利用博弈理论,表明"行政法均衡化,乃是以统一的理性人假定为前提,借助行政法博弈这种实现、实践行政法结构性均衡的行政法方法在整个行政法运作过程的普遍适用来实现的",提出以博弈理论分析行政法的各种过程(包括行政过程、行政复议过程、司法审查过程等)、方能找到正当博弈及其均衡的主张;[3] 甚至,在更为广阔的意义上,尝试引入公共选择理论,构建统一的行政法学实证理论,从而为平衡论在实证理论维度上的发展提供依据。[4]

---

[1] 包万超:《行政法平衡理论比较研究》,载《中国法学》1999年第2期,第73页。
[2] 参见罗豪才、宋功德:《现代行政法学与制约、激励机制》,载《中国法学》2000年第3期,第77-88页。
[3] 参见罗豪才、宋功德:《行政法的失衡与平衡》,载《中国法学》2001年第2期,第81-89页;宋功德:《寻找均衡——行政过程的博弈分析》,载《中外法学》2002年第2期,第129-147页。
[4] 参见包万超:《行政法与公共选择——论建立统一的行政法学实证理论》(博士论文,指导教师:罗豪才,2001年)。

实证平衡论的这些努力，被认为是实现了平衡论研究进路或方法的三个重大变向：(1) 从侧重于规范分析到侧重于实证研究，力图完成规范研究与实证研究的统一；(2) 从侧重于横向比较到侧重于纵向研究，即从通过反省管理论、控权论这两个对立的理论类型来建构自身，转向打造平衡论合理的内在逻辑结构，理顺各理论板块以及各种理论细节之间的逻辑关系；(3) 从侧重于内部视角到侧重于外部视角，即从早先的在行政法制度和理论内部进行论证的视角，转变成广泛引进其他学科知识来为行政法大厦提供基础的外部视角。[1] 其实，方法论上最重要的衍变，还是上述第一个变向。正是发展实证平衡论的需要，才会出现如何丰富实证平衡论的内容以及如何衔接实证平衡论与规范平衡论之间的关系问题，才会出现如何引借在实证研究方面更具成效的社会学、经济学等学科知识、为实证平衡论提供知识资源的问题。

2. 对立理论模式图景的清晰化

在方法论的反思性建构过程中，平衡论者早先提出的对立理论模式——管理论、控权论和平衡论——的图景也愈加清晰了。尽管不同的平衡论者对这三种理论模式的具体阐述是不尽一致的，但是，既然这些理论模式是韦伯意义上的理想类型，是现实中存在的、若干相互之间有着或多或少联系的具体观念抽象整合而成的概念模型，那么，论者在非核心的、具体观念上的分歧，并不影响它们的成立。而且，由于平衡论者为打造这三种理论模式付出了专门的努力、进行了专项的研究，对立理论模式的图景，也就不像早期平衡论所提的那样，仅仅是一张寥寥数笔勾勒的草图了，而是经过精心绘制的了。

在这种精心绘制之下，三种理论模式不再如平衡论者早期想像的那样，不再呈现为在世界范围内的"管理论－控权论－平衡论"的单线进化图景。实际上，在管理论、控权论和平衡论的背后，潜藏着三种对待政府、对待集中管理/管制、对待人类建构理性[2]的基本态度：乐观、怀疑和中庸。这三种基本态度，在一定的地域和时间，同一定的政治经济体系、发展任务、文化传统和政府治

---

〔1〕 参见宋功德：《均衡之约——行政法平衡论的提出、确立与发展历程》，载罗豪才等著：《现代行政法的平衡理论》（第三辑），北京大学出版社2008年，第155-163页。

〔2〕 关于建构理性，参见［英］哈耶克：《自由秩序原理》（上），邓正来译，生活·读书·新知三联书店1997年，第64页。

理制度及学说相结合，就会产生出形色各异、具有特定内涵与意义的行政法基本理论。尽管一种基本态度之上可能产生多种不同形态的行政法基本理论，尽管这些行政法基本理论于细节之处有所差异，但它们在基本主张方面的相同或相似，使它们得以归拢在作为理想类型而存在的一种行政法理论模式之下。正是因为这样，三种基本态度和三种行政法理论模式，可能在不同国家或地区出现过，也可能在同一国家或地区的不同历史阶段出现过，甚至可能在同一国家或地区的同一历史阶段出现过（当然，此时会存在哪一种理论模式更占上风、更具主导地位的问题）。亦即，并不存在一个具有简单普适性的进化规律。

不过，否认"管理论－控权论－平衡论"的单线进化模式，并不意味着否认平衡论在当下的主导地位。对政府、集中管理/管制和建构理性，过分乐观和过分怀疑都是不足取的态度。一个中庸的态度反而是更具说服力的。当然，中庸的态度必须与关注细节结合起来，否则，就会流于空泛、无意义、大而无当的套话空话。规范平衡论没有陷落于套话空话之中，而是以上述三种基本态度为根基，整理了对以下行政法诸问题的不同立场和取向，从而清晰地确立了三种行政法基本理论模式。这些问题包括：行政法的调整对象、作用以及总体价值导向；行政以及行政自由裁量权的地位和作用；行政法治原则；行政程序法的地位、目标和功能；行政法上的法律责任体系；针对行政侵权的权利救济措施和途径；等等。进一步，规范平衡论梳理和分析了苏联行政法理论、古典自由主义时期英美行政法观念以及它们各自的历史背景，从而发掘了管理论和控权论的典型样式。

3. 现代行政法整体素描的成型

一切历史都是当代史。行政法理论基础的历史学使命，即发掘和建构历史上的对立理论模式，实是当代学者为认识和理解当下行政法而进行的一种时间维度上的比较。它即便描述、梳理以及归整历史，最终目的仍然是为现代行政法号脉。因此，对现代行政法的整体素描，是行政法理论基础各说发展的重中之重，平衡论自然不例外。

前文已述，平衡论早先对现代行政法的整体素描，还只是勾勒了一幅"通过局部不平衡达致总体平衡"的现代行政法权利义务关系的静态结构图，辅之以对现代行政法过程中实现这一权利义务关系平衡的多种手段的列举。[1] 这样的勾勒虽然简单,但它率先确立了一种行政法研究的"关系"视角,摒弃了管理论、控权论等学说的"权力"(行政权力)视角。凭借"关系"视角,平衡论对行政法的观察日益精进,终于在20世纪末期和21世纪之初,形成了一个内容更加完整、线条更加清晰、关系更加合理的现代行政法整体大观图。

同时,平衡论的立意是要面向复杂而又鲜活的现代行政过程事实。现代行政法是对现代行政过程事实的因应之道,它同传统行政法的传承与变革关系,必须在这些事实之中获得理解。现代行政过程是在"行政国家""福利国家""管制国家""积极国家"等概念所描述的国家状态下产生的。这样的国家被寄托了许多积极的目的,尽管哈耶克、诺齐克等政治思想家都对此表示强烈的质疑和忧虑,[2] 但迄今为止,没有什么力量可以在整体上颠覆已经被赋予了更多积极目的的国家状态。

正是在此背景之中,现代行政过程已经且正在发生如下一系列事实:(1)行政的目的不仅限于维持秩序,更包括促进经济繁荣、改善人民生活、保障人权发展、预防并治理灾害、保护自然、社会和人文资源、提升国家或民族的全球竞争力等等;(2)综合复杂的积极行政目的,注定了行政的范围几乎覆盖社会生活的方方面面,且在功能上大致有"秩序行政""给付行政""服务行政""福利行政""风险行政"等;(3)行政机关的规模和人员也因此相当庞大,有些私人组织或非政府组织也因担负某项公共行政任务而具有了行政机关的色彩(或称"准政府组织""准行政机关"),在相当多的领域里还形成了公私合作治理的模式;(4)行政机关的职责和权能不止于执法,更包括制定规则的准立法和裁决纠纷的准司法,而且,行政机关的裁量空间非常宽泛;行政不再只有"命令—服从"模式,也有加强与行政相对人平等互动的"合意行政"模式,如合同、指导、建议、咨询、协商、协调、和解等,甚至有时担纲"自我

---

〔1〕 参见罗豪才、袁曙宏、李文栋:《现代行政法的理论基础——论行政机关与相对一方的权利义务平衡》,载《中国法学》1993年第1期,第52-59页。

〔2〕 参见〔英〕哈耶克:《通往奴役之路》,王明毅等译,中国社会科学出版社1997年;《自由秩序原理》,邓正来译,三联书店1997年;《法律、立法与自由》,邓正来等译,中国大百科全书出版社2000年;〔美〕诺齐克:《无政府、国家与乌托邦》,何怀宏等译,中国社会科学出版社1991年。

革命"——即放宽规制（deregulation）——以促进更有效社会治理的使命；（5）行政过程受到民主的压力，通过各种形式吸纳利害关系人或者公共力量参与其中，对行政决策产生影响，此即所谓的听取利害关系人意见（hearing）和公共参与或公众参与（public participation）；（6）行政的普遍而又积极的干预，也带来较大的干预失当、干预失败甚至官员腐败的风险。

在平衡论的视野中，现代行政过程的如斯特征，筑就了现代行政法的相应品格：

（1）现代行政法的目的和价值取向，既不是片面地维护和促进行政权的高效运作，也不是片面地以追求市场、社会和个人自治为基点而一味约束与控制行政权。行政权是"放"还是"收"，或者"放"到何种程度、"收"到何种程度，端视具体情境中行政相比市场、社会或个人以及相比立法、司法的治理优势或劣势而定，任何执其一端的立场都不足取。

（2）现代行政法治原则并不苛守单一的、严格的、机械的形式法治原则，即通常所谓的"无法则无行政"。相反，对于现代行政不可避免地集规则制定、执行和裁决纠纷功能于一身，拥有广阔行政裁量空间且在"命令－服从"模式外并存"合意行政"模式的事实，行政法治原则已经展现出针对不同情境中的行政适用不同原则的意义。例如，法律保留原则的绝对性与相对性，即并非所有行政皆需法律依据，在消极行政、侵害行政领域，仍然应当严格遵守"无法则无行政"，而在积极行政的某些领域可以适当考虑"法无明文禁止，即可作为"。再如，行政法治原则在合法性原则（即法律保留、法律优先原则）之外，可以考虑法律未规定或者未明确规定情境下的合理性原则、应急性原则。此外，在合法性、合理性和应急性原则体系的基础上，为解决多样化行政过程中出现的、形式合法性原则无法应对的问题，尊重人权原则、比例原则、信赖保护原则、正当程序原则、公正、公平和公开原则、效能原则[1]，等等，都在不断地丰富行政法治原则体系的内容和意义。

（3）从法学的权利义务关系分析工具入手，现代行政法的调整对象涉及行政管理过程中发生的"行政关系"和监督行政过程中发生的"监督行政关系"，

---

[1] 不同于其他行政法一般原则，效能原则并未得到主流学说的认可。本书第七章对此有专门的讨论。

二者缺一不可，也不能偏于一端。行政法偏重于事后司法审查的传统，已经兼顾面向事中的现代行政过程本身；与之对应的，行政法偏于追求命令式的、高效的行政管理的传统，已经兼顾重视独立、公正的且"多管齐下"的监督行政体系的建构。尤其是，当今多样化的、原则性与灵活性相结合的、民主、公正与效率同步的行政过程，是被赋予积极目的的国家统治和政府治理所必需。这就注定了现代行政法对"行政关系"和"监督行政关系"进行调整后形成的权利义务关系状态，也都有类似特性的反应。

（4）现代行政法将气象万千的行政过程放在显要位置，从而使得行政手段和行政程序成为关注的焦点。现代行政法把更多的民主、公正因素注入"命令－服从"的传统行政过程之中，要求行政程序以"参与"为核心进行建构，从而搭起行政主体与行政相对方之间的沟通桥梁，使相对方从简单的服从者身份中解放出来，成为对行政决策形成具有影响力的主体。与此同时，现代行政管理实践中衍生出来的、在"命令－服从"模式以外形成的"合意行政"模式，更是让现代行政法面临如何承认行政合同、指导、建议、咨询、协商、协调、和解等行政手段的合法性，以及如何对它们进行有效规范的问题与挑战。形式各异的行政手段，又进一步促使现代行政法设计对应的、不拘一格的程序要求。尽管具体的行政程序要求是对应性的、多样性的，但在功能上，都实现了行政相对方在现代行政过程中主体地位的隆升，行政主体与行政相对方更多地实现了"主体间性"。这种现象通过平衡论的"关系"视角，可敏锐地、充分地予以观察和解读。

（5）现代行政法的以上诸多特质，无论是价值和目标取向，还是基本法律原则、基本权利义务结构、多样化的行政手段和程序法制等，若以经济学的话语诠释之，都内在地同时对行政主体与行政相对方进行有效激励和制约。而且，行政相对方在现代行政法中地位的提升，已经使其更有可能以平等的博弈者身份，同行政主体就最大化各方利益的行政决策进行充分有序的讨价还价，从而促成合意的均衡。行政法的平衡，呈现为一种利害相关人参与过程当中的、通过自己的行为来影响制度安排的、基于合意的、作为过程终结必然产品的平衡。简言之，现代行政法图景的另一种解读是：在一个综合、复杂而有效的激励与制约机制之中，行政法主体皆可进入行政过程之中、表达各自利益诉求、进行平等博弈,从而促成"对策均衡"。在此意义上,现代行政法不仅仅是应当平衡,而且是可以平衡。[1]

三、百家争鸣、百花齐放

尽管平衡论以其得天独厚的持久学术合力,成为行政法理论基础园林之中盛开的一枝奇葩,但这个园林的魅力绝不是因为平衡论的独放异彩,而是因为各家学说的争奇斗艳。与平衡论同时发展、也同样在原有概念或理念基础上进行系统化论证的,还有新控权论、政府法治论、公共利益本位论、新服务论,等等。本章于此扼要概览这一"百家争鸣、百花齐放"的景象。

1. 新控权论

其实,新控权论早在20世纪80年代末期90年代初期即已诞生,与早年的平衡论、公共权力论、服务论几乎是同期的。只是,最初的论者,无论是明白无疑地主张和支持控权论的,还是持中立或反对意见、对控权论进行评价的,都未将其定名为"新控权论",而是直呼其名为"控权论"。然而,此控权论并非平衡论者在英美行政法历史经验基础上打造的"控权论"理想类型——即传统控权论,[2] 尽管它们在某些方面存在相通之处。

第一,新控权论并不讳言控权思想来源于西方国家行政法尤其是英美行政法,相反,其认为,控权既然是行政法的本质,当不因国家的不同而有差别:

> 有人可能会提出,强调行政法对行政权力的控制,这是西方国家行政法学家的提法。但我们认为,强调行政法对行政权的控制作用,实际上包

---

[1] 平衡论对现代行政过程及相应的行政法之整体素描,绝非本章能转述完全,在此仅择要叙之。详细的、较为集中的论证,可参见罗豪才主编:《现代行政法的平衡理论》,北京大学出版社1997年;罗豪才等著:《现代行政法的平衡理论》(第二辑),北京大学出版社2003年;罗豪才主编:《现代行政法制的发展趋势》,法律出版社2004年;罗豪才等著:《现代行政法的平衡理论》(第三辑),北京大学出版社2008年;沈岿:《平衡论:一种行政法认知模式》,北京大学出版社1999年;甘文:《行政与法律的一般原理》,中国法制出版社2002年;宋功德:《行政法的均衡之约》,北京大学出版社2004年。

[2] 关于传统控权论,参见沈岿:《平衡论:一种行政法的认知模式》,北京大学出版社1999年,第67-104页。

含着对行政权力本质的认识,是对行政法与行政权之间关系的正确揭示。行政权力的性质不因国家不同而有差别,它都是社会秩序赖以维持的力量。因而在任何国家,行政权力都是强制他人服从的,行政法的存在并不是因为行政权要维护、保障,换言之,没有行政法的维护和保障,行政权力仍然存在。它不因没有行政法保障而减少,也不因有了行政法保障而增加。而行政法所以要存在的原因,恰恰是因为行政权力的存在或其运用有可能损害他人的利益,需要有行政法加以约束、控制,使其在法律划定的界限、范围内行使。[1]

第二,新控权论认为,权力本身可以使掌握者实现自己的意愿,无需其他人来提供保障,因此,行政法律规范对行政权力的规定,似乎是在提供保障,但实质上是对权力的确认。"行政活动究竟是否应当享有权力,应当享有多少权力,并不取决于法律规定,而主要取决于管理事实的需要。法律赋予行政权力不过是对行政活动事实需要的一种确认,是先有权力,后有法律。"[2]这一认识与英美行政法学较少关注行政组织法、并不认为对行政组织授予权力的法律规范属于行政法范畴的传统理念,有着异曲同工之处。[3]

新控权论与平衡论提炼的传统控权论理想类型的这些相通点,并不是二者可以混为一谈的理据。毕竟,在本质上,新控权论并非一味以个人自由为基点来限制行政权:

> 强调行政法对行政权力的控制,并不意味着削弱或减少行政机关的权力,也不意味着不允许行政机关运用、行使权力。恰恰相反,对行政权力

---

[1] 张尚鷟主编:《走出低谷的中国行政法学——中国行政法学综述与评价》,中国政法大学出版社1991年,第46页。

[2] 参见张尚鷟主编:《走出低谷的中国行政法学——中国行政法学综述与评价》,中国政法大学出版社1991年,第45页。

[3] "英国行政法学所着重讨论的问题,是行政机关的权力和保护公民不受行政机关侵害问题,对行政程序特别是行政救济部分比较详细。主要包括:1.委任立法,2.行政裁判,3.司法审查,4.行政责任,5.议会行政监察专员等。对于行政组织部分一般都不大着重。……英国关于行政组织问题大都放在其他课程,例如宪法学、政治制度、地方政府中讨论。"王名扬:《英国行政法》,中国政法大学出版社1987年,第9页。

控制是建立在行政机关享有权力，并且行政机关应该享有充分的行政权力的基础上的。只有行政机关享有权力，才谈得上控制，行政机关享有充分的权力才谈得上行政法的充分发展。[1]

正因为如此，当有学者正式提出"新控权理论"称谓的时候，就不是一个简单的名分问题，而是认识上的顺理成章。在他们看来，西方控权理论也有新的发展，出现了"积极控权说"，即行政法对政府行政的控制不是消极的、机械的，而是从有利社会的目标，给予积极的控制。我国行政机关、立法机关对控权理论容易产生排斥态度，是因为一说到"控权"就联想到限制政府权力、削弱政府职能。"我们主张的控权理论绝不是西方行政法学控权理论的简单套用，而是适合我国改革开放需要，对实践有指导的有中国特色的控权理论，我们可以称之为'新控权理论'"。[2]

同大部分学说一样，新控权论也在不断地发展其主张，不同的新控权论者也有不同的认识。例如，针对上引关于行政权不需要行政法保障的观点，杨解君教授认为这是把"控权"与"保权"对立起来了。虽然"行政权的行使在公民面前是无所谓疲软的"、是无所谓需要行政法保障的问题，但是，行政法仍然应维护行政权免受来自其他各种外在压力的干扰。这包括：（1）保障各级行政机关在自己的法定权限范围内有效行使权力，避免上级行政机关的不正当干预；（2）在党政关系上防止"以党代政""以党干政"；（3）防止其他国家机关的不正当干预；（4）保障行政权的行使不受权重位高者及其他人治因素的干扰；（5）保障行政权不受公务员私利因素的影响。[3]

不过，姚锐敏教授进一步指出，面对行政相对人的行政权不需要保障的观点也是不能成立的。"任何组织和公民都有可能成为行政相对人。在这些组织和公民当中，有一些是握有相当大权力的人，尽管在行政相对人的地位上他们手中的权力是不具有法律效力的，但事实上他们却可以倚仗这些权力来对抗行

---

[1] 张尚鷟主编：《走出低谷的中国行政法学——中国行政法学综述与评价》，中国政法大学出版社1991年，第46页。

[2] 参见程干远、李载华：《市场经济和行政法学"控权理论"的思考》，载《学海》1994年第5期，第65页。

[3] 参见杨解君：《关于行政法理论基础若干观点的评析》，载《中国法学》1996年第2期，第73-74页。

政权,使行政权的运行受阻。在这种情况下,行政权显然需要法律的保障。"其对新控权论的更重要贡献是,借鉴控制论的思想,对该理论中的"控制"一词给予了崭新的诠释:

> 从控制的概念和机制分析的角度看,对行政权的控制既包括限制和制约,也包括保障和维护,是限制制约与保障维护的对立统一。作为一个科学概念,控制是指"为了'改善'某个或某些对象的功能或发展,需要获得并使用信息,以这种信息为基础而选出的,加于该对象上的作用"。这个定义说明,控制从本质上讲是施加于控制对象上的一种作用,这种作用不是唯一的和固定不变的,而是根据系统的预期目的以及系统的输出值与预定目标值之间的误差情况具体选择确定的。……控制论对控制概念本质的揭示对于我们正确地认识行政法的控权功能具有重要指导意义。……从控制论的观点看,行政法对行政权的控制作用不可能是单一的,而应该是综合的。因为作为行政法的控制对象的行政权,其实际状态及作用结果与国家和社会所预期的状况之间的误差往往会因时因地因人因事而不同。总的讲是两种情况:过度和不足。减少这两种误差显然需要不同的回输值,需要选择不同的作用方式和手段来进行调整。对于过度性误差,可以通过加强对行政权的限制和制约来解决;对于不足性误差,则应通过加强对行政权的维护和保障来解决。[1]

行政法对行政权的控制是综合的,这一观念在孙笑侠教授的《法律对行政的控制——现代行政法的法理阐释》一书中得到了最为系统的论说。在此书中,"控权"被认为是首先需要加以澄清和准确理解的概念:

> 我们认为,"控权"不等于"限权"。实际上,相对于现代行政法而言,近代行政法不是"控权法",而是"限权法"。"控制"不等于"限制"。"限制"的"限"具有"阻隔""指定范围、限度""限定"的意思。而"控制"的"控",具有"驾驭、支配"的意思。所谓"控权"是指

---

[1] 参见姚锐敏:《现代行政法控权理论的新思考》,载《宁夏社会科学》2000年第1期,第66页。

法律对行政权力的驾驭、支配，它并不仅仅限制行政权力。限制是消极的，而控制是积极的。"限权"是指对行政权力进行消极限制，尽可能少地授予行政权力，即限制行政权力的范围，这是近代以来自由主义时期行政法的特点。与其说近代行政法是"控权法"，毋宁说它是"限权法"。

……"控权论"所主张的"控权"并不排斥"管理论"中的"管理"或"保权"（保障行政权力效能）。真正的"控权论"既在价值取向上倡导行政法的控权功能，又在客观实证上承认行政法的管理功能。但是又说明在"控权"与"管理"（"保权"）之间存在价值关系定位上的主次关系，"控权"是矛盾的主要方面，"保权"是矛盾的次要方面。〔1〕

在被如此阐释的"控权"概念基础上，孙笑侠教授指出，现代行政法控权方式出现多样化趋势，多种控制方式主要体现在七个方面：（1）法律制定阶段实体控制——规则性控制；（2）行政行为阶段的程序控制——过程性控制；（3）权利救济阶段的诉讼控制——补救性控制；（4）行政行为方式的沟通控制——自治性控制；（5）行政系统内部的专门控制——内部性控制；（6）合理性控制；（7）其他非正式控制。正因为如此，现代行政法理论基础可称为"综合控权观（论）"。〔2〕

此外，该书不仅在基本原理层面上论述了"控权观念下的行政法渊源""控权功能的模式""控权制度的结构"以及"控权法的三大原则"，而且分设专章，从细节上进一步阐明了上述的多样化控制的六个方面（其他非正式控制方面除外）。这样的结构安排，充分展示了论者对"综合控权论"的系统思考，故被称为"当代中国一部控权论思想集大成"的著作。〔3〕在其影响之下，仍有论者试图进一步演绎新控权论可能具有的内涵。例如，"控权"内涵三个密不可分的层次：赋权是控权的基础和手段、保权是控权的限度和目的、限权是控权

---

〔1〕 孙笑侠：《法律对行政的控制——现代行政法的法理解释》，山东人民出版社1999年，第2页。

〔2〕 参见孙笑侠：《法律对行政的控制——现代行政法的法理解释》，山东人民出版社1999年，第38-45页。另见，孙笑侠：《论法律对行政的综合化控制——从传统法治理论到当代行政法的理论基础》，载《比较法研究》1999年第3、第4期，第378-391页；李学尧：《综合控权理念和当代行政法的理论基础》，载《浙江省政法管理干部学院学报》1999年第3期，第22-29页。

〔3〕 杨海坤、章志远：《中国行政法基本理论研究》，北京大学出版社2004年，第69页。

的"意思中心"和核心。[1]

2. 政府法治论

政府法治论是从人民政府论演变而来的。1996年，杨海坤教授认为"人民政府论"的称谓并不能确切地概括其理论要旨，1989年的论述应该引申到"政府与法的关系上，其实际含义是：政府由法律产生、政府依法律管理、政府由法律控制（支配）、政府行为负法律责任、政府与人民（公民）的法律关系逐步实现平等化"。在此意义上，该理论应该正式冠名为"政府法治论"。[2]尽管论者看似轻易地实现了一个转换——从政府与人民的关系视角转向政府与法的关系视角，然而，这绝对不是一个简单的近义词替换。这个转换本身，为政府法治论发展成为一个独立的行政法理论基础学说提供了可能。

政府法治论进一步的、相对完整的阐发，是在杨海坤、章志远于2004年合著的《中国行政法基本理论研究》一书中完成的。该书认为，在现代社会，行政法的一切问题都可以从"需要一个什么样的政府"推演出来，而政府法治论的主要思想恰好系统地回答了这个追问。因为，该论的五个基本原理可对应地转化为关于"民主型政府""有限型政府""治理型政府""责任型政府"和"平权型政府"的主张。而且，政府法治论有三个较为坚实的立论基础：（1）人性基础。该论对人性的基本假设既非绝对的恶也非绝对的善，故主张通过一系列制度和机制，引导、激励政府从善，同时又抑制政府作恶；（2）法理基础。具体包括：其一，权力以权利为基础；其二，权力以维护权利作为其存在的目的；其三，权力的行使必须以权利为边界；（3）宪政基础。制约公共权力、保障公民权利是宪政的核心精神，政府法治论建立在对宪政精神的深刻理解和运用之上，是对宪政精神的极好注解。[3]

杨海坤教授还就政府法治论与其他行政法理论基础学说，进行了一番简要的比较，指出政府法治论的优势在于：

---

[1] 参见张禹：《行政法"控权"精神的重新解读》，载《重庆社会科学》2005年第6期，第83-88页。

[2] 杨海坤：《行政法的理论基础：政府法治论》，载《中外法学》1996年第5期，第53页。

[3] 参见杨海坤、章志远：《中国行政法基本理论研究》，北京大学出版社2004年，第86-89页。

(1) 民主型政府是代表公共利益的政府,从而汲取了公共利益本位论中公共利益本位的思想,但是,平权型政府又意味着公共利益与个人利益具有同等重要性,意味着通过利益权衡来协调公共利益和个人利益的冲突,而不是简单地以公共利益为本位;

(2) 政府法治论主张的"政府由法律产生""政府由法律控制",与控权论是不谋而合的,不过,政府法治论兼顾政府权力的有限与有效,在此意义上超越了严格的控权论,凸显了政府的积极能动性;

(3) 政府法治论的"政府依法律治理"包括了"政府依法律规制和政府依法律服务"两层含义,管理不力、管理缺位同样是该学说欲解决的政府治理弊病,就此而言,其与管理论的思想是一致的。然而,政府法治论强调法律之下的管理和规制、强调现代治理中管理和服务并重、强调权力的责任本质,从而超越了传统的管理论;

(4) 同样,由于政府法治论理解的现代政府治理范畴蕴涵丰富的服务思想,与服务论有诸多相通之处。只是,政府法治论认为服务并不是现代行政的全部功能,政府在法律之下的规制和管理,同样是现代行政重要而不可或缺的功能;

(5) 政府法治论与平衡论的共通点是,平衡论主张的政府权力与公民权利的平衡、公益与私益的平衡,都必须通过政府与公民法律关系平等化得以实现。不过,平衡只是一种手段,政府权力与公民权利、公益与私益之间的平衡,最终目的仍然是实现公民权利和利益。而且,平衡又不是区别行政法与其他部门法的特有属性。在当前中国行政权力过分膨胀和肆意妄为的情况下,更应该强调通过法律控制行政权力、倡导法律之下的政府治理、驱使政府对法律负责。[1]

还有政府法治论的支持者,对政府法治论与其他各论之间的关系,做了另外一种构造,形成了别具一格的行政法理论基础"双层次说":

> 行政法的理论基础应当是从行政法的本质出发的政府法治论(即行政

---

[1] 参见杨海坤:《行政法哲学的核心问题:政府存在和运行的正当性——兼论"政府法治论"的精髓和优势》,载《上海师范大学学报(哲学社会科学版)》2007年第6期,第55-62页。

法治主义），而控权论、平衡论、管理论只是该行政法的理论基础的具体表现形式。也就是说，行政法的理论基础应分为两个层次，内部核心层是行政法的理论基础客观规律的总结——政府法治论（行政法治主义），外部表层则是行政法的理论基础的外在表现形式。该具体外在形式并非一成不变之物，它应然和实然地随着社会整体的抽象时间维度的变化而发生着变化。所以说不能简单地认为行政法的理论基础的某一种学说是正确的，某一种就是错误的，而应当因时、因势、因域地判断和取舍行政法的理论基础的具体表现形式，以符合该时、该势、该域的需要。当然，控权论的采用是常态，而管理论（强调管理多于控权，而非纯粹管理）是在战争、经济危机、社会动乱等非常态下不得已而采取的，决不能常规化，否则公民的权利就根本无法得到保障了。[1]

3. 公共利益本位论

叶必丰教授主张的公共利益本位论，其实早在1995年即已形成基本观点：

> 法决定于利益关系，权利来源于法，是实现利益的手段；公共利益和个人利益是一组对立统一的矛盾，而公共利益是该矛盾体的主要方面，决定着该矛盾的性质、内容和发展方向，行政法所体现和调整的正是以公共利益为本位的利益关系。[2]

为证成该观点，叶必丰教授以行政诉讼为例，指出"行政诉讼不是控制行政权或平衡公共利益和个人利益的法律机制，而是审查行政行为是否真正体现公共利益的法律机制"。进而，又反过来以公共利益本位论，作为行政诉讼受案范围和诉权应当扩展的理论依据。

此后，公共利益本位论又通过数篇文章，得以继续丰富和发展，涉及的主

---

[1] 郭殊：《论行政法治主义与行政法的理论基础》，载《重庆社会科学》2006年第3期，第110页。

[2] 叶必丰：《公共利益本位论与行政诉讼》，载《中央政法管理干部学院学报》1995年第6期，第17页。

要论点有：

（1）利益关系，即公共利益与公共利益关系、个人利益与个人利益关系、公共利益与个人利益关系，是一切问题的实质和基础，也是政治和法律的基础。在公共利益与个人利益这一矛盾体中，公共利益是矛盾的主要方面，居于支配地位，个人利益应服从公共利益。"个人本位论"或"个人利益中心论"是错误的；[1]

（2）行政程序是行政主体意思表示的一种程序规则，其基本精神是要求行政主体按公共利益作意思表示。因此，行政程序是以公共利益为本位的法律机制，而不是互相协作的机制、控制行政权的机制或平衡机制；[2]

（3）行政担保逐渐被运用于治安管理、海关监管、税收征管等行政领域。行政担保是相对人对公共利益表示尊重，履行行政法上义务的一种承诺。同时，行政担保也是行政主体对个人利益的尊重，是行政行为具有可接受性的具体体现。它既能满足相对人的合理要求，避免对相对人个人利益的不必要损害，又能使相对人主动履行其行政法上的义务和积极配合行政主体维护公共利益，实现行政目的。可见，行政担保制度的建立和完善是以公共利益为本位的；[3]

（4）行政法理论基础的构成要件有两个：一是必须能说明行政法的本质特点，包括行政法的适用范围、行政诉讼法的适用范围、行政主体与相对人关系性质等；二是必须以历史唯物主义为指导，从人们的物质生活关系或物质关系去认识、理解法律，行政法学及其理论基础必须以社会本身为基础，行政法所赖以存在的客观基础，就是一定层次的公共利益与个人利益关系；

（5）公共利益本位论相比平衡论，更符合这两个要件。而且，其并不漠视个人利益，由于公共利益是个人利益的集合，因此行政法追求的目标是公共利益与个人利益的和谐一致。只有当个人利益与公共利益相冲突时，才要求个

---

[1] 参见叶必丰：《论公共利益与个人利益的辩证关系》，载《上海社会科学院学术季刊》1997年第1期，第116-122页。

[2] 参见叶必丰：《公共利益本位论与行政程序》，载《政治与法律》1997年第4期，第8-12页。

[3] 参见叶必丰、周佑勇：《公共利益本位论与行政担保》，载《中央政法管理干部学院学报》1997年第5期，第23-25页。

人利益服从公共利益。[1]

至此，公共利益本位论的基本框架已经搭建完成，而最为集中、系统的论述，当属叶必丰教授1999年出版的《行政法的人文精神》一书（湖北人民出版社）。该书以利益分析法解剖行政法的社会基础，以"一定层次的公共利益和个人利益关系"为分析工具阐述行政法的内涵和外延、性质和特点以及产生和发展，以保护公共利益和个人利益一致作为行政法的目标，以现代集体主义人文精神强调服务与合作、信任与沟通，作为现代公共利益和个人利益关系即行政主体和相对人关系的应有之义。该书还基于公共利益本位论，对行政法的权力论、服务论和平衡论进行了评价。

4. 新服务论

从来没有哪位服务论者，曾经称其主张的理论为"新服务论"。之所以在这里用此称谓，旨在表明，杨海坤教授、关保英教授在《行政法服务论的逻辑结构》一书中阐发的服务论，更多的是对前文提及的应松年教授等最先倡导的为人民服务论的继承和发展，而较少有陈泉生教授结合现代服务行政发展而首创的服务论的印记：

> 笔者在本书中是为了深刻阐释行政法的服务理论，即为人民服务作为行政法理论基础这一论点……
>
> ……在社会主义制度下作为政府行政系统的法制和人民群众的法制是同一事物、是同一性质的事物，即他们都是人民民主的法制。作为这种人民民主法制论之的话其意志也就只有一个，就是人民民主的意志。……社会主义国家的法律应当体现人民的意志，行政法亦应当是人民意志的体现。
>
> 行政权的本位意志或曰行政权的人民意志在现代行政法中得到了不同程度的体现……

---

[1] 参见叶必丰：《行政法的理论基础问题》，载《法学评论》1997年第5期，第19页、第22页。公共利益本位论的另一支持者周佑勇教授，在其文章中也提出了行政理论基础的要件，即能够揭示行政法所赖以存在的基础、能够全面解释各种行政法现象、能够指导行政法学研究和行政法制建设。据此，他分析为什么公共利益本位论符合这些要件，而其他行政法理论基础各说只是在行政法某个层面上的理论概括。参见周佑勇：《行政法理论基础诸说的反思、整合与定位》，载《法律科学》1999年第2期，第39-47页。

我们认为行政法应建立在服务理论的基础之上。尤其社会主义制度下，人民是真正的国家主人，我国现行宪法从序言到总纲、到公民权利、到国家机构职能的规定无一不体现一切权力属于人民。因此，行政法以服务论作为理论基础是与宪法的原则精神相吻合的。服务论的提出在我国行政法学发展史上早于平衡论和公共利益本位论，主要在管理论盛行的年代提出的，所以它与管理论可以说有着完全相反的内涵。[1]

新服务论以行政权的人民本位、行政法的行政权本位意志、行政法的本位利益等抽象命题的论证为出发点，从行政法的不同侧面、层面，阐述行政法内在的服务逻辑或服务精神，努力展示其理论体系的全景。不过，"行政法服务论的逻辑结构"似乎并未被逻辑地演绎出来。

序言中的一段话，更是令人对新服务论同政府法治论之间的关系迷惑不解：

行政法的服务理论若从法治层面讲可作这样的概括：政府由法律产生、政府由法律控制、政府依法律管理并为人民服务、政府对法律负责、政府与公民法律地位平等。[2]

熟悉政府法治论的读者，自然会有似曾相识的感受。而在这段话之后，在作者紧接着说明为什么如此概括的原因的时候，已经完全是在解释为什么政府法治论具有时代适应性和生命力、符合宪政的基本要求、符合行政法理论基础的整体性和全面性、能够顺应新型行政方式。最后，又通过"服务的内在逻辑关系突出了政府与人民，尤其是政府与法律之间的密切关系"这样一句话，似乎要将新服务论同政府法治论拉拢，并合而为一。新服务论的自主性、独立性，难以窥见。

以上是除平衡论以外得到系统化论述的各家学说，但这并不意味着本主题的学说仅限于这些。在不同学派的相互冲撞之下，还诞生了"控权－平衡

---

[1] 杨海坤、关保英：《行政法服务论的逻辑结构》，中国政法大学出版社2002年，第28页、第39页、第41页、第305页。
[2] 杨海坤、关保英：《行政法服务论的逻辑结构》，中国政法大学出版社2002年，"自序"，第3页。

论"[1]"法律导控论"[2]"控权－服务论"[3] "职责本位论"[4] "协调论"[5]，等等，不一而足。这些学说试图在主要的流派之间，寻求新的创造，在延承本主题研究之基本路径的同时，努力与既有的主要流派进行对话。只是，它们更多地还处于构造基本观念的初级阶段，缺乏系统化的论证，尚未形成足够的影响力。一个看上去颇具突破性的观念，唯有在逻辑化、体系化的过程中，使自己成为比与之竞争的观念或理论更具整合力的理论，才能真正具备说服力、影响力和持久的生命力。前文的介绍已经昭示，平衡论、新控权论、政府法治论、公共利益本位论等，都在不断的系统化论证的过程中，试图加强其自身在描述、

---

〔1〕 此论的大意是：现代行政法通过控权手段实现公共利益与个体利益的平衡，即公共利益与个体利益均至最大值的状态；这就避免了对"控权"的片面追求，又弥补了平衡论可操作性不足的缺憾。参见杨忠文、刘春萍：《控权·平衡——论行政法的本质》，载《求是学刊》1997年第2期，第55-58页；郭润生、宋功德：《控权－平衡论——兼论现代行政法历史使命》，载《中国法学》1997年第6期，第48-56页；郭润生、马晓敏：《再论控权－平衡》，载《山西大学学报（哲学社会科学版）》2001年第1期，第16-21页。

〔2〕 此论的大意是：为了保证行政权的有效实现，行政法既要承认西方控权论的优点，限制与约束行政权的滥用，又要引导与激励行政人的能动性优点来保证行政权力能动、积极与正当行使，即对行政权运动过程进行导、控结合的双向控制方式；因此，需要用法律手段引入德治主义的价值，在行政法中引入规则化的竞争与激励机制以保证行政人在行使权力时能够保持良好的业务素质与职业道德素质。参见季涛：《行政权的法律导控》，载《西南政法大学学报》1999年第1期，第35-37页。

〔3〕 此论的大意是：以控权论和服务论为指导，行政法既要控制行政权的恣意运行，同时更应注重对公民合法权益的保护；行政法兼具控权功能与服务导向，为行政权的正当性确立了政府有界、服务为魂、政府有责、过程可控四大正当性标准；基于行政权授出者与行使者之间的委托—代理困境，控权是行政法的先天基因、基础和手段；基于人民主权的民主宪政逻辑，服务是当代行政法的时代品格、目的和归宿；控权—服务论以行政权的有效实现为目标，用激励约束相容机制整合行政法的控权理念与服务理念。参见王学辉：《市场经济条件下行政法学的新视野》，载《现代法学》2000年第6期，第111-114页；王学辉：《对行政法学基础理论的思考》，载《西南政法大学学报》2002年第3期，第27-32页；邓蔚：《行政权的正当性证成——控权－服务论理论合理性》，载《行政法学研究》2008年第1期，第17-23页；邓蔚：《控权理念与服务理念在当代行政法中的逻辑整合——兼论行政法理论基础的完善》，载《山东社会科学》2008年第6期，第125-129页。

〔4〕 此论的大意是：行政机关及其工作人员必须忠实履行其职责，是行政权的实质、来源和目的的必然要求；行政职责本位观能有效地保障和实现公民权利和人民利益，为依法行政、以法制权以及反腐倡廉等提供理论依据，兼顾国家利益、公共利益和个人利益。参见文正邦：《职责本位论初探——行政法理论基础试析》，载《法商研究》2001年第3期，第32-38页。

〔5〕 此论又在不同论者那里又具体表现为"公共利益与个体利益协调论"和"行政权与公民权协调论"，其大意也可顾名思义，不予赘述。参见刘小艳：《现代行政法的理论基础——公共利益与个体利益协调论》，载《行政法学研究》2004年第4期，第30-36页；石文龙：《协调论与现代行政法的理论基础》，载《云南大学学报法学版》2006年第5期，第44-49页。

解释和规范方面的整合力量。每一家学说的系统化动力和智识源泉，应当归因于竞争性对手；每一家学说的精彩，都离不开竞争性对手的精彩。

四、更上层楼、更辟新径

必须承认，行政法理论基础研究在世纪相交前后大约盛行了十余年之久，一时成为学界热点。进入21世纪，主要的学说流派已经成型，各家的系统化论证也在相当程度上得以成就。论者或者是秉承既有的流派，进行拾遗补阙，为系统化工程添砖加瓦；或者是提出一些不同于主流学说的基本观念，尝试更新的对话，但力度远未导致主流学说的危机。于是，相较之下，本主题研究的热度有了略微的下落。

不过，近年来，有一种学术现象值得关注。它虽然并不直接属于本主题范畴之内，但却是息息相关的。当"统一公法学"命题出现，当"软法"和"公共治理"被纳入公法研究的视野，本主题的研究又似乎随着这些新的学术视窗的打开，而有了新的着眼点和智识源泉，有了盘旋而上的阶梯。因此，本章有意对它们略作介绍，以开示"更上层楼、更辟新径"的可能性。

1. 统一公法学

提出"统一公法学"命题，无疑是大胆的、勇敢的，同时也是冒险的。不过，科学史已经告诉我们：冒险的探索，不一定成功；但是没有冒险，就不会有令世人刮目、咋舌的科学成就。袁曙宏教授就是国内勇敢开拓统一公法学的第一人，开山之作就是发表于2003年的《论建立统一的公法学》一文。

在文中，他直言道出，公法各学科（包括宪法、行政法、刑法、诉讼法、国际公法等典型公法部门和经济法、社会保障法、劳动法、环境法等具有较强公法属性的法律部门）"独自发展、相互分离、整个公法学体系支离破碎的局面，公法学者的视野越来越局限和束缚于一个单一、孤立的领域之中，各个公法学科之间的对话和交流正在逐渐演化为相互之间的疏远、误解乃至对立"。而这种知识状况，不利于当今社会日益重要的、成熟的、越来越整体化的公法的发展。因此，需要在法学和部门公法学之间建立一个中观层次的统一公法学，来研究整体公法规范、共性公法特征和一般公法规律，研究部门公法之间相互交叉、相互借鉴和彼此依存的内容，研究公法与私法之间的相互交融和渗透。

统一公法学之所以可能，关键还在于千姿百态的公法现象总是围绕着规范公共权力、保障公民权利的内容展开的。在这一点上，统一公法学与行政法平衡论，具有旨趣和知识的同源性，是对平衡论的继承和发展：

> 与贯穿于现代行政法平衡理论中的主线是行政权与公民权之间的关系相对应，贯穿于现代公法理论基础中的主线也应当是公共权力与公民权利之间的关系。如何通过恰当的制度安排来对公法的这种权力／权利加以理性配置，这是公法理论基础所要面对和解决的关键问题。……就总体而言，公法的权力／权利配置格局应当实现结构性均衡：即公共权力主体与公民、法人之间的法律地位应当实现总体平等，公共权力与公民权利之间、以及公共权力相互之间应当实现整体平衡。

要以这条主线为核心轴，打造统一公法学理论体系，就必须首先构建作为该理论支撑骨架的主要范畴。它们被分为元概念、核心范畴和基本范畴三个层次。元概念就是公共权力；核心范畴包括公共权力与公民权利、自由与秩序、公平与效率、公益与私益；基本范畴则主要有法治、公法、公法主体、公法关系、公法行为、公法现象、公共治理、公共职能、公共服务、公法责任等。这些范畴渐次展开，并形成前后连贯的内在逻辑关系，奠定了统一公法学系统性的基础。[1]

统一公法学命题一经提出，随即在学界引起了广泛的反响。2005年，《法商研究》杂志还专门组织了题为"'统一公法学'若干问题研讨"的笔谈会。参与的论者从不同角度表达了对统一公法学的支持，以及尚且存在的疑问。统一公法学作为公法学总论，作为一种将破碎的公法知识予以体系化的逻辑努力，得到了相当的认同。[2] 公权力（包括国家权力、社会公权力和国际公权力）、公法关系（公权力主体与公权力相对人之间以及公权力主体相互之间发生的受

---

〔1〕 关于统一公法学最初的基本观点，参见袁曙宏：《论建立统一的公法学》，载《中国法学》2003年第5期，第25-39页。

〔2〕 "公法学在形式上有统一公法学（公法学总论）和部门公法学（公法学分论）之分。"姜明安：《公法学研究的几个基本问题》，载《法商研究》2005年第3期，第3页；"在笔者看来，也许将'统一公法学'视作公法学之总论，更为妥当。"杨解君：《公法（学）研究："统一"与"分散"的统一》，脚注18，载《法商研究》2005年第3期，第13页；于立深：《中国公法学现代化的方法论进路》，载《法商研究》2005年第3期，第27-30页。

公法调整的各种关系)、公法制度(包括分权制度、议会制度、公众参与制度、政党制度、程序制度、责任制度),被认为是公法学研究的三个基本问题。[1]统一公法学也被认为具有整合各公法学科、实现各公法部门及学科的和谐、指引人权保障及公权力制度建设、促进公法部门之间平衡发展、促进公法学与私法学的对话与平衡等价值。[2]

不过,也有论者认为,典型的公法部门应该只包括宪法、行政法、刑法、诉讼法等,而不能将国际公法纳入其中,且经济法、社会保障法、劳动法、环境法等更宜作为"混合法"来对待。此外,公法学的确存在分散、分割研究的弊病,所以,"公法的整体观"是必需的。然而,"统一公法学,如果仅有理论上的概括、抽象、提炼以及逻辑上的推理论证,而没有统一的公法制度安排与之相呼应,就难免落入一种'徒有其名'的纯理论之境",在此意义上,统一公法学面临的障碍之一是制度支撑上的实践问题。其需要克服的障碍之二是方法论证上的理论问题,因为它目前主要是在概念和演绎推理层面展开,还缺乏与实践经验的充分结合。更为重要的一个问题是:"目前公法分散研究现状的改变,是否只能通过构建统一的公法学才可完成?对上述公法的一般问题的整体性探讨,是否必须在'统一公法学'的前提下方可为之?"[3]

面对已经出现或可能出现的质疑,统一公法学论者再次撰文,阐述了建立统一公法学的时代意义。他们指出:(1)鉴于公权力的交叉趋势在加强,有必要通过统一公法学提炼公权力的基本规律,但并不否认分权的宪政原则;(2)鉴于社会公权力和执政党公权力的现实存在和发展,有必要通过统一公法学研究公法新问题、克服传统公法学研究盲点,但并不是要否定对部门公法学的深入研究;(3)鉴于学科细化加剧的同时学科综合也在并进,有必要通过统一公法学加强对公法学基础理论的研究,但这并不会使公法学研究陷入泛泛空谈,并不违背学科发展的基本趋势。[4]

经过两年多的潜心研究,袁曙宏教授、宋功德教授合著的《统一公法学原

---

[1] 参见姜明安:《公法学研究的几个基本问题》,载《法商研究》2005年第3期,第4-9页。

[2] 参见王广辉:《论统一公法学的价值》,载《法商研究》2005年第3期,第13-16页。

[3] 参见杨解君:《公法(学)研究:"统一"与"分散"的统一》,载《法商研究》2005年第3期,第12页。

[4] 参见袁曙宏、赵永伟:《建立统一公法学的时代意义——兼答"统一公法学"可能遭遇的质疑》,载《现代法学》2005年第5期,第3-8页。

论——公法学总论的一种模式》于2005年9月问世。该书的出版，是统一公法学从命题、概念、范畴迈向理论体系的标志，是对可能的疑问的全面回应。它以百万余字的篇幅，从"公法学的研究对象、进路和方法""公法学的学科体系""公法与私法的划分""公法的维度、功能和制度""公法的机制和方法"五个方面，对统一公法学进行了宏大的又极为细致的雕琢。[1] 此书在业内得到了高度评价，尽管仍然存在一些不尽如人意的问题。例如，有论者提及，统一公法学如何解读过去、现在都存在的且相信未来也会存在的公法与私法之间以及部门公法之间相互借鉴、影响的现象？如何丰富公法史的叙事，如何充分展现对公法现象和理论的全面审视，从而满足与公法学密切相关的政治学、行政学、经济学、社会学等学科由此获得理论启迪的阅读期待？[2]

与《统一公法学原论》的孕育过程同步，还有论者对统一公法学的基本问题提出了自己的见解，认为统一公法学的主要内容应该是宪法学与行政法学，应该在政治理论取向上摒弃消极国家、消极政府的古典自由主义观念，有针对性地解决中国现实存在的国家职能的缺位、违法行使及怠于履行的问题，并且应该以现行宪政体制为其基本框架，以"宪法体制内的方式"解决宪法规范与现实之间的冲突。[3] 也有致力于刑法学研究的论者，支持将刑法视为公法的主张，并称"鉴于刑法在中国历史上的特殊地位，以及新中国成立以来刑法学在法学领域中的显学的地位，可以预测：刑法学（狭义）将会是除宪法、行政法之外的统一公法学的最重要组成部分"。[4]

2007年3月，以袁曙宏教授为首的一批学者，又将与统一公法学主题相关

---

[1] 参见袁曙宏、宋功德：《统一公法学原论——公法学总论的一种模式》（上下卷），中国人民大学出版社2005年。

[2] 参见莫于川、田文利：《公法学总论的奠基之作——〈统一公法学原论〉介评》，载《法学评论》2007年第3期，第147-157页；杨海坤、王仰文：《跨越部门公法的围栏——读〈统一公法学原论〉》，载《中国党政干部论坛》2008年第6期，第62-63页；薛刚凌、潘波：《开创公法学学科的原创之作》，载袁曙宏等著：《公法学的分散与统一》，北京大学出版社2007年，第487-490页；沈开举：《填补公法学学科空白的皇皇法学大作》，载袁曙宏等著：《公法学的分散与统一》，北京大学出版社2007年，第491-495页。不过，所谓的"填补了世界各国有公法而无公法学这一最大的法学学科空白"，未免赞誉失度。

[3] 参见朱维究、徐文星：《英国公法传统中的"功能主义"学派及其启示——兼论中国二十一世纪"统一公法学"的走向》，载《浙江学刊》2005年第6期，第41-43页。

[4] 参见彭凤莲：《统一公法学与刑法及刑法学的关系》，载《政法论丛》2006年第5期，第36页。

的论文（包括译文）结集出版，形成了《公法学的分散与统一》一书。不同的学者，在统一公法学既成的理论框架之中，对具体问题进行了更为深入、更为细致的探究。由于论者不一，较之《统一公法学原论》，该书显示了在统一公法学命题之下丰富的、多样的见解。[1] 同年7月，《法学论坛》杂志也组织了一次统一公法学的专题研究，刊载了五篇讨论文章，同样展现了共通的和相异的观点。[2]

尽管统一公法学支持者对最基本问题——即研究对象是否应该涵盖刑法、诉讼法、国际公法等学科——仍存有不同见解，但是，《统一公法学原论》一书已表明，该理论的始作俑者已经基本将理论框架、体系打造成型。不过，本书作者在相当程度上赞同前引杨解君教授的疑问，依个人陋见，统一公法学还需要更多的努力，来应对一个任何理论都必须直面的、永远具有挑战性的问题：它贡献的或者能够贡献的知识，是否有效地或者可能有效地解决它提出的问题？

更具体而言，统一公法学根本的问题意识是，各部门公法学科画地为牢、彼此隔离，在创造本学科学术成就的同时，也人为地制造了藩篱。面对具有共性的公法基本问题或者新兴的交叉学科问题，要么处于失语状态，要么处于自说自话、混乱不堪的状态，因此，需要一个公法的整体观。既然如此，检验统一公法学的标准在于，其理论贡献是否克服了部门公法学科分割、封闭所造成的局限。如果因为理论渐进发展需要时间而没有全部克服的话，也至少是给出了克服局限的实例，从而使人们寄予其更多的信心和期望。

这个标准进一步要求统一公法学认真对待如下问题：（1）部门公法学科因分工而存在，其分割性、封闭性也自然难免，由此造成的局限究竟有哪些？应该通过什么方式予以恰当地、准确地、全面地描述出来？（2）部门公法学科虽然有分工，但彼此之间的交流、借鉴也始终存在，上述因分割、封闭而形成的局限，通过现在的学科互动模式，是否无法得到较好的解决，而必须代之以统一公法学模式？（3）如果是的话，那么，统一公法学已经或可能贡

---

[1] 参见袁曙宏等著：《公法学的分散与统一》，北京大学出版社2007年。
[2] 参见袁曙宏：《统一公法学的基本理论架构》，载《法学论坛》2007年第4期，第5-10页；莫于川：《公法共同价值论要》，载《法学论坛》2007年第4期，第11-16页；沈开举、郑磊：《论统一公法学建构的宪政基础——兼谈公法学总论研究的几个误区》，载《法学论坛》2007年第4期，第17-21页；孟鸿志、王秀哲：《论宪法与行政法的统一与互动——兼谈宪法与行政法在公法体系中的地位》，载《法学论坛》2007年第4期，第22-28页；宋功德：《公法研究范式的构造、确立及其变迁》，载《法学论坛》2007年第4期，第29-36页。

献的知识，是否能够克服分工的局限，或者，是否足以令人对其克服局限的能力充满信念？统一公法学唯有对这些问题提供满意答案，才会被各部门公法学人所认同。

2. 软法与公共治理

与之前所有的次级标题不同，这不是一个学说或理论的名称。况且，表面上看，它似乎与行政法理论基础的研究也相去甚远。然而，在国内，率先将"软法""公共治理"这两个论题，引入到行政法学乃至公法学视野范围内的罗豪才教授及其他学者，其实是在发展平衡论的学术兴趣持久推动之下，完成此番创举的：

> 他们对软法的研究兴趣应该说同他们研究现代行政法发展的趋势，公法制度的变迁，特别是同他们倡导并致力于推动的现代行政法平衡理论一脉相承的。平衡理论认为，行政法的核心是行政主体与行政相对方的关系，而行政法机制有制约与激励之分，行政行为有强制性与非强制性之别，行政法规范通过制度和机制对双方主体有效地激励与制约，实现权力结构趋向动态平衡，体现各方利益的均衡化。平衡论自提出以来一直处于发展完善当中，不断吸纳新的研究成果和方法，并始终注意公法制度和规范在实践中的发展变化。2004年下半年以来，罗教授及其合作者开始注意到全球范围内广泛兴起的公共治理对公法制度和公法学提出的挑战。[1]

公共治理（public governance），作为一个首先在政治学、行政学领域里出现的论题，之所以引起罗豪才教授等公法学者的兴趣，根本原因在于它指向的是一种新的公共领域治理模式。而行政法学既然始终关心其所规范的对象——公共行政管理领域发生的事实本身，就不可回避这种新治理模式的兴起。这种模式并不把公共领域事务完全寄托于国家来统辖，而是让国家、非政府公共组织、私企业、私人组织甚至私人，都参与到一个开放的、互动的治理网络之中；这种模式并不一味传承层级官僚制的、命令－控制的治理方式，而是寄希望于更多参与的、更多协作的治理方式；这种模式强调公共行动者和私人行

---

〔1〕 参见罗豪才等著：《软法与公共治理》，北京大学出版社2006年，第324页。

动者要在实现政治、经济、社会目标过程中广泛地从事行动、发挥作用、施加控制，鼓励多方的利益相关者共同分担传统的治理角色；这种模式不再单纯依靠国家的、集中的、从上到下的、一竿子插到底的治理，而是推进"向下""向外"的运动，把治理责任转移给地方、转移给私人，提供机会鼓励地方、私人进行尝试性的协作治理，避免将问题孤立、分割。[1] 显然，公共治理模式应该引起所有公法学者、甚至所有法学者的关注，因为其对法学带来的挑战是全方位的。"在微观的司法原理层面上，在宏观的宪法和行政法层面上，在本原的法理学层面上，所有令人瞩目的学术工作都在主张，通过新的治理模式予以更新的必要性和可能性。"[2]

公共治理模式，超越了治理的"政府模式"和"市场模式"之争，试图在"市场失灵、政府也不灵"的、看似绝望的两难困境之中，寻找第三条有效的治理路径，这本身足以让人看到绝地的一丝曙光，也就不难理解其为什么会成为各学科争相研究的对象。公共治理模式带来的问题不止一箩筐，其中就有一个极具挑战性的难题：既然治理主体趋向多元化，治理责任"向下""向外"释放，在治理过程中实际发挥约束力量的规范，不是也不可能是唯一由国家制定的、自上而下推动实施的、以惩戒制裁作为保障实施的后盾的，那么，这些不同于传统"法律"概念的、具有事实约束力的规范，是否应当——如果是，应当如何——在法学上予以解读？

于是，世界范围内，一个革命性的、颠覆性的概念在法学领域诞生了，这就是"软法"。它的提出，是对上述难题的回应，是要以此为基石，对那些传统"法律"意义以外的约束性规范，给出丰富的而不是贫乏的、成体系的而不是零星的法学解读。当然，把国家制定、自上而下实施、伴有强制性制裁等属性，视作"法律"应有之义的传统观念，很难在逻辑上接受"软法"这样一个似是而非的、悖论式的概念。因此，它的降临如同任何一件新奇事物的效应一样，引发了广泛的讨论和争议，支持者、批评者、犹疑者都有相当的数量。[3]

---

[1] 参见罗豪才、宋功德：《公域之治的转型——对公共治理与公法互动关系的一种透视》，载《中国法学》2005年第5期，第3-23页。

[2] Orly Lobel，The Renew Deal: The Fall of Regulation and the Rise of Governance in Contemporary Legal Thought，89 Minn. L. Rev. 342，345 (2004).

[3] 参见罗豪才、毕洪海：《通过软法的治理》，载《法学家》2006年第1期，第1-11页。

然而，无论公共治理模式是否真的会成为第三条成功的道路，无论软法概念在法学体系内部逻辑上是否能够达到令人满意的自洽性，在命令－服从、由上而下、层级式、国家垄断的治理模式以外，正在生成分散的、平面的、互动的、协商的、合作的治理模式，这是不争之事实和经验。这些事实、经验本身，无论其中是否会生成需要司法过程予以解决的纠纷，都值得我们法律人——尤其是公法学人——予以关注和思考。毕竟，仅仅关注纠纷是什么、现有国家法律规则如何解决纠纷、国家法律规则不周的情形下如何改善规则的法律人，还是相对自我封闭于现成的法律知识系统之中的。国家的治理如何达成善治，恐怕是法律人关注纠纷的司法解决背后更为深层次的关切。在这个关切的引导之下，对于那些在国家制定的法律以外发挥促进善治作用的其他规范和行动，当然是不能视而不见的。

以罗豪才教授为首的公法学人，非常机敏地洞察到软法、公共治理对公法学研究的意义。他们展开的讨论包括：软法是什么、软法概念何以能够成立；[1] 公共领域软法规范的渊源；[2] 软法的生成机制、实施机制；[3] 软法在公共治理过程中的作用和价值；[4] 软法的责任形式和实现；[5] 软法对于行政裁量的

---

[1] 参见姜明安：《软法的兴起和软法之治》，载《中国法学》2006年第2期，第25-36页；翟小波：《"软法"及其概念之证成——以公共治理为背景》，载《法律科学》2007年第2期，第3-10页；翟小波：《"软法"概念何以成立？——卢曼系统论视野内的软法》，载《郑州大学学报（哲学社会科学版）》2007年第3期，第40-42页；魏武：《软法是什么》，载罗豪才等著：《软法与公共治理》，北京大学出版社2006年，第168-188页。

[2] 参见宋功德：《公域软法规范的主要渊源》，载罗豪才等著：《软法与公共治理》，北京大学出版社2006年，第189-203页。

[3] 参见袁文峰：《软法在什么时候出现》，载罗豪才等著：《软法与公共治理》，北京大学出版社2006年，第204-214页；牟效波：《软法在什么条件下靠得住？——从软法的实施机制切入》，载罗豪才等著：《软法与公共治理》，北京大学出版社2006年，第225-237页；韩春晖：《软法机制初探——沿袭经验主义的认知方式》，载罗豪才等著：《软法与公共治理》，北京大学出版社2006年，第238-251页。

[4] 参见罗豪才：《公域之治中的软法》，载罗豪才等著：《软法与公共治理》，北京大学出版社2006年，第1-12页；罗豪才、宋功德：《公域之治的转型——对公共治理与公法互动关系的一种透视》，载《中国法学》2005年第5期，第19-20页；罗豪才、毕洪海：《通过软法的治理》，载《法学家》2006年第1期，第9-10页；罗豪才、宋功德：《认真对待软法——公域软法的一般理论及其中国实践》，载《中国法学》2006年第2期，第8-11页；姜明安：《软法在构建和谐社会中的作用》，载罗豪才等著：《软法与公共治理》，北京大学出版社2006年，第85-108页。

[5] 参见毕雁英：《社会公法中的软法责任——一种对软法及其责任形式的研究》，罗豪才等著：《软法与公共治理》，北京大学出版社2006年，第252-269页。

规制;[1]等等。在经过了诸如此类的基础性问题和原理探索之后,强烈的中国问题意识和实证研究意识,促使软法学者将目光转移到在中国本土发生的、具体的软法现象上,力图通过个案分析,对软法进行有着更为实在的经验事实支撑的"解剖麻雀式的"研究。这就是《软法与协商民主》一书诞生的背景。该书选择了世界上绝无仅有的中国人民政治协商制度作为研究对象,以软法理论为崭新的分析工具,多层次、多角度地对其历史和运作机理进行了阐述。在中国,如此全面、系统地将中国人民政治协商制度纳入法学领域予以研讨的,无可置疑地是首次,而这又不得不归功于软法理论开启新视野之后对学术的刺激。此外,该书还在一般理论层面上探究了软法与协商民主之间的关系。[2]

综上,对软法与公共治理的研究,是一项新的课题,而不是一个新的行政法理论基础学说。然而,这个课题上获致的学术成就,已经充分展示出,在开放、互动、平面的公共治理网络中,协商(协调)机制、软法(柔性规则)机制、共赢机制,同前文所提的激励、制约机制一起存在,使得平衡论所希望的行政主体与行政相对方的平衡,更有可能通过各种方式和形式实现。打通应然平衡与实然平衡之间的渠道,更为充足。

五、结语:整体、共识和未来

关于行政法理论基础这一主题的历史性回顾,尽管希望尽可能贴近和还原学术史事实,但是,观念、思想、理论的气象万千,无法在粗略的笔风之下,一一呈现在读者的眼前。挂一漏万,的确是一种陈词,但绝对不是一种矫情的滥调。

当然,历史从来没有将来也不会有完全的复原。即便是用摄像机拍摄下来的事实,也存在角度、范围、距离、光线等的限定。更何况,一部没有剪辑的纪录片,注定是零碎、杂乱的事实堆积,一部没有解说词的纪录片,也通常会枯燥、乏味、使人难懂或犯困的。由是之故,前文力图通过一种有意识的整理,让行政法理论基础的历史画卷不至于是涂鸦,同时,还着力配上带有作者一己

---

[1] 参见王贵松:《行政裁量的软法之治》,载罗豪才等著:《软法与公共治理》,北京大学出版社2006年,第280-290页。

[2] 参见罗豪才等著:《软法与协商民主》,北京大学出版社2007年。

之见的解说，以求在林林总总的现象中间寻觅到一条线索。这样，哪怕是只挂上"一"、而漏掉"万"，也不影响其成就为"一种"历史——更准确地说是一种历史叙事。于此历史旅途和纪事行将结束之际，本章拟对此过程再略陈愚见。

1. 整体思维的训练

行政法理论基础作为一种行政法整体观，从一开始粗糙简单的概念、观念（表现为命题、纲领），逐步走向系统化、理论化，同时在一棵大树上生出枝繁叶茂的分权，形成争奇斗艳的格局，而后，又在尝试开启新的理论视窗，引进新的智识资源，丰富本主题的研究。章志远教授认为，这个过程对中国行政法学至少有三个重大的贡献：（1）确立了行政法学的基本范畴；（2）更新了行政法学的理论体系；（3）开启了对行政法的哲学思考。而且，本主题的讨论

> ……带来了研究范式的更新、开启了正常的学术争鸣。从关注于行政法制实践中的一般性问题到对行政法的根本性问题进行哲学思考，从自说自话到相互商榷，在这些可喜的变化中，中国的行政法学逐渐走出了困境，其整体的研究水准已经大大提升。

其中，行政法的哲学思考，被评价为"自觉地从哲学高度对诸如什么是行政法、行政法的本质是什么、行政法的价值导向是什么、行政法应当具有哪些内容和功能、以什么样的视角和方法去研究行政法、行政法制度建设和理论体系应当以何种理念作为指导等深层次问题进行了不懈探索。"[1]

在这里补充、以更加明确的是：行政法的哲学思考，不仅仅在于其探问了一些行政法根本性或深层次问题，更在于其力图对这些问题，形成一种合理诠释历史、有效回应现实、逻辑上完整自洽的整体回答。哲学的含义之一，就是"所有知识的综合"。假如行政法理论基础仅仅是为行政法基本问题提供零星的、

---

[1] 参见章志远：《回顾与展望：中国行政法理论基础研究之评析》，载《贵州警官职业学院学报》2004年第3期，第46-47页；同样内容，亦见杨海坤、章志远：《中国行政法基本理论研究》，北京大学出版社2004年，第75-80页。

分散的答案，而不能构成答案之间极少悖论的整合，这样的哲学思考就好似普通人偶或进行哲理发问和回答一般，与哲学家距离甚远。罗豪才教授也曾明言："对行政法作哲学考察更有助于人们对行政法整体思维的形成。"[1]

藉此反观本主题研究的发展历程，可以断言：这是一次难得的行政法学整体思维训练。任何一个就行政法理论基础发表议论的学者，都必然会切身感受到其面临的挑战，即如何以某个或某些基本的概念、范畴或观念为核心，将行政法的诸多现象和问题，有机地糅合成一个整体。尽管各学说之间存有歧见，但在其不断完善其系统化论证的过程中，无不接受和应对这一挑战。在宏观的层面上辨识与把握行政法诸现象、诸问题之间的关联性，将这些关联性从具体、杂乱、微小的细节中抽象出来，形成一幅线条简洁、清晰的结构图。这就是众多论者经受整体思维训练所欲实现的理论愿景。

而且，整体思维训练的成就如何，是直接通过所构建的学说之完整性程度体现出来的。迄今为止，作者仍然坚信，平衡论是行政法整体思维发展最为完整的一个学说。其沿着早期本主题研究开创的整体观、历史学、类型论的进路，概括出历史上曾经存在的两种与之对应的理论类型。这种对应性，充分反映在控权论、管理论和平衡论就同样的行政法基本问题给出的不同答案上。并且，平衡论自觉地意识到，"应当平衡"的规范性命题需要在"如何平衡"的实证层面上展开，所以，终究由规范平衡论和实证平衡论共同构成一个理论体系。相比较之下，新控权论、政府法治论、公共利益本位论等，似乎都不同程度地放弃了历史学、类型论的进路。在它们那里，没有非常明晰的、与之恰成对立的、能从中感受历史脉搏的理论类型。

2. 共识的贡献胜于分歧

前文已述，有关行政法理论基础的学说，单就名称而言，就有十余家之多，经系统化论证、相对比较成熟的，也有四五家。这些学说对行政法目的给出各自的核心解说，并构建相应的体系。表面上，的确给人以百家争鸣的印象。不过，仔细考究本主题研究历程及其至今所获得的成就，不难发现，论者们对诸多行政法问题还是达成了许多共识。这些共识对于行政法学的贡献胜于分歧。

---

[1] 参见宋功德：《行政法哲学》，法律出版社2000年，序言部分，第3页。

首先,引发本主题讨论的源头,即"保权"和"控权"之争已经不复存在。从既有的学说之中,找不到哪位论者,还会对行政权投以完全信任或者完全怀疑的眼光。即便是新控权论者,也一再解释其理论中的"控制",绝非消极意义上的"限制"。其次,对于更多意味着行政扩权现象的行政立法(准立法)、行政裁决(准司法)、行政裁量等现象,也都在认可其存在合理性的同时,强调以适当的方式予以规制。再次,对于展示行政多样化趋势的行政指导、行政合同、行政协商等非强制性行政现象,也都表示支持,并力图解决它们带来的行政法新问题。第四,无论是平衡论,还是新控权论、政府法治论等学说,基本上都采取了行政法研究的功能主义路径,而不是严格恪守某个既定的信念、原理或原则,并以此信念、原理或原则,削足适履般地去要求气象万千的现实。在相当程度上,它们如英国公法学者洛克林所倡导的那样,"把考察法律的规范结构能够以何种方式影响政府完成其指导、控制和评价任务的过程作为其主要关注点。"[1] 最后,与功能主义路径形影相随的是,各家学说都在比较、借鉴域外行政法制度和理论的基础上,更着重强调本土论、语境论。

以上所列,仅仅是更多共识中的一小部分。但是,从中不难窥知,行政法理论基础的探索与争鸣,抛开各家分歧不论,已经使中国行政法学大致上对行政权持有了相同或相似的基本立场,也形成了面向行政过程现实、面向行政目标的设定和实现、面向法律规范对行政过程的实际作用的研究路径。这样的方法论定型,显然有助于中国行政法学的自觉、自立和自强。

3. 未来在于可检验性和可容纳性

行政法理论基础的学说之争,也许还会继续下去。到目前为止,这样的竞争,与其说是决出了一个优胜者,倒不如说是让各自更加完善了。各家学说虽然都在相当程度上完成了系统化的工作,但其主张仍然有需要补苴罅漏的空间,需要在未来时间内经得起逻辑和事实的检验。

例如,平衡论进入实证平衡论发展阶段之后提出,当行政法主体皆进入行政过程之中,表达各自利益诉求,就最大化各方利益的行政决策进行平等博弈,

---

[1] 参见[英]马丁·洛克林:《公法与政治理论》,郑戈译,商务印书馆2002年,第374页。

就能促成合意的均衡。这一观点主要是为了证成平衡不仅仅是应然的，也是可以实际操作和实现的。不过，它似乎更多地诉诸"通过程序的平衡"，也就是说，只要行政法在制度层面上为行政法各主体提供了一个平等博弈的平台和程序，就可以得到平衡的结果。这就不免令人想起传统的程序正义和实质正义之争。作为一种法学理论，平衡论尚需进一步研究：在现实世界，（1）让不同利益主体都进入一个行政决策的制作场合，是否可能？是否有些利益（如环境利益、青少年利益），缺乏有着充分行动机和热情的利益主张者？（2）对于同一类利益，不同的行动者会有不同的主张，如何找到合适的利益代言人，能够代表多样化的利益诉求，而不是让在场的利益代言人扭曲或遮蔽不在场的利益诉求？（3）把行政决策制作场合塑造成完全平等博弈的平台是否可行？无处不在的信息不对称，是否会影响博弈的平等性？是否会影响最大化各方利益的决策的形成？（4）如果在博弈过程中，有些利益缺乏积极行动者或适合代言人，或者存在明显的信息不对称情形，当场的博弈结果在事后被质疑其合法性，尤其是在司法过程中被质疑合法性，那么，平衡论能够给法官怎样的审判指导呢？

又如，宋功德教授曾言："平衡论如果最后得到广泛认同而成为现代行政法的理论基础，那么在一定程度上要归功于它使用了'平衡'论这个易于为人所理解的名字；如果最后因没有得到普遍认同而未能如愿以偿，那么在相当程度上则要归过于它使用了'平衡'论这个极容易为人误解的名字。"[1] 其实，平衡论的问题并不在于其名称既容易为人理解又容易为人误解的内在乖张。以往认为平衡论在各部门法之中都存在，故不能作为行政法理论基础的观点，在学术上是难以成立的。在学术领域，同一名称用在不同的学科、但富有极其不同内涵的现象，比比皆是。例如，相对论在物理学、人类学、语言学、哲学上都有各自独特内涵。因此，如何让作为行政法理论基础的平衡论，始终保持其独特的内涵，是平衡论者应当热切和谨慎关注的。假如统一公法学者以它为基础，将其延伸到整个公法领域，作为公法学理论基础，那么，这种内涵的独特性是否还能维系呢？

---

[1] 宋功德：《均衡之约——行政法平衡论的提出、确立与发展历程》，载罗豪才等著：《现代行政法的平衡理论》（第三辑），北京大学出版社2008年，第163页，脚注①。

以上发问只是举例表明，行政法理论基础各说——特别是那些系统化的学说，不仅仅是平衡论——的一些观点和主张，都等待着逻辑和事实的进一步检验。此外，本主题研究的热情有所回落，相关的但又独立发展的统一公法学、公域软法学、公共治理的行政法学等，一时间成为显学。不过，这并不意味着，本主题已是"明日黄花"。恰恰相反，对这些新开领域的探索，无疑会有助于未来对行政法理论基础的进一步思考。毕竟，任何更为一般的、抽象的、整体的思考，不可能脱离个别的、具体的、部分的观察；后者必定是前者的基础，没有扎实的后者，前者往往沦为空想、遐想。且不论统一公法学与行政法理论基础之间的关系，对公域软法的研究、从法学视角对公共治理的研究等，都是在崭新的、相比较行政法理论基础而言是更为具体的领域拓荒，它们所取得的成就，注定会反映到未来的行政法理论基础研究之中。

由此，行政法理论基础各家学说，除了需要经受检验以外，还面临着一个共同的课题。在众说纷纭、各抒己见的同时，为保持学说的持久生命力，应当时刻关注行政过程和行政法的新变化，并将这些新变化纳入其体系之中。换一个角度，这也表明，判断一家学说的生命力如何，还要看学说本身是否有能力，在其体系之中，为新变化找到合适的空间，并与体系中原有的其他部分整合为一体。当然，这种可容纳性必须以保持学说的核心观念和主张、保持同学说核心观念和主张之间的一致性和自洽性为前提，若一味追求容纳新变化，而在较大程度上改变了学说的核心观念和主张，或者同学说核心观念和主张发生矛盾和冲突，无异于是对学说的颠覆，学说也就谈不上可容纳性了。

或许，在未来，真正令人欣慰愉悦的依然是百家争鸣、百花齐放的学术风尚。唯有如此，任何争取使自己学说更具可检验性、可容纳性的努力，都会有竞争性学说的支持者进行评判，从而得以永葆反思、反省之镜鉴。而在此学术风尚之中，相信终究会产生优秀的学说，与世界形成对话。若能如愿，中国行政法学幸甚！中国法学幸甚！

珞珈山 /Luojia Hill　　　　　　　　　　　　　　　　05/29/2021

为了权利与权力的平衡。

——罗豪才

第三章　"为了权利与权力的平衡"及超越

罗豪才教授是中国20世纪70年代末行政法学复兴[1]的主要奠基者之一，对当代中国行政法制度的建构、当代中国公法理论乃至法律理论的发展，做出了卓越的贡献。他在比较宪法和政治制度、行政法学基础理论、行政法治原则、中国司法审查、行政法制发展趋势、公共治理、软法、协商民主、人权等领域或主题，著述丰富，且保持着长久的影响力。他面向国际、关注本土、勤读慎思、积极创新的学术精神，更是值得我们深切缅怀并引为学习之典范。2009年6月，他受邀成为"中国法学创新讲坛"的开讲第一人，足可见法学界对其学术创造力、影响力的公认。

本章不可能回顾罗豪才教授的所有著述，不可能评论他的所有思想。作为他曾经指导的博士生，经常会有难以望其项背、难以跟上步伐的感觉，这当然不是因为他的身高。为了凸显其令人高山仰止的学术贡献，本章选择了他最具标志性的行政法平衡理论（以下简称"平衡论"）以及软法理论，作为此处讨论的核心。另外，本章也无意全面重述他在这两个理论上的主要观点，而是结合以往甚至现在人们对平衡论、软法理论可能存在的困惑，就其观点与所处时代建立勾连，以更充分展示其是如何开启学术新视野、引领学术新思想的。

---

[1] 之所以称为"复兴"，是因为中国行政法学肇始于20世纪初清朝覆亡前后，参见本书第一章。1949年以后至20世纪70年代末，行政法学可谓断裂。"中国知网"仅收录两篇写于50年代的论文。参见夏书章：《加强行政法科学的研究工作》，载《法学研究》1957年第2期，第41-44页；殷衷：《关于中华人民共和国行政法的对象和体系问题》，载《教学与研究》1958年第3期，第57-61页。虽然这并不意味着那时仅有两篇行政法论文，但也足以说明当时情状。

一、为了权利与权力的平衡

"为了权利与权力的平衡",是罗豪才教授一生致力行政法、致力公法的内心追求。更加难能可贵的是,与普通人不假深入思索地接受和秉持信念不同,他以一种思想家、理论家的方式,来对待这一追求。他尝试着诉诸理性,证明该追求是有根据、有理由的,是符合当代中国公共行政和行政法需求的,甚至是与全球范围内当代行政法发展趋势一致的。于是,行政法平衡论得以孕育、诞生和发展。

1. 在什么背景下提出的?

罗豪才教授正式提出平衡论,是在 1993 年初。[1] 当时,中国的改革开放已经进入第二个十年,经济体制改革的目标已经被确定为"在坚持公有制和按劳分配为主体、其他经济成分和分配方式为补充的基础上,建立和完善社会主义市场经济体制"。[2] 这比 1982 年提出的"计划经济为主,市场调节为辅"、1987 年提出的"有计划的商品经济",都更进一步强调市场的作用,但仍然以"社会主义"进行定位。

在此之前,1988 年推出的国务院机构改革方案已经实施四年。与改革开放后第一次机构改革的最大区别在于,此次改革首次提出"转变政府管理职能"是机构改革的关键。为了建立"功能齐全、结构合理、运转协调、灵活高效的行政管理体系",就必须"理顺关系、转变职能,精干机构、精简人员,提高行政效率,克服官僚主义,增强机构活力",按照政企分开原则,将对企业的直接管理改为间接管理。[3] 紧接而来的 1993 年国务院机构改革,更加明确地与经济体制改革相匹配,提出"这次机构改革和以往机构改革的不同,就是把适应社会主义市场经济发展的要求作为改革的目标",并且继续强调政企分开和精简、统一、效能的原则。

经济体制、行政管理体制转型的同时,行政法领域发生了一件具有划时代

---

〔1〕 参见罗豪才、袁曙宏、李文栋:《现代行政法的理论基础——论行政机关与相对一方的权利义务平衡》,载《中国法学》1993年第1期,第52-59页。
〔2〕 参见中国共产党第十四次全国代表大会报告:《加快改革开放和现代化建设步伐,夺取有中国特色社会主义事业的更大胜利》,1992年10月12日。
〔3〕 参见宋平:《关于国务院机构改革方案的说明(1988年)》,1988年3月28日。

意义的事件：《行政诉讼法》于1989年颁布、1990年生效实施。称其为革命，也丝毫不为过。因为，第一，它在中国历史上第一次建立了对行政行为的司法审查制度；第二，它为不同于民法、刑法的大量分散的行政管理法律法规得到行政机关的严格执行，提供了一个常规的监督保障机制；第三，它为以后覆盖行政复议、行政赔偿、行政处罚、行政法规规章制定、行政许可、行政强制等的行政法体系的建构完善奠定了基石；第四，它使法院得以解释适用法律、厘定具体情形下行政机关与相对方的权利义务关系，由此让行政法学找到了属于"法学"的落脚处。

而在这部重要法律的制定过程中，行政机关普遍存在抵触心理，并引发围绕该法第一条展开的立法宗旨是维护行政机关依法行使职权还是监督行政机关依法行使职权的争论，也就是通俗所称的"保权"和"控权"之争。[1] 这样的争论在今天看来似乎并没有那么重要。2014年《行政诉讼法》修改将第一条中的"维护"两字删除，也并不意味着法院只会一味严格监督，而不尊重行政机关。然而，想象在中国的政治情境中，如此一部法律不仅历史上没有，更是授权在权力格局中地位略低的法官去审查地位略高的行政机关首长所作或同意的决定，彼时的争论绝不是简单易解的。

那么，与经济体制、行政管理体制改革、行政诉讼法的出台密切相关的行政法学发展进度和状况如何呢？这显然是本章有限篇幅无法描述的。仅就行政法学基础理论而言，此时已经问世的理论流派有"为人民服务论"[2] "人民政府论"[3] 以及"控权论"[4]。前两种观点提出较早，仍然没有摆脱法律阶级论的影响，显然无法适应改革变迁之需。"控权论"与后来平衡论视野中的"控权论"并不完全相同，可谓"新控权论"之萌芽。[5] 不过，无论对"控制"

---

[1] 参见罗豪才：《中国行政法的平衡理论》，载罗豪才等著：《行政法平衡理论讲演录》，北京大学出版社2011年，第5页。

[2] 参见应松年、方彦、朱维究：《行政法学理论基础问题初探》，载《中国政法大学学报》1983年第2期，第80-83页。

[3] 参见杨海坤：《论我国行政法学的理论基础》，载《北京社会科学》1989年第1期，第139-147页；杨海坤：《中国行政法基本理论》，南京大学出版社1992年，第33-46页。后更名为"政府法治论"，参见杨海坤：《行政法的理论基础：政府法治论》，载《中外法学》1996年第5期，第53页。

[4] 张尚鹫主编：《走出低谷的中国行政法学——中国行政法学综述与评价》，中国政法大学出版社1991年，第45-46页。

[5] 参见本书第二章第三部分。

一词作何不同于其表面意义的深度解释，由于它主张行政法的核心在于控制行政权，在当时引起立法机关、行政机关的排斥态度，是不足为奇的。

在这样的背景下，平衡论诞生了。罗豪才教授早在1984到1985年期间访问美国哥伦比亚大学期间，就开始思考行政法的本质和作用等基本问题。在认为美国行政法以控制行政权为目标存在较大问题，并受到美国行政法之父沃尔特·盖尔霍恩（Walter Gellhorn）关于中国行政法应结合中国实际情况发展的指点之后，[1] 罗豪才教授反复思索在计划经济走向市场经济的中国，在苏联的管理论和美国的控权论之间，中国的行政法（学）向何处去，如何形成适合中国自己的理论流派。1991年，他在给国家工商行政管理局举办的工商行政管理系统复议、应诉人员研修班讲课时，从行政法律关系、行政法的作用、行政责任、行政法治原则、行政法学体系等方面，阐述了行政法主体之间的"权利义务平衡"的观点。[2] 可见，平衡论自播种、孕育直至发芽，也是历经近十年的时间。而在正式提出时，社会主义市场经济体制的建立，政府管理民主与效率的有机统一，我国行政诉讼法既监督行政权又保障行政权、既保护诉权又防止滥诉的立法状况等，都在其深度关切之中。在当时的行政法理论基础诸说之中，称其更适合中国情境，应该是恰如其分的。

2. 平衡论是没有立场的吗？

平衡论自一开始即受到质疑，被调侃为"老好人哲学"。[3] 直至今日，仍有笃信行政法控权理念的学者，认为平衡论是没有立场的，对于处在支配统治地位的、容易滥用且实际上常被滥用的行政权，行政法唯有控权才是抓住了关键、要害，才是真正有立场的。也有学者称"平衡"是法律的基本精神之一，"平衡论"这个概念不能体现行政法的特色，换言之，这是平衡论没有立场的另一个表现。

的确，由于"平衡"一词过于普通而又普遍，将其作为一种系统理论的名

---

[1] 参见罗豪才：《中国行政法的平衡理论》，载罗豪才等著：《行政法平衡理论讲演录》，北京大学出版社2011年，第5页。
[2] 参见原国家工商行政管理局条法司编：《工商行政管理执法·复议·诉讼问题研究》，黑龙江科学技术出版社1993年9月，第181-190页。
[3] 参见《为了权利与权力的平衡——对话罗豪才》，载《中国法律评论》2014年第1期，第17页。

称，是极有可能会令人产生困惑的。[1] 然而，对平衡论不予研读甚至不屑阅读，仅凭对名称的好恶，认为其没有特定立场，而完全否定之，至少不是学术严谨的。

平衡论的发展是一个连续的过程，其中不仅存在理论的自我反思、检讨和扬弃，也存在不同的平衡论者略有分歧的情形。罗豪才教授认为："平衡论的基本主张是应当从关系的角度研究行政法，行政法上行政权力与公民权利的配置应当是平衡的，运用制约、激励与协调机制充分发挥行政主体与相对方的能动性，维护法律制度、社会价值的结构均衡，促进社会整体利益的最大化。"[2] 具体延伸开来，他的平衡论立场可概要如下：

（1）管理论片面强调政府管理，控权论片面强调控制政府，从这两个核心出发对行政法基本问题形成一系列针锋相对的看法，尽管没有谁完整、系统地提出过管理论、控权论，但平衡论通过建构理想类型的方法，有助于我们认识现实中零星分散的具体观念之间或多或少的内在关联。

（2）管理论、控权论虽各执一端，但都仅从"权力"视角，公民权只是背景性设置，而平衡论强调从"关系"视角，切实把握行政法的核心"权力-权利"之间错综复杂的、既对立又互动的关系。

（3）行政法应当防范和监督行政权的违法和滥用，但同时要承认并发挥行政权的积极作用；行政法自然应当保护公民权利，但也必须直面并防止相对方的权利滥用。

（4）行政法应当综合运用激励、制约和协调机制，激励行政主体和相对方各自的积极一面，制约其消极一面，同时注意在行政协商、行政契约、合作规制等领域加强各方主体的互动。

（5）行政法应当在权力/权利关系（行政管理关系和监督行政关系）、制度（行政管理制度和监督行政制度）、利益（公益和私益）、规范（硬

---

[1] 宋功德曾言："平衡论如果最后得到广泛认同而成为现代行政法的理论基础，那么在一定程度上要归功于它使用了'平衡论'这个易于为人所理解的名字；如果最后因没有得到普遍认同而未能如愿以偿，那么在相当程度上则要归过于它使用了'平衡'论这个极容易为人误解的名字。"宋功德：《均衡之约——行政法平衡论的提出、确立与发展历程》，载罗豪才等著：《现代行政法的平衡理论》（第三辑），北京大学出版社2008年，第163页，脚注①。

[2] 参见罗豪才：《中国行政法的平衡理论》，载罗豪才等著：《行政法平衡理论讲演录》，北京大学出版社2011年，第6页。

法和软法)、价值(秩序和自由、公平和效率)五个方面实现结构性均衡。[1]

尽管以上描述依然无法穷尽罗豪才教授系统而又复杂的平衡论思想,但这已经足以表明:

第一,平衡论的"平衡"范畴内涵极其丰富,过分强调这一概念的普通性、普遍性,而忽略或不顾其在特定行政法(学)语境中的特殊含义,并由此指责平衡论没有立场,是一种简单粗暴的学术狂妄;

第二,平衡论的立场非常鲜明,它虽然主张在片面保障政府管理和片面控制政府权力之间走一条中间道路,但这丝毫不意味着是左右摇摆或没有根基或没有原则,相反,它高度重视依法行政、保护公民权益、制约行政权的重要性,只是强调不能因为这种侧重而完全将行政的积极面和公民的消极面置于视野盲区;

第三,平衡论的立场是要在方法论上对行政法进行一个整体的、系统的观察和思考,是要在局部的、具体的、零碎的行政法现象之间建立理性勾连,而不是沉浸其中"只见树木,不见森林",甚至其建构的对立模式管理论、控权论也是整体化、系统化努力的结果;

最后,平衡论的立场不仅与行政法所嵌入的经济—政治—社会结构的变迁有着紧密的关联,这一点已在前文述及,而且还与中国特殊的文化传统有关。

> 中华文明博大精深,历史悠久。传统文化中虽然缺乏法治的文化精神,但是也积淀了丰富的"和合"思想和有价值的法制资源。例如,儒家提倡的"中庸之道"就蕴含着和谐、平衡的思想和智慧,适用于法律领域则要求在立法上注意寻求各方的利益平衡。历史传承中形成的诸如平衡、和谐这样一些思想观念在今天仍然具有积极的意义和价值。因此我们要注重挖掘和发扬传统文化资源中的精髓,平衡理论也是在这样的背景之下开展研究的。[2]

---

[1] 参见罗豪才:《中国行政法的平衡理论》,载罗豪才等著:《行政法平衡理论讲演录》,北京大学出版社2011年,第6-9页。

[2] 罗豪才:《中国行政法的平衡理论》,载罗豪才等著:《行政法平衡理论讲演录》,北京大学出版社2011年,第1页。

虽然罗豪才教授及其他平衡论者未就此问题充分展开论述，但他在日常交流讨论中，经常提及这一点。中国传统中的中庸、和谐、平衡思想是一种文化基因，这个基因在罗豪才教授身上体现尤甚，成为他个人品格之重要构成，也是他提出平衡论的一个重要推力。正因如此，罗豪才教授推己及人，相信这个文化基因是中华民族的，是绝大多数中国人所继承的，与现代法治精神相结合，可以更好地用于处理政府与人民之间的关系。

3. 平衡论的贡献究竟为何？

罗豪才教授的平衡论自提出以后，迄今已有28年，在学界和实务界形成了长久的影响。其在学术上的贡献可概括为以下四个方面：第一，持续引领了对行政法理论基础的探讨；第二，成为最具影响力的行政法理论流派；第三，激发了学术的竞争和繁荣；第四，促成了行政法一系列问题的共识。

行政法理论基础（亦称行政法基础理论）作为一个学术主题，并非罗豪才教授首先提出，但他对该主题的研究，给予了极大的热情和关切。他曾经提到：

> 很多学者从不同角度、层面对行政法学的一些理论与实践问题，诸如行政法的基本原则、行政行为、行政程序、具体行政行为的司法审查等等，进行了较为深入的研究。这些研究对于完善我国的行政法学和促进行政法理论的科学化有着十分重要的意义。但是，行政法最基本的理论问题即"行政法的本质是什么"的问题，却一直没有得到深入的研究和圆满的回答，以致行政法缺乏"龙头理论"，未形成系统的理论体系。对于一门正在逐步完善和发展的年轻法学学科来说，探索科学、合理的基础理论是十分必须的。它可为我们安排合理的学科体系，采用更科学的研究方法界定学科的基本要领和范畴，防止学理研究过程中的失误与漏洞，避免不必要的资源浪费，保证行政法学遵循客观规律和法学的一般原理健康发展。[1]

由于罗豪才教授的不懈努力，尤其是由于他首倡平衡论并引领一批学者长

---

〔1〕 参见罗豪才主编：《现代行政法的平衡理论》，北京大学出版社1997年，第1页。

期坚持发展和完善平衡论,"行政法理论基础"因此成为一个经久不衰的学术主题,而平衡论在其中又扮演着最为重要的催化剂作用。2021年5月7日,作者在"中国知网"上,以"主题:行政法理论基础"进行检索,可以发现自1989年至检索日,共有148篇文章。[1] 在这148篇文章中,提及平衡论的有116篇,占78.4%。这些论文每年分布的情况如图1所示。平衡论在行政法理论基础的主题研究中的影响力可见一斑。

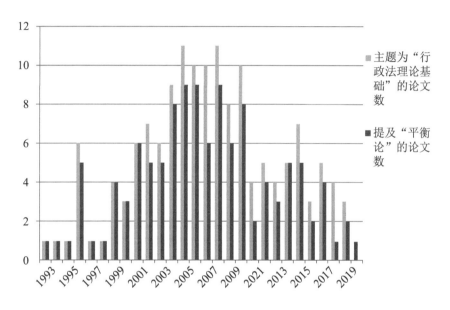

图1 主题为"行政法理论基础"的文献数及其中提及"平衡论"的文献数

在同一检索日,作者在"中国知网"上以"全文:平衡论+全文:行政法"的条件进行检索,结果是自1993年开始至检索日有4268条结果。这些文献每年分布的情况如图2所示。而变更搜索条件,"全文:控权论+全文:行政法"的结果为2631篇,"全文:服务论+全文:行政法"的结果为1061篇,"全文:公共利益本位论+全文:行政法"的结果为571篇,"全文:政府法治论+全文:行政法"的结果为508篇。论及平衡论的文章数量最多,并不意味着支持和同

---

[1] 必须指出,作者曾经在2018年4月13日以同样检索条件在"中国知网"上检索,发现自1987年至2018年检索日,共有762篇文章。参见沈岿:《"为了权利与权力的平衡"及其超越——评罗豪才教授的法律思想》,载《行政法学研究》2018年第4期,第42-43页。2021年5月7日检索结果却出现"大幅度缩水"。作者只能推测是"中国知网"的统计标准进行了调整。

意者就一定最多，毕竟，还有不少反对和质疑的论文也会提及。然而，毫无疑问，平衡论是最受关注、最具影响力的行政法理论流派。

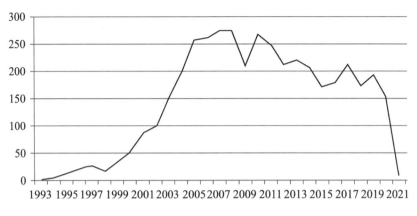

图2　内容提及"平衡论"的论文数量及每年分布情况

平衡论的不断深入探索，不仅使其自身日臻成熟，更是激励了行政法理论基础其他学说的发展。其中，较为系统的有"新控权论"[1]"公共利益本位论"[2]"政府法治论"[3]"新服务论"[4]等。另外，也有学者提出"控权－平衡论""法律导控论""控权－服务论""职责本位论""协调论"等学术主张。[5] 罗豪才教授尽管始终坚信、坚持平衡论，但对其他各说也都十分关注，特别注重这些学说对平衡论的批评。更难得的是，他对由此出现的学术竞争和繁荣感到十分高兴，这应该也是他提倡行政法学理论基础研究的初衷所在。

最后，行政法理论基础诸说自然有各自的主张，并对竞争学说有所批评。但是，从应松年教授、方彦教授、朱维究教授发表第一篇关于行政法理论基础的论文开始，在平衡论的强力推动下，该主题的研究已有近四十年。大浪淘沙，

---

〔1〕　代表著述，参见孙笑侠：《法律对行政的控制——现代行政法的法理解释》，山东人民出版社1999年。

〔2〕　代表著述，参见叶必丰：《行政法的人文精神》，湖北人民出版社2005年，第256-257页。

〔3〕　代表著述，参见杨海坤、章志远：《中国行政法基本理论研究》，北京大学出版社2004年，第86-89页。

〔4〕　代表著述，参见杨海坤、关保英：《行政法服务论的逻辑结构》，中国政法大学出版社2002年，第28页、第39页、第41页、第305页。

〔5〕　参见本书第二章第三部分。

行政法学还是形成了许多共识。比如，"保权"和"控权"之争已经不复存在；带有法律阶级论话语的基本理论已经销声匿迹；行政管理方式和手段的多样化得到普遍承认，过于单一或简单的信念、原理或原则如"无法则无行政"已经没有市场；甚至，平衡论内含的对政府管理需要、对作为相对方的市场或社会主体存在的问题的关切，也已经被认为是行政法学的重要面向，尤其是在行政法分论、部门行政法等研究领域；等等。

二、软法与硬法的混合治理

罗豪才教授的另一重大理论建树，是创造性地将源起于国际法语境中的软法概念，运用于国内公共治理之中，〔1〕并敢为天下先地提出"软法与硬法混合治理"理论。〔2〕在他之前，国内对软法的研究，还是局限于国际法领域。〔3〕即便是国际法学者，也都对此少有问津，更何况众多的部门法研究者。因此，乍一听"软法"概念，莫说普通人丈二和尚摸不着头脑，即便法律研究者、实务者也会是一头雾水。

1. 软法到底是什么？

"软法"概念虽然饱受争议，不同学者对其也会有不同的理解和定义，但罗豪才教授通过观察较早兴起的域外研究成果，发现国际法学者对软法存在一个共同或相通的认识，即软法是"虽然不具有法律效力或法律上的拘束力，或者较硬法而言只具有微弱的拘束力，但在实践中却会产生某种法律效果或者有法律意义的拘束力。"〔4〕基于这种观察，罗豪才教授在早先的著述中提出，"'硬法'是指那些需要依赖国家强制力保障实施的法律规范，而'软法'则指那些

---

〔1〕 最早提出此观点的，参见罗豪才、宋功德：《公域之治的转型——对公共治理与公法互动关系的一种透视》，载《中国法学》2005年第5期，第19-20页。

〔2〕 关于罗豪才教授软法理论的系统、精致、复杂的阐述，参见罗豪才、宋功德：《软法亦法》，法律出版社2009年。

〔3〕 参见李泽锐：《略论国际经济软法与建立国际经济新秩序的斗争》，载《法学研究》1983年第6期，第47-53页；蔡从燕：《现代商人法与国际贸易法的"软法化"》，载《国际商务（对外经济贸易大学学报）》2000年第2期，第30-33页；万霞：《国际法中的"软法"现象探析》，载《外交学院学报》2005年第1期，第94-99页。

〔4〕 参见罗豪才、宋功德：《软法亦法》，法律出版社2009年，第331页。

效力结构未必完整、无须依靠国家强制保障实施、但能够产生社会实效的法律规范。"[1]再之后,他采取了一个更为简洁的定义:"软法,亦即不能运用国家强制力保证实施的法规范"。[2]这里的"不能",当然不是指那些本应该被强制实施但国家机关无力或不愿实施的情形,而是指本就缺乏国家强制实施的约束力、国家机关不应强制实施的情形。

如此定义,不免又会衍生出两个相关的疑问:既然是"法规范",又怎么不具有国家强制实施效力呢?如果不具有国家强制实施效力,那还能叫"法"吗,那与道德、习俗等社会规范又有什么区别呢?这些疑问的答案,可以从罗豪才教授论述的三个维度去寻找。

第一,"法"需要重新定义。当今时代流行的"法"定义,认为"法"就是国家意志的体现,是由国家制定或认可,并依靠国家强制力保证实施的社会规范。然而,这是与传统的以国家为中心的公共管理模式相匹配的"国家—控制"法范式视野中的"法"。而重新定义的"法"指向所有"体现公共意志的、由国家制定或认可、依靠公共强制或自律机制保证实施的规范体系"。[3]这样的"法规范"体系显然是可以为那些不能由国家强制实施的规范留出空间的。

第二,软法与道德规范等有区别又有联系。那么,这样的"法规范"体系是不是也会把道德、习俗等规范纳入进来呢?软法与这些社会规范的区别问题,罗豪才教授并未充分展开论述。他提到,软法具有法规范的共性特征之一,即其"实施要诉诸外部的公共权力",而道德规范则"主要依靠内心谴责"。这是二者存在的区别。至于进一步的理论细分,他认为是非常重要的、有待挖掘的。而他关于软法与道德之间的区别和联系应该从哪些方面去研究的论述,毫无疑问可延伸其意义于软法与习惯法、民间法等的关系领域。

> 软法规范与道德规范二者之间既有联系、又有区别,这种关系不仅体现为实施方式的不同,还集中体现在规范的功能定位、规范的载体形态、

---

[1] 参见罗豪才、宋功德:《认真对待软法——公域软法的一般理论及其中国实践》,载《中国法学》2006年第2期,第3页。
[2] 参见罗豪才、宋功德:《软法亦法》,法律出版社2009年,第3页。
[3] 对"法"定义的反思和修正,是一个非常繁复的论证过程,详见罗豪才、宋功德:《软法亦法》,法律出版社2009年,第二章,第66-204页。

规范的逻辑结构、规范的运作机制等各个方面。全面解读这种关系、并推动二者之间的良性互动和互相强化，是软法研究的一个重要主题。[1]

第三，软法主要有四大类规范。尽管罗豪才教授尚未在软法与道德、习俗等社会规范的区分和联系上给出精致的论述，但是，从其视野中关注的四大类软法规范看，道德、习俗等显然是不属于软法系列的。具体而言，软法规范包括：（1）法律、法规和规章中旨在描述法律事实或者具有宣示性、号召性、鼓励性、促进性、协商性、指导性的法规范；（2）国家机关依法创制的诸如纲要、指南、标准、规划、裁量基准、办法等规范性文件；（3）各类政治组织创制的旨在解决执政、参政、议政等政治问题的自律规范；（4）社会共同体创制的自治规范。[2]

2. 为什么要用"软法"概念指称这些规范现象？

那么，为什么非得用"软法"这个特生僻、特费解、可能产生更多困惑甚于更多共识的词，来指向这些在现实中大量存在、按照其自有逻辑运转的规范呢？没有"软法"概念，它们不也是在那里生成、发挥作用、有问题后被修正或废弃吗？为什么又非得反思和修正"法"定义，让思维已经被传统定义秩序化、格式化、从而比较容易区分"法"与其他社会规范的法律人大脑，又要经历重新秩序化、格式化的混沌迷茫痛苦呢？

这就涉及罗豪才教授倡议软法理论运用于国内公共领域的时代背景了。在他看来，软法理论之所以重要，是因为公共治理正在取代以国家为中心的公共管理，"国家—控制"法范式正在面临危机。世界范围内，近代以来，国家单中心、单向度、强制性的国家主义管理模式占支配地位，体现国家意志、由国家制定或认可、并由国家强制力保证实施的"法"定义，是与这种模式相契合的。

然而，20世纪下半叶以来，全球学界兴起对国家主义管理模式及相应法律观的反思和检讨。国家管理能力不足、国家管理效果不佳、国家管理正当性受到挑战，被认为是国家主义管理模式的失灵表现。于是，西方国家开始了旨在

---

[1] 参见罗豪才、宋功德：《认真对待软法——公域软法的一般理论及其中国实践》，载《中国法学》2006年第2期，脚注3及对应正文。

[2] 参见罗豪才、宋功德：《软法亦法》，法律出版社2009年，第2-3页。

推行绩效管理、强调顾客至上与服务意识、在政府管理中引进竞争与市场机制的政府改革运动,被称为"新公共管理运动",强调管理主体多元化的公共管理模式脱颖而出。之后,主张开放的公共管理与广泛公众参与相结合的公共治理模式也就顺势而起。公共治理模式的基本特征被归结为公共性、适应性、效能性、法治性、回应性、公平性等,而最显著的特征是所有公共关系主体都是治理主体,不仅包括各类公共权力主体,还包括诸如企业、社会组织以及公民个人等主体。公共治理的关键是协作,公共治理的主题就是实现公共关系的理性化。[1]

如果承认公共治理模式正在生成的事实并认可其作为一种趋势,"国家—控制"法范式显然是无法适应的,因为它把大量公共治理主体制定的、在"国家—控制"法范式下不被认为具有强制实施效力的规则排除在视野之外。这就无法认识到这些规则在公共治理中的重要意义,无法认识到这些规则的正效应和负效应,无法认识到这些规则与"硬法"的相互作用。思维被"国家—控制"法范式秩序化、格式化的法律人,如果在研究传统"硬法"的同时,继续像以往那样将这些规则置于盲区或者边缘地带,显然无助于理解和认识公共治理所需的规范体系和结构,最终将无助于公共治理的深度推进和完善。这就是罗豪才教授公域软法之治理论的真正关切所在。

> 自改革开放至今的20多年中,中国的公域之治事实上一直实践着软硬兼施的混合法模式,尤其是伴随着公共治理模式的日渐兴起,软法现象变得日益突出。如果我国公法学仍然一如既往地对软法现象视而不见,那显然是不正常的。我们认为,软法理论研究严重滞后于软法实践发展。这不仅是公法理论体系本身的缺憾,还会严重地制约着公域之治与法治目标的全面实现。[2]

与平衡论的提出紧跟社会主义市场经济建设、行政管理改革和行政诉讼法制定等现实需要不同,罗豪才教授软法之治理论的应运而生,更多是在公共治

---

[1] 参见罗豪才、宋功德:《软法亦法》,法律出版社2009年,第31-39页。
[2] 参见罗豪才、宋功德:《认真对待软法——公域软法的一般理论及其中国实践》,载《中国法学》2006年第2期,第3-4页。

理理论的影响下完成的，比国内改革的实际略超前了一步。

公共治理理论在国内兴起于本世纪初。俞可平教授的《治理与善治》一书是较早系统引介域外公共治理理论的专著。[1] 根据"中国知网"的记录，篇名中出现"公共治理"概念的论文最早发表于2001年，也就只有2篇，2002年、2003年的发表量分别为2篇、8篇，2004年陡增为26篇；而以"公共治理"为主题的论文最早只有2篇发表于1999年，2001年、2002年分别为2篇、7篇，而2003年陡增为24篇，2004年更是增至57篇。[2] 由此可见，罗豪才教授于2005年首次提出软法之治，[3] 恰是公共治理研究急剧升温的时期。

与学界的热情不同，"公共治理"概念在我国的政府文件中并未得到经常应用。中央层面的文件，2010年7月8日中共中央、国务院发布的《国家中长期教育改革和发展规划纲要》（2010—2020年）是第一份出现"公共治理"一词的重要文件，其中提到"完善教育中介组织的准入、资助、监管和行业自律制度。积极发挥行业协会、专业学会、基金会等各类社会组织在教育公共治理中的作用。"而2013年11月12日发布的《中共中央关于全面深化改革若干重大问题的决定》，则是采用"社会治理"概念，强调要"加快形成科学有效的社会治理体制，确保社会既充满活力又和谐有序"，"发挥政府主导作用，鼓励和支持社会各方面参与，实现政府治理和社会自我调节、居民自治良性互动。……激发社会组织活力。……推进社会组织明确权责、依法自治、发挥作用。"此后，"社会治理"比"公共治理"更为频繁地出现在国家机关、行业团体的文件中。[4]

尽管官方心目中的"公共治理""社会治理"与理论界的不尽一致，但是，承认国家/政府的有限性，鼓励和支持市场主体、社会主体参与公共事务的治理，也是官方政策所明示或暗示的。因此，在公共治理或"类公共治理"在中国的持续发展可预期的情势下，若法律人仍执迷于"国家—控制"法范式，对软法

---

[1] 参见俞可平：《治理与善治》，社会科学文献出版社2000年。
[2] 检索日期：2021年5月7日。
[3] 参见罗豪才、宋功德：《认真对待软法——公域软法的一般理论及其中国实践》，载《中国法学》2006年第2期，第3-24页。
[4] 2021年5月7日，在北大法宝·法律法规·中央法规数据库中，以"全文：公共治理"为条件进行检索，所得结果为29篇，以"全文：社会治理"为条件进行检索，所得结果为776篇。由此可见一斑。

在公共治理中的作用故意视而不见，显然是不明智的。罗豪才教授的公域软法之治理论、兼具软法硬法的混合法治理论，极具先见之明和广泛适用性。

3. 软法理论是平衡论的延伸吗？

这个问题恐怕是最难回答的。罗豪才教授是很有可能给出肯定答案的。他在"中国法学创新讲坛"首期开讲"中国行政法的平衡理论"时，将其时平衡论所关注的问题归结为：政府与社会协调发展的问题；执法方式的科学性和民主性问题；法规范结构总体上存在的失衡问题。而他重点阐述了最后一个问题，即软法长期存在但被忽视、未能与硬法实现优势互补，进而说明了软法的定义、范围和特点，并总结到："中国的法治化，……要重视现有法律资源的运用，丰富法律规范的层次和形态，平衡现有法律体系的规范结构，真正做到有法可依。"[1]

在《软法亦法》一书中，罗豪才教授认为，"国家—控制"法范式与全能政府联姻产生国家以法控制社会的管理法，与夜警国家联姻产生社会依法控制国家的控权法。管理法、控权法虽然分处两个极端，但"二者在坚持国家与社会的对抗性上却异曲同工"，"都承认公域之治是以国家为单中心，都接受一种强制性的国家管理模式，都认为国家与社会是一种对抗关系"。因此，在分析当代中国法学理论中国家主义法律观的成因、批评其已经落伍于现实需要之后，他主张"中国法学要对中国当下的法治实践作出积极回应，……循序渐进地弱化中国法上的国家管理主义情节，推动中国法从管理法向平衡法转变，以顺应从国家管理向公共治理转变的现实需要。"[2]

看上去，罗豪才教授可能是将软法理论视为平衡论的延续的。然而，作者在这里表达一下自己的不同看法：将软法理论作为平衡论的延续，可能弱化了软法理论本身具有的学术冲击力和现实意义，也会稀释平衡论既有的核心主张和观点及其适用情境；罗豪才教授的软法理论有其自己非常独到的重要价值和意义，与其早年提倡的行政法平衡论之间，并不必然具有继承性或拓展性。

首先，二者发生的法律情境不同。平衡论的法律情境仍然是行政法，是属

---

[1] 参见罗豪才：《中国行政法的平衡理论》，载罗豪才等著：《行政法平衡理论讲演录》，北京大学出版社2011年，第9-11页。

[2] 参见罗豪才、宋功德：《软法亦法》，法律出版社2009年，第21-31页、第36页、第48-65页。

于部门法的。软法理论的法律情境是跨越部门法的,因为刑法、民法、行政法等传统部门法都与公共治理网络有关,而软法理论对"法"定义的反思和修正、对兼具软法和硬法的规范体系结构的设想,并非一个部门法的课题。

其次,二者的背景范式不同。平衡论的背景范式是公共行政,即作为行政法理论基础,其面对的仍然是公共行政范式。软法理论的背景范式则是公共治理,是一个包括政府、政党组织、企业、社会组织、甚至公民个人在内共同参与公共事务的网络。其中部分主体(如企业)对公共事务(如网络个人隐私保护)的管理,已不是公共行政范式以及行政法所能覆盖的。

再次,二者的目标不同。平衡论的目标是在极端的管理论/管理法和控权论/控权法之间寻找一条第三道路,是在行政权和公民权之间寻求平衡。软法理论的目标则是适应公共治理范式的兴起,让长期存在但遭遇忽视的软法,受到至少是广大法律人的关注和重视,否则,传统国家主义法律观的视野盲区会让法律人对公共治理所需的规范体系缺乏清醒认识。

最后,二者的具体内容不同。平衡论不仅建立了管理论、控权论两种理想类型,而且完成了对现代行政法的本质/性质、目标、功能、行政法原则、法律关系结构、法律机制、行政法律责任以及现代行政法所依托的国家与市场/社会关系等一系列问题的逻辑自洽的回答。而软法理论的贡献则在于反思国家管理范式、接受公共治理范式,反思和修正"国家—控制"法范式下传统的"法"定义,提出划分"硬法"和"软法"的标准,主张与公共治理相适应的兼具软法和硬法的混合法体系,等等。

因此,在面对公共治理的法规范体系结构不能失衡,软法应当与硬法平衡,这些主张的确有助于市场、社会主体对公共事务的参与、介入,或许在一定范围内一定程度上也有助于实现罗豪才教授心目中的"权力与权利的平衡"。但是,重新定义的法规范体系结构的平衡,同"行政权与公民权的平衡"之间没有必然的逻辑关联。简言之,就法规范体系结构而言的平衡法,同就行政权与公民权关系而言的行政法上的平衡法,并非一回事。此平衡非彼平衡也!否则,不仅会让软法理论自有的价值不能充分地大放异彩,而且反过来会冲淡平衡论原有的价值,会有让"平衡"变成什么都装、什么都不是的范畴的危险。

4. 罗豪才教授软法理论的影响何在?

罗豪才教授无疑是开创国内软法研究新格局的第一人。如前所述,在他之前,软法研究者寥寥,且基本是在国际法领域。而他开始关切软法问题以后,如同当年平衡论研究一样,在北京大学法学院开设研究生课程,引领硕士生、博士生共同研究,又同时极力推动设立以姜明安教授为主任的北京大学法学院软法研究中心。不仅如此,他还以其个人魅力和学术权威,积极支持许多高校成立软法研究机构;通过软法研究中心将各方捐款用来设置软法研究课题进行招标,鼓励和帮助年轻学者从事相关研究。在他的鼎力支持下,全国性的中国行为法学会软法研究分会于 2015 年 1 月 16 日正式成立,为软法研究在更大范围内持续进行提供了坚实的平台。

罗豪才教授撰写过软法方面的学术期刊文章和报刊文章 20 余篇,先后主编、撰著:《软法与公共治理》(北京大学出版社 2006 年)、《软法与协商民主》(北京大学出版社 2007 年)、《软法亦法——公共治理呼唤软法之治》(法律出版社 2009 年)、《软法的理论与实践》(北京大学出版社 2010 年)、《软法的挑战》(商务印书馆 2011 年)、《软法与治理评论》(以书代刊,法律出版社 2013 年第一辑)、《为了权利与权力的平衡——法制中国建设与软法之治》(五洲传播出版社 2016 年)。其中,《软法亦法——公共治理呼唤软法之治》一书,经过翻译,由美国著名的法律出版公司 William S. Hein & Co., Inc. 于 2012 年出版。[1]

2021 年 5 月 7 日,作者在"中国知网"上以"篇名:软法""关键词:软法"和"主题:软法"三种方法在中文文献中检索,分别得到 925 条、781 条和 2847 条结果。无论哪种结果,罗豪才、宋功德合著的《认真对待软法——公域软法的一般理论及其中国实践》(载《中国法学》2006 年第 2 期),被引 692 次,高居榜首。在"主题:软法"方法搜索的结果中,最早提出公域软法之治思想的论文,罗豪才、宋功德合著的《公域之治的转型——对公共治理与公法互动关系的一种透视》(载《中国法学》2005 年第 5 期),被引 332 次,仅次于姜明安教授的《软法的兴起与软法之治》一文(载《中国法学》2006 年

---

[1] See Luo Haocai & Song Gongde, Soft Law Governance: towards an Integrated Approach, William S. Hein & Co., Inc., Buffalo, New York, 2012.

第 2 期,被引 482 次,位居第三。罗豪才、毕洪海合著的《通过软法的治理》(载《法学家》2006 年第 1 期),被引 246 次,位居第五。这些数据也许并不精准和全面,但已经足以反映罗豪才教授软法理论在学界的影响。

罗豪才教授在其生命的最后十余年,以古稀耄耋之年,为软法研究投入巨大热情,让我们后辈敬仰不已。而他不仅留下作为后人进一步研究基础的著述,更是如走出柏拉图洞穴的第一人,开启了当代公共治理背景下一个崭新而炫目的法律观、一个法学界不能也不应回避的软法和硬法混合治理命题。

三、结语:超越的不仅是自己

行文至此,似乎任何结语都已经显得多余,但作者又确实觉得有些话无法在上文任何一个部分叙述,需要在此处一叙。

有两个原因,让作者在写作本章时,经常感到一种压力,一种是否能够真正还原罗豪才教授深邃思想并展示其卓越贡献的压力。其一,作者于 1995 年追随罗豪才教授学习,作为他的博士生,比较多时间与其讨论问题、交流看法的,也就三年光阴。这在他对问题、理论持续关切的时间长河中只是一小段。在他带出的众多学生中,或者在他接触的众多学术同仁中,有不少比作者有更多时间和机会接近他、了解他思想。其二,写作时已经无法再向罗豪才教授请教他的真实想法,只能更多通过文本阅读,去理解他、还原他,而这种理解、还原最终必然是一个不断接近但始终可能无法真正达到彼岸的过程,局部的、片面的解读或者误读完全可能是在所难免的。

作者是在罗豪才教授年逾花甲的时候,有幸成为他的学生,可丝毫没有觉察到自己时常面对的是一个老者。他总是在不断地读书、不断地提问题、不断地思考,并把所读、所思、所想倾囊与学生们、学界同道们交流。当一个人在你面前总是表现出脑子里有层出不穷的与时代紧密挂钩的想法,总是表现出持续提出创见又反复深入系统展开理性思维过程,总是表现出虚心接受批评并敢于推翻自己的前见,总是表现出思想的活力、精神的活力,你应该很有可能会忽略他的年龄的。

正是这样的活力,让罗豪才教授先后提出了两个具有划时代意义的理论:行政法平衡理论和软法硬法混合治理理论。这两个理论的萌芽、成长、发展的过程，都见证了罗豪才教授始终保持理论探究旨趣、始终追求超越自己的精神。而最终，他超越的不仅是自己！平衡论最终超越行政法理论基础诸说，成为其中持续发展时间最长、理论体系最完备、最具影响力的学说！软法硬法混合治理理论更是超越行政法，超越当代所有中国法律人的眼光，成为最具启迪性、也最具挑战性的学说！

更加重要的是，学说、理论终究有其局限，社会科学领域的学说、理论尤其如此；因为，创造学说、理论的生命无法摆脱空间、时间及在时空中斗换星移的变化对其施加的终极限制；如果说有一种力量可以比生命本身更能超越限制的话，那就是生命中不断探求、探索、探知的勇气和精神！

未名湖 /Unnamed Lake   05/20/2021

> 公共行政既是行政法学者研究的有效对象,也是他们需要保持回应性的事项。重要的是,行政法应与其行政背景同步。
>
> ——卡罗尔·哈洛、理查德·罗林斯

第四章 行政法变迁与政府重塑、治理转型

中国改革开放四十余年,始终牵扯经济和社会转型发展的关键,就是政府如何调整其在经济、社会事务中的作用。改革开放的重大核心课题之一,由计划统制经济模式向市场经济体制转变,最能体现这一点。调整无非触及两个基本问题:一是政府作用的边界,二是政府作用的方式。两个问题都没有时间上恒定的、空间上普遍适用的答案。特定时空、领域,特定文化、历史情境,特定事项或问题,人民自生的或被培育的需求与期待,经济、社会力量的有效作用范围,政府与经济、社会的互动,政府的组织结构和机制,政府作出指令和执行指令的水平,政府的财力、人力资源,政府官员的素养与能力等,都会增加具体问题解决方案的复杂性。

有些问题的答案是简单的,如政府不能以计划、命令等方式直接干预企业的经营管理,尤其是非国有企业;或者,政府不可能将治安、税收、国防、外交的主导权放给市场和社会。然而,更多问题的解决并不如此容易。哪些领域应该放开面向全球的市场进入,不再让政府直接或间接控制的国有企业垄断或者占据支配性地位。在网约车兴起之际,政府如何协调和营造传统巡游出租车公司、巡游出租车司机、网约车呼叫平台、网约车司机、乘客等各方的利益关系与格局。人口大量移动的当今,政府应该怎么做,才能逐渐促进本地居民和非本地居民的教育公平。在大型城市,社会办学风起云涌,中小学教育的课外班学习占据学生大量课余时间,甚至学生素养能力的评价更多建立在只有通过课外班学习才能获得的知识基础上,政府对此是应该放任还是应该干预,假如干预,又该采取什么措施。突如其来的新型冠状病毒袭击全人类,政府是可以利用各种科技手段追踪人民的行迹,以随时获取与新冠确诊者有密切接触的人

的信息，从而及时采取措施隔离密接者、阻断病毒传播途径，还是应该充分尊重个人隐私、个人自由，从而冒着无法完全切断传染源、传播途径的风险。诸如此类的问题，并不一定有着终极完美、无可争议的方案。

因此，政府作用于经济、社会事务的两个基本问题，总是在一个变动不居的过程中获得"不完美解决的"。针对具体问题，任何方案都具有两种性质：政治性和试错性。前者意味着方案的出台是利益和观念角逐、争斗、妥协（如果有的话）以及胜出的过程；[1]后者意味着方案需要执行、检验和修正[2]——一定程度上是再政治过程。然而，当一个在计划模式下的全能国家已经将释放更多市场和社会活力设定为转型目标的时候，其注定要向市场和社会主体保证，政府作用范围的限缩、作用边界和方式的厘定是可信赖的，政府会遵守既定的作用边界和方式。否则，市场和社会主体无法形成稳定的预期，就不能有足够的动力，去推进和实现成熟、完善的市场和社会。增进市场和社会、限缩政府，固然是改革转型的基本方向，但是，并非所有领域、事项都是朝着一个方向运动的，更何况还存在针对政府作用边界和方式的众说纷纭。因此，相比较而言，防范一个任意的、不守规矩的、不兑现转型承诺的政府，应该是更具重要意义的任务。

这个任务的完成，注定是离不开行政法的。假如对行政法采取一个最简单的定义，即有关行政的法，那么，自古以来就有行政法，是一个成立的论断。如此定义和论断可以让我们注目历史的延续性，却无法掌握"行政法"一词在近现代产生的意义所指。中国古代并无"行政法"这一概念，古人也没有由此

---

[1] 政治"以一系列的意见、需求或利益的存在为基础"，"包含不同意见的表达、对立目标的竞争或不可调和的利益的冲突"，"从某种意义上被认为是把一群人聚合到一起的集体决策。正是通过此类决策，冲突得以解决，尽管"并非所有的冲突都被或者说都可以被解决"。[英]安德鲁·海伍德：《政治的常识》（第三版），李智译，中国人民大学出版社2014年，第53页。

[2] 在卡尔·波普尔看来，试错是生命体的全新活动。"一切活的事物都在寻求更加美好的世界。……生命（甚至在单细胞有机体的层次上）为世界带来了某种全新的事物，前所未有的事物：问题和解决的积极尝试；评价、价值［values］；试错"。参见[英]卡尔·波普尔：《通过知识获得解放》，范景中、李本正译，中国美术学院出版社1996年，"作为序言的概述"，第1页。

概念滋生的认识。中国清朝末年才有从日本引入"行政法"的学术活动,[1]之后渐有民国时期的行政法制度缔造与运行。1949年以后,特别是50年代中期以后,"行政法"很难见于中国大陆的公共出版物,直至改革开放以后的80年代初。当时参与行政法(学)复兴的学者(也是立法的重要参与者),再次将目光转向中国大陆以外的国家和地区,尤其是欧美、日本和我国台湾地区。而同时代这些治域的行政法,皆以民主、法治理念为基石,以控制、约束政府为主旨。于是,同市场、社会力量兴起紧密勾连的政府重塑,与有着如此属性功能定位的行政法,一拍即合。行政法在中国大陆得以重生,并从此有了相对独立的生命力,既沿着自己的生命逻辑成长,又与政治/行政体系的转型发生互动——彼此促进或牵制。

一、行政诉讼、复议、赔偿与责任政府

如今,论起中国的行政法,势必会谈到行政诉讼,通俗所谓的"民告官"。没有一个人民可以起诉政府、由裁判机构审查政府是否违法的制度,是没有现代意义的行政法可言的。而论起中国的行政诉讼,又大都会想到1989年颁布、1990年生效施行的《行政诉讼法》。这部法律正式地、全面地建立了人民向法院请求制止或惩戒政府不法行为、保护其合法权益的制度。[2]

其实,早在1982年,《民事诉讼法(试行)》就允许人民利用该法,向法院提起"法律规定由人民法院审理的行政案件"。换言之,在《行政诉讼法》施行的八年前,法院审理行政案件已经有法律依据。只是,这种法律依据必须是双重的,仅有《民事诉讼法(试行)》是不够的,还需要另外单行的立法。例如,《个人所得税法》(1980)《中外合资经营企业所得税法》(1980)《外国企业所得税法》(1981),允许个人、合营企业和外国企业就税收争议向法

---

〔1〕 参见王贵松:《论近代中国行政法学的起源》,载《法学家》2014年第4期,第151-153页。

〔2〕 此处所谓"全面",是相对而言的。相比较之前通过单行立法来肯认特定行政管理领域人民诉权而言,《行政诉讼法》全面建立了人民普遍诉权。但是,由于受案范围的局限,并非所有的行政行为皆可诉。

院起诉税务机关。[1] 作为典型例子，后两部法律其实也是向世界承诺，中国的改革开放是值得信赖的，政府违法侵犯个体权益的行为，可以被诉到法院，由法院居间依法裁判。改革开放需要依法办事、负责任政府的信号，由此得以传递。"单行立法＋《民事诉讼法（试行）》"的立法模式，同样打上了重大改革试验先行的中国经验烙印。

但是，《民事诉讼法（试行）》毕竟将行政行为的可诉性建立在其他单行立法基础上，而不是一般性地规定行政行为可诉，并且，也没有在程序上区分民事审判和行政审判的不同。必须弥补这两个缺陷的共识最终推动《行政诉讼法》（1989）的出台。[2] 可见，这部被视为中国行政法复兴奠基石的法律，并不是立法者心血来潮，而是顺应改革开放之需、为迈向政府法治而酝酿积蓄已久、水到渠成的制度工程。

在理论上，让政府守法，就是让政府真正向制定法律的人民代表机关负责，让政府真正向代表机关背后的人民负责。这符合"责任政府"的基本意涵。[3] 相比较作为基本政治制度载体的人民代表机关，法院可以应人民的起诉，经常性地审查被争议的行政行为是否符合代议机关制定的法律；相比较行政系统内部上对下的层级指挥和监督，法院在行政审判中的监督，被认为具有相对的独立性和可靠性。于是，从政府重塑的角度观察，行政诉讼不是简单的"民告官"，而是明确指向"责任政府"的目标。

促进责任政府的另一举措是对行政复议制度的完善。行政复议是行政体系内部的一种自我纠正机制，通常由上级对下级的行为进行审查监督，但建立在

---

[1] 《个人所得税法》（1980）第13条规定："扣缴义务人和自行申报纳税人同税务机关在纳税问题上发生争议时，必须先按照规定纳税，然后再向上级税务机关申请复议。如果不服复议后的决定，可以向当地人民法院提起诉讼。"《中外合资经营企业所得税法》（1980）第15条规定："合营企业同税务机关在纳税问题上发生争议时，必须先按照规定纳税，然后再向上级税务机关申请复议。如果不服复议后的决定，可以向当地人民法院提起诉讼。"《外国企业所得税法》（1981）第16条规定："外国企业同税务机关在纳税问题上发生争议时，必须先按照规定纳税，然后再向上级税务机关申请复议。如果不服复议后的决定，可以向当地人民法院提起诉讼。"

[2] 参见顾昂然：《行政诉讼法的制定对我国社会主义民主政治和法制建设有重大意义》，载《中国法学》1989年第3期，第7-8页。

[3] "责任行政（responsible administration）这一观念的真正产生和发展是近代民主政治发展以后的事情。依民主政治的理念，政府的一切措施及官吏的一切行为须以民意为依据。因此，政府必须对民意负责，进而应对民选的代议机构负责。"张成福：《责任政府论》，载《中国人民大学学报》2000年第2期，第76-77页。

人民对行政行为不服而提出的请求基础上。与行政诉讼相比，行政复议早就存在于科层制之中。在20世纪50年代，全国人大常委会制定的《国境卫生检验检疫条例》《农业税条例》就有关于行政复议的条款[1]；80年代，《个人所得税法》《中外合资经营企业所得税法》《外国企业所得税法》《海关法》等多部法律也对行政复议有所规定。[2] 不过，以单行立法来确定行政复议的可得性，与行政审判的早期运行存在类似的缺陷。于是，就在《行政诉讼法》（1989）颁布的第二年，国务院制定了《行政复议条例》，由此完成了行政行为可复议的普遍适用性。1999年，全国人大常委会通过《行政复议法》，将行政复议制度的基本依据由行政法规升格为法律。

行政诉讼、行政复议可得性的全面建立，收到了较为明显的成效。1990年，行政诉讼法生效实施的当年，全国一审行政案件受案数是13006件，[3] 到2014年，这个数字已达141880件。[4] 2000年，行政复议法实施的第二年，全国行政复议申请量是74448件，[5] 2014年为149222件。[6]

---

[1] 《国境卫生检验检疫条例》（1957）第7条规定："对违反本条例和本条例实施规则的人，国境卫生检疫机关可以根据情节轻重，给予警告或者处一千元以下罚金；如果因违反本条例和本条例实施规则而引起检疫传染病的传播，或者有引起检疫传染病传播的严重危险，人民法院可以根据情节轻重依法判处二年以下有期徒刑或者拘役，并处或者单处一千元以上五千元以下罚金。受处分人对所受的处分如果不服，可以在接到处分通知或者判决书后十日内，向原处分机关或者它的上级机关声请复议或者申诉，或者依法向上诉审人民法院提起上诉。"《农业税条例》（1958）第27条规定："纳税人如果发现在征收农业税的工作中有调查不实、评议不公、错算和错征的情况，可以向乡、民族乡、镇人民委员会请求复查和复议。如果纳税人对于复查、复议的结果仍不同意，还可以向上级人民委员会请求复查。各级人民委员会对纳税人提出的请求，应当迅速加以处理。"

[2] 《个人所得税法》《中外合资经营企业所得税法》《外国企业所得税法》的相关规定，见前页脚注；《海关法》（1987）第46条规定："纳税义务人同海关发生纳税争议时，应当先缴纳税款，然后自海关填发税款缴纳证之日起三十日内，向海关书面申请复议，海关应当自收到复议申请之日起十五日内作出复议决定；纳税义务人对海关的复议决定不服的，可以自收到复议决定书之日起十五日内向海关总署申请复议；对海关总署作出的复议决定仍然不服的，可以自收到复议决定书之日起十五日内，向人民法院起诉。"

[3] 参见《中国法律年鉴》（1991），中国法律年鉴社1991年，第935页。

[4] 参见刘泽：《依法审理行政和国家赔偿案件 促进国家机关依法行使职权》，载《人民法院报》2015年5月21日，第5版。

[5] 参见"2000年全国行政复议、行政应诉案件统计数据"，载"中华人民共和国司法部 中国政府法制信息网"：http://www.moj.gov.cn/Department/content/2014-02/25/601_2089971.html。最后访问：2021年5月7日。

[6] 参见"2014年全国行政复议、行政应诉案件统计数据"，载"中华人民共和国司法部 中国政府法制信息网"：http://www.chinalaw.gov.cn/organization/content/2015-08/05/560_2089984.html，最后访问：2021年5月7日。

然而，时间轴上的对比，只能体现出一定的进步，并不能对这种进步是否令人满意作出合适的评价。2014年，行政诉讼法之所以进行修改，就是因为行政案件"立案难、审理难、执行难"的认识已经被立法者接受。[1] 显然，行政诉讼并未完全释放出其应有的功效。而根据2013年底《全国人民代表大会常务委员会执法检查组关于检查〈中华人民共和国行政复议法〉实施情况的报告》，行政复议的公众知晓率和信任度不高，也是放在首要位置的问题。[2]

行政诉讼法的修改在整体上可谓是过去四分之一个世纪司法实践的经验总结，其值得瞩目的是力图在跨区划管辖、及时立案、行政机关负责人出庭应诉等环节上，[3] 促进法院在行政审判上更为独立、更加负责、更受尊重。另外，其改变了做出维持决定的行政复议机关可以不用担心做被告的局面，意在让行政复议机关认真对待复议案件。[4]《行政诉讼法》（2014）实施后，2015年全年的行政一审案件达220398件，陡增55.34%。[5] 此后两年也维持在大致水平。而行政复议案件的维持率，从原先的接近百分之六十持续降低，[6] 到2016年已经跌至48.48%；[7] 而近三年，行政复议维持率基本保持在50%略

---

[1] 参见童卫东：《进步与妥协：〈行政诉讼法〉修改回顾》，载《行政法学研究》2015年第4期，第2页。

[2] 该报告载"中国人大网"：http://www.npc.gov.cn/zgrdw/npc/xinwen/2013-12/24/content_1819964.htm，最后访问：2021年5月7日。

[3] 参见《行政诉讼法》（2014）第18条第2款、第51条、第3条第2款。

[4] 参见《行政诉讼法》（2014）第26条第2款。但是，该条款在制定时就有非常激烈的反对意见。对其实施成效的考察也出现各持一端的观点。更多指出困境的，参见章志远：《行政诉讼"双被告"制度的困境与出路》，载《福建行政学院学报》2016年第3期，第4-5页；沈福俊：《复议机关共同被告制度之检视》，载《法学》2016年第6期，第108-111页。整体上肯定其效果的，参见俞祺：《复议机关作共同被告制度实效考》，载《中国法学》2018年第6期，第194-216页。

[5] 参见最高人民法院研究室：《2015年全国法院审判执行情况》，载《人民法院报》2016年3月18日，第4版。

[6] 2014年全国行政复议审结案件中，复议维持决定占59.73%，2015年占54.59%。参见"2014年全国行政复议、行政应诉案件统计数据"，载"中华人民共和国司法部 中国政府法制信息网"：http://www.chinalaw.gov.cn/organization/content/2015-08/05/560_2089984.html。最后访问：2021年5月7日；"2015年全国行政复议、行政应诉案件统计数据"，载"中华人民共和国司法部 中国政府法制信息网"：http://www.chinalaw.gov.cn/organization/content/2016-05/09/560_1089988.html。最后访问：2021年5月7日。

[7] 参见"2016年全国行政复议、行政应诉案件统计数据"，载"中华人民共和国司法部 中国政府法制信息网"：http://www.moj.gov.cn/Department/content/2017-04/19/601_89993.html。最后访问：2021年5月7日。

出头。[1] 这些数据也反映出此次修法的效果。2017年，《行政诉讼法》再次修改，检察机关提起行政公益诉讼的制度得以确立，是监督和促进政府在生态环境和资源保护、食品药品安全、国有财产保护、国有土地使用权出让等领域积极负责的重要举措。[2]

与行政行为可诉、可复议同步进行的，是行政赔偿制度的建立。政府行为引发争议，不仅可被法院、复议机关审查，若其确实违法且导致人民权益受损，则国家必须对受害人予以赔偿。人民获得国家赔偿的权利，早在1954年，《宪法》就予以确认，1982年现行宪法也有类似规定。[3] 可是，直到《行政诉讼法》（1989），才以专章的条款将其具体化、可操作化，人民才可以通过诉讼完成权利请求。当然，行政诉讼法只是建立一个侵权赔偿诉讼机制，而没有对赔偿范围、程序、方式和标准等作出明确规定。于是，1994年的《国家赔偿法》应运而生，其主要分为行政赔偿和刑事赔偿两个部分。该法对人民寻求政府侵权损害救济提供了更具普遍性的程序和实体保障，只是因赔偿范围窄、标准低、程序难而饱受诟病，并被戏称为"国家不赔法"。2012年，国家赔偿法得以修改，对行政赔偿和刑事赔偿皆具重要意义的最大亮点是承认精神损害赔偿，[4] 在范围和标准上也略有改善。

若要行政诉讼、复议、赔偿在推动"责任政府"转型方面发挥更大作用，尚需三个相互关联维度的协同进步。其一，更加全方位的行政行为可诉、可复议，让尽可能多的行为可以直接接受司法审查，特别是对资源配置、利益协调更具广泛影响力的行政规则；其二，更加公正的司法和复议，前者牵连并依赖于整个司法改革，后者关乎复议的基本定位调整和制度重构；其三，更加公平的

---

[1] 2017年为50.89%，参见"2017年全国行政复议、行政应诉案件统计数据"，载"中华人民共和国司法部 中国政府法制信息网"，http://www.moj.gov.cn/government_public/content/2019-01/11/634_226425.html。最后访问：2021年5月7日；2018年为50.8%，参见"2018年全国行政复议、行政应诉案件统计数据"，载"中华人民共和国司法部 中国政府法制信息网"，http://www.chinalaw.gov.cn/organization/content/2019-05/09/560_234638.html。最后访问：2021年5月7日；2019年为50.62%，参见"2019年全国行政复议、行政应诉案件统计数据"，载"中华人民共和国司法部 中国政府法制信息网"，http://www.chinalaw.gov.cn/organization/content/2020-09/29/560_3257263.html。最后访问：2021年5月7日。

[2] 参见《行政诉讼法》（2017）第25条第4款。

[3] 《宪法》第41条第3款规定："由于国家机关和国家工作人员侵犯公民权利而受到损失的人，有依照法律规定取得赔偿的权利。"

[4] 参见《国家赔偿法》（2012）第35条。

赔偿,这不仅需要国家赔偿制度向"弥补全部损失以致仿佛侵权未发生"的救济正义更加迈进,也需要平等对待受害人、杜绝赔偿的暗箱操作,还需要让真正恶意或有重大过错的公务人员承担一定的赔偿责任,以避免纳税人为这些公务人员过度"买单"。

最后,尽管行政行为可诉、可复议,国家承担侵权赔偿责任启动了"责任政府"转型的按钮,但责任政府不但意味着承担法律责任,而且意味着承担政治责任,后者通常不是在司法或准司法的舞台上进行的,不是行政诉讼、复议、赔偿可容纳的。

二、行政作用的约束与有限政府

建立行政诉讼、复议和赔偿的基本框架,人民可以据此要求政府对法律负责,对制定法律的人民代表机关及其背后的人民负责。如此建制,就是向世界和国人宣布,改革开放后的中国政府是严格依法办事的,是值得信赖的。当然,这只是政府重塑的一个基本方面,还不足以强有力地推动一个全能政府向有限政府转变。

值得注意的是,行政诉讼法至少有两个貌不惊人却蕴藏着塑成有限政府巨大潜力的条款。这就是在"受案范围"一章中,"行政机关侵犯法律规定的经营自主权的"和"行政机关违法要求履行义务的",皆明确列入可诉的行为范围。行政复议法也有类似条款。这些条款虽然在众多规定中并不起眼,但放在中国从计划统制经济向市场经济体制转变的背景之中,可以想见其对行政作用的约束。〔1〕

以经营自主权为例。在计划统制模式下,经营者几乎所有的活动,皆需服从政府及其部门的计划和指挥。经济体制转型目标是让市场取代政府计划,政府从企业具体事务的直接管理者,变成防止和治理市场失灵现象的监管者。市场的形成、市场活力的释放,归根结底是经营自主权的到位。这个权利既表示

---

〔1〕 立法者对此也是有着明确意图的。"行政诉讼法规定公民法人或者其他组织认为行政机关和行政机关工作人员侵犯法律规定的经营自主权,有权向人民法院起诉。这对于巩固经济体制改革的成果,保障和促进改革、开放的顺利进行有着重要意义"参见顾昂然:《行政诉讼法的制定对我国社会主义民主政治和法制建设有重大意义》,载《中国法学》1989年第3期,第7页。

经营者有自主行动的自由，又意味着其不受他人尤其是政府的干涉。它的落实必然意味着政府作用边界的厘定。

早在《行政诉讼法》（1989）颁布之前，国务院作为中国最高行政机关，就多次发文明确国营或国有企业的经营权利。例如，1983年的《国营工业企业暂行条例》虽然还有政府计划痕迹，但根据"企业的生产经营活动，在国家计划指导下进行，同时发挥市场调节的辅助作用"的原则，授予企业拒绝计划外非必需生产任务、选购计划外的物资、自销产品、产品定价、申请出口等诸多权利。1984年和1986年，国务院又先后颁布《国务院关于进一步扩大国营工业企业自主权的暂行规定》和《国务院关于深化企业改革增强企业活力的若干规定》。1988年，全国人民代表大会制定《全民所有制工业企业法》，以更高规范层次的法律，将国有企业经营自主权的"权利束"进一步完善。1992年，国务院再次出台《全民所有制工业企业转换经营机制条例》[1]，对"权利束"给出了明确的定名：生产经营决策权、产品劳务定价权、产品销售权、物资采购权、进出口权、投资决策权、留用资金支配权、资产处置权、联营兼并权、劳动用工权、人事管理权、工资奖金分配权、内部机构设置权以及拒绝摊派权。该条例第22条还重申"企业经营权受法律保护，任何部门、单位和个人不得干预和侵犯。对于非法干预和侵犯企业经营权的行为，企业有权向政府和政府有关部门申诉、举报，或者依法向人民法院起诉"。

这些法律规范被改革开放后的法学传统视为属于"经济法"的范畴。其实，不同于作为一般行政法的行政诉讼法、行政复议法、国家赔偿法，它们可以被认作是以"分散存在"为特征的部门行政法或特别行政法，因为它们实际是对政府作用的约束。正是部门行政法在实体上对经营自主权的清晰界定，与行政诉讼法、行政复议法关于请求审查政府侵犯经营自主权行为的程序性规定相结合，有效地构成了对行政作用的约束，持续推进一个有限政府的形成。最高人民法院1993年发出《最高人民法院关于充分发挥审判职能作用保障和促进全民所有制工业企业转换经营机制的通知》[2]，也映证了当时保护企业经营自主权不受侵犯并非一件"法出必行"的易事。政府的"此消"和市场的"彼长"，

---

〔1〕 该条例于2011年1月8日修订。

〔2〕 （法发［1993］13号），1993年8月6日发布实施，由2019年7月8日发布的《最高人民法院关于废止部分司法解释（第十三批）的决定》（法释［2019］11号）宣布废止。

不是一蹴而就的。法律规范和行政命令易改，行为习惯、观念以及利益捆绑或驱动格局则需要长时间的转变。

部门行政法约束行政作用的例子，可谓不胜枚举。而就在"事后究责型"的行政诉讼、复议、赔偿机制搭建以后，一般行政法层面又先后陆续完成三部重要法律的问世。这就是1996年的《行政处罚法》（2021年修订）、2003年的《行政许可法》（2019年修正）和2011年的《行政强制法》。

行政处罚、行政许可、行政强制是行政机关常用的具有"命令-控制"性质的手段。行政许可和审批直接关联经济和社会的自由自主程度，以及对应的行政机关干预经济和社会事务的界限。每一项许可／审批的问题都是人民从事某项活动，是否需要经过行政机关事先的严格审核。行政处罚、行政强制尽管没有这样的直接关联度，但其作为行政机关查处、制止、惩戒违法行为或防止危害发生或蔓延的最具威慑力的工具，背后潜藏着人民的哪些行为是合法可做的、哪些又是违法不可做的设定，言其间接关联经济自由、社会自主，也并不为过。更何况，行政处罚、行政强制也经常与行政许可／审批联系在一起，违反行政许可／审批具体制度的，都会被处以相应的行政处罚和／或行政强制。

三部法律都从设定、种类、实施主体、适用情形、决定和执行程序等方面对三种行政作用方式进行了规定和约束。而最能体现和打造有限政府的，当属有关处罚、许可、强制设定的规则。"设定"其实是一件立法的事项，核心问题是什么机关、可以通过什么文件，创造性地规定什么情形下需要有处罚、许可或强制。在三部法律颁行前，并无有关"设定"的明文规范，中央和地方（可以直至乡镇）行政机关随意通过行政法规、规章甚至其他规范性文件（俗称"红头文件"）创设处罚、许可、强制的现象比比皆是。或许有些创设是合理的，但更多的是一种混乱，以及行政机关藉此扩权、充权的情形，这些显然无助于政府的转型。因此，对法律、行政法规、地方性法规、规章和其他规范性文件设定处罚、许可和强制的权限予以明确，虽然也涉及代表机关，但主要是约束行政机关的创制权。并且，中国行政法具有自己特色的"法律保留"原则，开始在《行政处罚法》（1996）出现萌芽，如限制人身自由的处罚，只能由全国人大及其常委会的法律才能创设。之后，在2000年发布实施的《立法法》中，该项绝对的法律保留延伸至所有的"限制人身自由的强制措施和处罚"。[1]

当然，三部法律的设定规范，有些过于僵化，不利于"层次化规范"自主空间的生成，如罚款、警告只能由规章以上级别的文件创设；有些存在执行上的困难，如许可法的实施并未直接导致许可、审批的大量减少，还是需要通过国务院持续发布取消或调整审批事项、简化审批程序的文件，才能在不断反复中减少行政审批对市场、社会的过度干涉。即便如此，它们仍然对政府发挥相当积极的限制功效。

从处罚、许可、强制的设定权问题延伸开来，就会触及在中国宪法和立法体制中行政机关的创制权，即在没有立法机关明确且具体授权的情况下，创设影响人民权利义务的法律规范的权力。1982年宪法实施以来，行政创制权从未被笼而统之地认为只能由全国人大及其常委会的法律授予后才能行使，否则，大量行政法规、规章甚至国务院和地方政府决定皆会陷入违宪违法的困境。然而，一味迁就现实，也就只会听任政府任意创制，有限政府的转型目标就会始终处于遥远的彼岸。

于是，在《行政处罚法》（1996）开始考虑行政机关设定处罚的权限之后，《立法法》（2000）又完成了一个对立法权分配的宪制安排。在法律、行政法规和规章的权限上作出了相对界分，划出"法律保留区"、"法律绝对保留区"、"法律相对保留区（其中事项可授权国务院制定行政法规）"。[2]虽然行政法规、规章仍然有较大的自主创制空间，但是已经大大限缩了它们原有的领地，更不用说行政机关制定的其他规范性文件。国务院行政法规《城市流浪乞讨人员收容遣送办法》于2003年的废止，主要由《国务院关于劳动教养问题的决定》和《国务院关于劳动教养的补充规定》支撑起来的劳动教养制度于2013年的废止，都与《立法法》确立的法律保留原则有相当关联。加之，在《立法法》明确各类规范的效力等级，以及下位法不得与上位法抵触或冲突的原则的基础上，[3]若未来越高层级的立法越多、越细密，就越会限缩行政创制。2015年，《立法法》修改时，行政规章的制定权限被进一步限制，没有法律或者国务院行政法规、决定、命令的依据，部门规章不得设定减损人民权利或者增加其义务的规

---

[1] 参见《立法法》（2000）第8条第（五）项。

[2] 参见《立法法》（2000）第8、9条。

[3] 参见《立法法》（2000）第78、79、80条以及第87条第（二）项。

范，不得增加本部门的权力，没有法律、行政法规、地方性法规的依据，地方政府规章也不得设定减损人民权利或者增加其义务的规范。[1] 当然，由于现实地方自治的需要，《立法法》（2015）也下放了地方立法权，之前只在直辖市、省会城市、经济特区市、国务院批准的较大市层级以上的地方立法权（含地方人大及其常委会的地方性法规制定权和地方政府的规章制定权），下放到设区的市和自治州层级。[2]

有限政府并不意味着政府越小越好。《立法法》承认法律拥有"全权"，且给予行政法规相当的自主创制空间，而将规章的创制空间只限于法律、法规或国务院决定、命令的直接或间接授权基础上。在中国，全国人大及其常委会、国务院以及地方性法规制定机关都存在"立法难""立法产品供不应求"的问题。上述制度安排会不会出现，行政创制要么受到过度羁束，要么得到过多的空白支票式授权？

约束权限，厘定政府作用边界，可以说是在源头上节制政府。只是，无论是先走市场经济路子后加强政府监管的国家，还是像中国这样由计划模式转成市场模式，行政权都不可能仅仅充当"看门人""守夜人"的角色，有许多领域需要政府提供管理和服务，需要政府在比较宽泛的权限内进行自由裁量。因此，源头的节制是必须的，但还不够，政府作用的过程同样应予规范。其实，行政处罚法、行政许可法、行政强制法都分别加强了对三种行政作用方式的程序约束，在作出决定前应当进行公正调查、应当听取相对人或利害关系人意见、与决定有利害关系的应当回避、必要时应当举行听证、禁止在夜间或法定节假日强制执行等，皆是防止行政机关恣意行使权力。

在部门行政法领域，也同样越来越多地重视程序控制。近年来特别突出且因为牵扯人民房产利益而备受关注的，就是《国有土地上房屋征收与补偿条例》（2011）的制定。由于暴力拆迁、野蛮拆迁频发，该条例对公共利益征收事项、补偿项目和标准等实体问题作出规定的同时，也给出了一个比较周密的程序步骤：确定征收范围→规划审查和计划编订→拟定征收补偿方案→征收补偿方案的论证→征求意见和听证→修改征收补偿方案→社会稳定风险评估→落实征收

---

[1] 参见《立法法》（2015）第80条第2款、第82条第6款。
[2] 参见《立法法》第72条、第82条。

补偿费用→决定与公告。[1]

三、公众参与、信息公开与开放政府

以上这些过程控制主要是针对以往被称为"具体行政行为"的行政作用方式。在现代行政中,就特定事项或特定个人或组织所作的行政行为,固然对利益关切的个人或组织而言举足轻重,但毕竟是个别意义上的。而行政机关制定的影响不特定多数人、可反复适用的规则,或者事关重大利益或资源配置或调整的决策,如大型水利枢纽工程的建设、传统巡游出租车和网约车的监管、非本地户籍人口的教育机会、不同公共交通运输方式的投入等,则往往在较大范围内牵涉复杂的利益关系。它们的制定或作出,可能会造成巨大或深远影响,可能会决定人口移动、产业布局、利益分配、交通网络、城乡景观等。这就引发出一个极具挑战性的问题:这些决定我们如何生活的决策或规则,真的由行政官员尤其是领导说了算吗?

理念上,答案自然是否定的。宪法第2条明确中国的"一切权力属于人民。人民行使国家权力的机关是全国人民代表大会和地方各级人民代表大会"。若重大决策或规则完全或基本由政府官员拍板,显然有违宪法的民主原则,而在根本上失去合法性/正当性。也许,委托-代理理论可以认为,如果宪法或法律授权政府官员在某些领域或事项上进行决断,就赋予了民主的合法性。话虽如此,但这种基于委托的合法性,有可能只是好看的花瓶。现实往往是,代理人听从于自己而非委托人意志,委托人无意识地或者有意识却无奈地被代理人控制和影响。[2] 因此,基于委托-代理的合法性是一种"弱合法性",需要有更好的方式,让宪法第2条关于"人民依照法律规定,通过各种途径和形式,管理国家事务,管理经济和文化事业,管理社会事务"的原则,在行政规则或

---

〔1〕参见《国有土地上房屋征收与补偿条例》(国务院令590号,2011年1月21日发布施行)第8条至第13条。

〔2〕当然,对于民主制而言,比这里所说的代理人控制委托人问题更复杂、更有悖论性的是,在理论上,由于作为委托人的民众会有非理性的偏见和错误,由民众直接或间接委托的政治家或政府官员,是否可以凭借自己对人民利益的独立、明智的判断来行事,而不受委托人的完全左右。这里还涉及"代表"与"代理人"两个用词的区别。参见[英]安德鲁·海伍德:《政治的常识》(第三版),李智译,中国人民大学出版社2014年,第221-222页。

重大决策的制定过程中得以体现。

事实上，大部分的规则制定者或决策者，并不会闭门造车。不管是坚持人民群众路线，还是考虑规则或决策的科学性、可行性，都有可能促使其听取有关意见。但事实并不等于规范。一个经常听取意见的规则制定者或决策者，并不见得事事如此，也并不见得周全聆听各相关方意见，也无需为其没有听取意见或者没有谨慎考虑合理且重要的意见而担负责任，因为，没有规范要求。

较早以法律形式将广泛听取人民意见过程明文规定下来的，是1993年的《科学技术进步法》。该法第7条第2款要求国务院在"制定科学技术发展规划和重大政策，确定科学技术的重大项目、与科学技术密切相关的重大项目，应当充分听取科学技术工作者的意见，实行科学决策的原则。"此后，根据1997年的《价格法》，政府价格主管部门和其他有关部门制定政府指导价、政府定价，应当听取消费者、经营者和有关方面的意见；制定关系群众切身利益的公用事业价格、公益性服务价格、自然垄断经营的商品价格等政府指导价、政府定价，应当建立听证会制度。[1]这些零星分散的法律，已经在推动政府打开决策大门，让更多公众参与进来。

对行政规则的制定（包括行政法规、规章和其他行政规范性文件）要求广泛听取意见的，是从2000年《立法法》开始的。该法规定国务院行政法规的起草应该"广泛听取有关机关、组织和公民的意见"。[2]之后，国务院颁布的《行政法规制定程序条例》（2001）《规章制定程序条例》（2001）中也出现类似条款，[3]后一条例还增加了听证会制度的内容。[4]至于行政法规、规章以外的其他规范性文件的制定，无论在中央还是地方，除少量规定外（如《海关总署关于制定规范性文件的管理规定》（1999）），也都是在这个时间之后陆续有听取或征求人民意见的规范要求。

此后，2004年，中国行政法迎来又一具有里程碑意义的文件。它的内容如同一部行政法通则，虽然不具有传统的法的效力，却对政府法治实际发挥重要

---

[1] 参见《价格法》第22条第1款、第23条。
[2] 参见《立法法》（2000）第58条。
[3] 参见《行政法规制定程序条例》（2001）第12条；《规章制定程序条例》（2001）第14条。
[4] 参见《规章制定程序条例》（2001）第15条。

的影响力和塑造力。这就是国务院发布的《全面推进依法行政实施纲要》（本章以下简称"《依法行政纲要》"）。它首次提出："建立健全公众参与、专家论证和政府决定相结合的行政决策机制"，"社会涉及面广、与人民群众利益密切相关的决策事项，应当向社会公布，或者通过举行座谈会、听证会、论证会等形式广泛听取意见"，"起草法律、法规、规章和作为行政管理依据的规范性文件草案，要采取多种形式广泛听取意见"。由此，"公众参与"作为一个规范要求，渗入到各部门、各领域、各层级的行政规则制定或重大决策过程中。

在委托—代理模式之上加入"公众参与"，要求政府广泛听取、征求和吸收人民的意见。这无疑会产生一种"民主"意象，从而让行政规则或重大决策的合法性/正当性有所增强。然而，公众参与并不是全民公投，也不是参与者多数决投票，委托-代理模式意味着决定权还是在政府手中。若要让公众参与不至于成为又一个漂亮花瓶、不至于沦为"民主假象"，除了需要针对不同情境设计具体化的公众参与制度，更为关键的是：第一，行政机关收集的公众意见应当全部公开；第二，行政机关应当回应主要的公众意见，尤其是简要说明采纳或不采纳哪些意见以及理由；第三，行政规则或重大决策可以被诉，法院可以审查其是否忽视或轻视重要且合理的意见，是否由此构成滥用职权或明显不当；〔1〕第四，行政首长应当为行政规则或重大决策承担政治责任，人民代表机关可以多种形式问责行政首长。在这些方面，中国行政法尚需更多的努力。

公众参与，是政府重大决定过程的开放，是保障人民多元化的利益和呼声为决策者所知、所虑。而信息公开，则是开放政府的另一面，是保障人民对政府过程和结果的充分知情。人民知情政治是民主的基本前提之一。一个经常把人民蒙在鼓里的政府，绝不是民主政府。2007年，国务院颁布的《政府信息公开条例》在中国历史上发出一个重要信号：传统的闭门行政、暗箱行政模式必须向开放行政、透明行政转变。该条例实施以来，政府面临极大的挑战。越来越多的人民，无论是基于个体需要，还是基于推动政府开放、接受人民监督的考虑，向政府提出各种信息公开的申请，有些是令政府颇感棘手的。

---

〔1〕 关于美国联邦行政机关在回应公众意见方面的经验和启示，参见沈岿：《行政机关如何回应公众意见——美国行政规则制定的经验》，载《环球法律评论》2018年第3期，第100-111页。

例如，2008年11月，国务院决定在2010年前投资4万亿促进经济增长、克服美国金融危机带来的危害。2009年1月7日，有律师向国家发改委申请要求公开与4万亿投资有关的以下3个信息：递交审批申请的省市地区名单及项目名单；4万亿元资金来源以及目前已经审批通过的具体投资项目名称，选择投建项目的原因，投资项目的预算资金金额；对投资项目责任主体所属项目资金使用情况、招投标情况的监督措施及监督机构名称（涉及国家秘密的除外）。国家发改委于2月给出简单回复后，直到5月21日，才首次公布了4万亿中央投资的资金来源结构，介绍了项目建设进展情况。[1]

国务院办公厅在条例发布后、实施前曾经指出："实行政府信息公开是一项政治性、政策性和技术性很强的系统工程"。[2]的确，政府信息公开既关系到民主政治的命运，影响政府政策、决策制作质量与推行效率，又牵扯传统行政管理惯性的重大转折，在技术细节之处就有可能拉动整个局势。该项制度的推行，需要解决一系列现在尚无定论或可能始终会存在争议的问题。例如，申请人的资格与"自身生产、生活、科研等特殊需要"的关系；咨询与信息公开申请的区别；历史信息、档案信息、内部管理信息、过程性信息的公开；"政府信息不存在"的理由的适用；国家秘密、商业秘密、个人隐私的界定，后两项的保护与公共利益需要的公开之间的关系；信息公开申请和诉讼的滥用等。2019年，该条例经过修改，[3]对其中的部分问题进行了更进一步的处理，但仍然有需要完善之处。无论如何，在一个公开与不公开的长期"拉锯战"中，政府的开放是注定的趋势。

四、行政法一般原则与理性、公正、诚信政府

与世界上许多国家一样，中国并没有可以覆盖适用所有行政领域、行政事务的行政法法典，如刑法典、民法典那样。普遍的认识就是行政事务、领域过

---

[1] 参见寇博：《四万亿：千万里，我追寻着你》，载《南方周末》2009年12月24日，第D14版。
[2] 参见《国务院办公厅关于做好施行〈中华人民共和国政府信息公开条例〉准备工作的通知》（2007年8月4日），载"中华人民共和国中央人民政府网"：http://www.gov.cn/xxgk/pub/govpublic/54tiaoli.html，最后访问：2021年5月9日。
[3] 国务院令711号，2019年4月3日发布，5月15日施行。

于分散、繁杂、多样，很难予以一致规定。尽管如此，不少国家制定行政程序法典，试图对政府行为作出合理分类，并在不同类别中寻找对应类别共性的规则。中国目前还没有一部这样的行政程序法，只是如上所述，在行政立法、行政处罚、行政许可、行政强制等行为类型上，制定了相对具有统一性的规则。这种立法策略虽然取得成效，毕竟会遗漏其他行为类型，也会出现没有必要的规则重复。在中央立法阙如的情形下，从2008年至2016年，湖南、山东、江苏、宁夏、浙江在省政府规章层级上颁布了本省内实施的统一行政程序规定，但目前也只局限于这些省份。颁布统一行政程序地方政府规章的设区的市有海口、蚌埠、汕头、兰州和西安。

幸运的是，从20世纪80年代开始，通过学者、政策制定者和法官的共同努力，中国行政法逐渐发展起比较成熟的一般原则（更经常地被称为"基本原则"），可以普遍适用所有行政行为，以促进理性、公正和诚信政府的塑成。行政法一般原则的功能在于，在法律规定抽象、含糊或者缺位的情况下，它们可以赋予抽象、含糊规则以具体的规范性要求，或者可以直接填补法律空白。[1]

行政法（学）复兴伊始，经过与政治学、行政管理学的剥离，主流的行政法学说认为行政法一般原则由合法性原则和合理性原则构成。尽管学者们对其论述不尽一致，但基本认识是大体趋同的。合法性原则的简单含义就是行政必须合乎法律法规的规定，包括行政职权合法、行使职权主体合法、行政行为的形式、内容和程序合法等。其通常被认为是指向约束"羁束行政行为"，是一种形式法治的要求。合理性原则针对"裁量行政行为"，其要求行政主体作出裁量应符合法律目的，正当考虑相关因素、不考虑不相关因素、平等对待、不偏私、不歧视，合乎理智和情理。它的定位是实质法治，即在法律没有规定的情况下，行政机关也应遵循之。[2]

上述学说虽然较为流行，可在司法裁判中并未得到完全体现。除非受到不当干预，法院对被诉行政行为合法与否进行审查并作出相应裁判，基本是不成

---

〔1〕 "百余年来，民主法治进步诸国，于行政法制外，已在学理的阐扬发微与实务的累积经验上，获得了丰硕的成果；质言之，已将贯穿行政法全部领域的普遍法理，逐渐成熟地发展为随时可以补充法律或命令等成文法所不逮的派生法理之法源地位。"［台湾地区］城仲模主编：《行政法之一般法律原则（一）》，三民书局1994年，"主编者序"，第1页。

〔2〕 当时关于合法性原则、合理性原则的认识，参见张尚鷟主编：《走出低谷的中国行政法学——中国行政法学综述与评价》，中国政法大学出版社1991年，第65-73页。

问题的。这可以表明合法性原则不仅在理论上得到认可，在实践中也得以适用。这个原则的适用已经具体转化为判断行政行为是否符合行政诉讼法确立的一系列标准，即证据充分确凿、适用法律、法规正确、在法定职权范围内、符合法定程序、履行法定职责等。换言之，它的应用也就是成文法的实施，是比较易得的。就合理性原则而言，通说认为行政诉讼法规定的滥用职权、显失公正标准是与该原则对应的。可是，《行政诉讼法》修改前的"显失公正"标准仅限于行政处罚，范围过窄。而滥用职权标准很少为法院所用，并不能像学者所设想的那样，成为合理性原则得以适用的重要载体。[1] 一个所谓的法律原则，只是停留在学说层面，而不能被实际应用，那就称不上是真正的法律原则。

此后，中国行政法学仍然借鉴域外理论，进一步吸收正当程序原则、比例原则与信赖保护原则，将它们作为一般原则体系中的重要组成。正当程序原则是促进政府的程序公正，其主要包括三项要求：作出不利决定前应当听取陈述和申辩；决定者与决定事项有利害关系的，应当回避；作出决定应当说明理由。[2] 比例原则是促进政府的实体公正，它有三个层次的要求：妥当性（又称"适当性"），即行政机关拟实施的行政行为可以实现相应的行政目标或目的；必要性（又称"最小侵害"），即行政机关拟实施的行政行为是若干个符合妥当性要求方案中对相对人权益侵害最小的；狭义的比例（又称"对称性"、"均衡性"），即行政机关拟实施的行政行为能够满足目的和手段的对称性和适度性。[3] 信赖保护原则是促进政府的诚信，避免政府反复无常、出尔反尔。中国自古以来就有政府应言而有信的教诲，商鞅变法徙木立信和周幽王烽火戏诸侯就是一正一反的典型。为了可以适应比较复杂的现实，信赖保护原则提出其适用的条件包括：第一，信赖基础，即行政机关有一个有效表示其意思的外在活动，而无论其合法与否，如行政许可、行政承诺等，但重大明显违法的行为不构成信赖基础；第二，行政相对方的信赖必须有外在表现（作为或不作为），

---

[1] 参见沈岿：《行政诉讼确立"裁量明显不当"之议》，载《法商研究》2004年第4期，第30-33页。
[2] 参考姜明安主编：《行政法与行政诉讼法》（第六版），北京大学出版社、高等教育出版社2015年，第75-76页。
[3] 参考姜明安主编：《行政法与行政诉讼法》（第六版），北京大学出版社、高等教育出版社2015年，第73-74页。也有论者对比例原则增加了一个层次的要求，即"目的正当性"。参见刘权：《目的正当性与比例原则的重构》，载《中国法学》2014年第4期，第133-150页。

而不是内心状态或简单的意思表示；第三，信赖是值得保护的，不值得保护的情形有：当事人的恶意欺诈、胁迫、贿赂或其他不正当方法而导致政府行为的；当事人对重要事项提供不正确资料或不完全陈述而导致政府行为的；当事人明知政府行为违法的或者当事人出于重大过失而忽视政府行为违法性的。若条件满足，信赖保护的方式可以有两种：存续保护（即保持信赖基础不变）和财产保护（即撤销或变更信赖基础，但对行政相对方的信赖利益的损失予以财产上的赔偿或补偿）。[1]

行政法一般原则在学说上的发展，最终获得了一个标志性突破。2004年，国务院颁发前文提及的重要法律文件《依法行政纲要》，将合法行政、合理行政、程序正当、高效便民、诚实守信、权责统一列为依法行政基本要求。纲要对这些基本要求的阐述，相当程度上就是行政法一般原则理论的转换。合理性原则、正当程序原则、比例原则、信赖保护原则都可以在其中找到印记，尽管并不像学理定义那样周全。纲要不是行政法规，也不是法规性文件，却为越来越多的法院所认可和引用。最高人民法院就曾经在"海南省定安城东建筑装修工程公司与海南省定安县人民政府、第三人中国农业银行定安支行收回国有土地使用权及撤销土地证案"的再审判决书（（2012）行提字第26号）中，直接引用纲要，认定县政府"未听取当事人意见，违反正当程序原则"。该判决书还登载于《最高人民法院公报》2015年第2期。可见最高人民法院希望将其作为具有示范意义的案例予以推广。[2]

其实，最高人民法院对行政法一般原则的支持，并不是在《依法行政纲要》发布之后才开始的。早在2000年，最高人民法院关于"黑龙江省哈尔滨市规划局诉黑龙江汇丰实业发展有限公司行政处罚纠纷案"（（1999）行终字第20号）的判决提到，"规划局所作的处罚决定应针对影响的程度，责令汇丰公司采取相应的改正措施，既要保证行政管理目标的实现，又要兼顾保护相对人的权益，应以达到行政执法目的和目标为限，尽可能使相对人的权益遭受最小的侵害。"

---

[1] 参考吴坤城：《公法上信赖保护原则初探》，载城仲模主编：《行政法之一般法律原则（二）》，三民书局1997年，第239-241页、第249-250页。

[2] 关于正当程序原则司法适用的讨论，可参见何海波：《司法判决中的正当程序原则》，载《法学研究》2009年第1期，第124-146页；孟凡壮：《论正当程序原则在行政审判中的适用》，载《行政法学研究》2014年第4期，第139-144页。

文字虽未直接表述"比例原则",实际就是该原则内含的最小侵害要求。[1]

信赖保护原则得到最高人民法院认可的典型案例是"益民公司诉河南省周口市政府等行政行为违法案"((2004)行终字第6号),该案判决认定被诉行政行为损害了相对人的信赖利益,但考虑到撤销该行为将给公共利益造成更重大损失,故责令被诉行政机关对信赖利益的损失予以补救。此案刊登在《最高人民法院公报》2005年第8期。[2]

行政法一般原则从学说发展到人民可接近、法院可适用的真正意义上的法律原则,应该还需要一段时日。毕竟,在法律含糊或缺位时应用法律原则的做法,尚未成为法院的司法常态,最高人民法院的经典裁判尚未成为法律渊源意义上的判例,《依法行政纲要》也不是具有强制效力的文件。不过,最高人民法院和各地方法院援引行政法一般原则,进行法律解释或直接判决的案例,比以往增加不少,这是不争的事实。《依法行政纲要》也确实受到行政机关相当的重视。在没有行政法典或行政法通则的情况下,假以时日,行政法一般原则会更多地促进政府的理性、公正和诚信,而不只限于促进政府遵守白纸黑字的法。当然,这同样必须依托于政治/法律环境的整体协同进步。

五、行政自我革新与效能政府

政府守法、负责、开放,有限干预经济和社会,保证决定的理性、公正和诚信,固然是市场经济导向改革的必然要求。但是,在一场翻天覆地的大变革中,政府提高工作效率,在其应该做的事情范围内,以尽可能少的成本,实现尽可能多的效益,恐怕是更多人民对政府的期待。没有效率的政府,是不会得到人民的赞赏、信任和支持的。这当然不是指计划模式全能政府什么都管前提下的效率,也不是指市场模式、民主制下有限政府的效率,而是转型模式改革政府的效率。

一个政府只知完成既有规定、照章办事,而不知更短时间、更少资源地达

---

[1] 关于此案的分析,参见湛中乐:《行政法上的比例原则及其司法运用——汇丰实业发展有限公司诉哈尔滨市规划局案的法律分析》,载《行政法学研究》2003年第1期,第69-76页。

[2] 关于信赖保护原则司法适用的讨论,可参见王贵松:《论行政法原则的司法适用——以诚实信用和信赖保护原则为例》,载《行政法学研究》2007年第1期,第114-121页。

到同一效果，这是守法政府，是可取的，但也是低效率的；一个政府不思既有规定的利弊，不思通过影响立法、制定政策积极进行相应的改革，也同样是低效率的，尤其对于在急剧变革时期中的政府而言。总之，无论你希望政府具备哪些品质，无论你怎么对这些品质进行重要性排序，政府效能是不可或缺的，是需要在特定情形下与其他品质进行权衡的。而缺乏对效能关注的政府，也会被认为是"官僚主义"的一种表现。

  官僚主义的政府由于不衡量效果，也就很少取得效果。它们在公共教育上花的钱越来越多，但是考试分数差和退学率几乎没有改观。它们在为接受救济的人举办职业训练上花的钱越来越多，但是福利救济开支却不断增加。它们在警察和监狱上花的钱越来越多，但是犯罪率继续在上升。[1]

  然而，政府应当是有效率的要求，在许多时候并不像只要记住"两边之和大于第三边"就能选择一条捷径那样简单，也不像 A 方案比 B、C 方案要少花钱，却可以达到同一目标 X，所以就选择 A 方案那样容易计算。这些简单易算的情形，并不是没有，政府为此进行精打细算，也应该是必要的。可是，假如一个项目可以带来数千人的就业、上亿的年税收以及其他相关产业发展，但它也可能造成比较严重的环境负影响，那么，究竟是引进该项目的决定更有效率，还是相反。假如在环境负影响是否可以扭转、补救的问题上存在不确定性，又假如这个项目有可能造就技术上的巨大进步，而该技术进步对于其他问题的解决也会带来福音。这些因素的叠加无疑会让计算更具复杂性和争议性。人类对现在与未来相关因素及其联系的有限认知力，以及对相关因素价值权重的不同定位，往往会让效率的评估或评判相当棘手。类似的现象还会出现在对网约车应该如何规制才是更有效率的、放开教育资源允许流动人口根据居住地平等享用是否更有效率等一系列公共管理和服务的重大政策问题上。

  即便如此，行政法的效率原则或效能原则有其核心的要求，即尽可能少的成本、尽可能多的效益。它在有的情形中可以通过精确计算得到适用，而在有的情形中无法转换为计算公式，却可以作为一种考虑或衡量的因素。在过去的

---

[1] 参见〔美〕戴维·奥斯本、特德·盖布勒：《改革政府：企业精神如何改革着公营部门》，周敦仁等译，上海译文出版社1996年，第121页。

四十余年，它很少被案件当事人用来质疑行政决定的合法性或合理性，很少被法院用来裁判这样的行政纠纷，也没有被中国行政法学界普遍认可属于行政法基本原则或一般原则，尽管早在20世纪80年代，就有学者提出行政法基本原则包括效率原则。[1]可是，它从改革开放伊始，就始终扮演着一个重要的角色，且更多是在行政自我革新中而不是在立法、司法中发挥作用的。

以政府机构改革为例。1981年12月13日，《第五届全国人大第四次会议关于〈当前的经济形势和今后经济建设的方针〉报告的决议》授权全国人大常委会审议和决定国务院机构改革方案，并指出国务院机构改革可以"提高工作效率"，"克服官僚主义"，并引领地方政府机构改革。该决议明确指出：

> 当前在我们国家政治生活和经济管理工作中存在的官僚主义倾向，是走发展国民经济的新路子，进行四个现代化建设的严重障碍。……最近，国务院根据中共中央的建议，对克服官僚主义的问题又进行了多次研究和讨论，决心采取果断措施，坚决改变部门林立、机构臃肿、层次繁多、互相扯皮、人浮于事、副职虚职过多、工作效率很低这类不能容忍的状况，以便有效地领导现代化建设工作。

一年以后，立宪者将源于政府机构改革的"精简、效率、反官僚主义"的原则，明确写进了现行宪法之中。宪法第27条第1款规定："一切国家机关实行精简的原则，实行工作责任制，实行工作人员的培训和考核制度，不断提高工作质量和工作效率，反对官僚主义。"效率原则的入宪，可以反映当时普遍的为促进经济发展、需要在国家作用各领域提高效率的改革共识。

此后，《第七届全国人民代表大会第一次会议关于国务院机构改革方案的决定》（1988年4月9日）《第八届全国人民代表大会第一次会议关于国务院机构改革方案的决定》（1993年3月22日）《第九届全国人民代表大会第一次会议关于国务院机构改革方案的决定》（1998年3月10日）都提及"精简、统一、效能的原则"，都以大同小异的表述方式指出转变职能、理顺关系、精兵简政和提高效率是政府机构改革持续不变的目标。2003年、2008年的国务

---

[1] 关于效率原则的早期讨论，参见许崇德、皮纯协主编：《新中国行政法学研究综述（1949-1990）》，法律出版社1991年，第128-130页。

院机构改革方案虽然没有重申这些原则和目标,但 2013 年的方案还是延续了这一目标:"按照建立中国特色社会主义行政体制目标的要求,以职能转变为核心,继续简政放权、推进机构改革、完善制度机制、提高行政效能。"2018 年的方案依然明确指出:"改革机构设置,优化职能配置,深化转职能、转方式、转作风,提高效率效能"。

2016 年 3 月 16 日,由第十二届全国人大第四次会议批准通过的《中华人民共和国国民经济和社会发展第十三个五年规划纲要》提出深化行政管理体制改革就是要"加快政府职能转变,持续推进简政放权、放管结合、优化服务,提高行政效能,激发市场活力和社会创造力。"当前,在行政系统,"简政放权、放管结合、优化服务"(简称"放管服")作为一种新的要求,正在推进过程中。[1] 它既有承接历史的一面,又有不同于以往的侧重要求。在总体上,减少政府直接插手的地带,放开市场、社会的自由有序发展,加强和优化必要的监管与服务,还是一个不变的主题。

机构改革乃至行政管理体制改革的成效究竟如何,也许较难评价,但四十余年来始终以适合经济、社会发展需要的效能政府为目标之一,是有目共睹、众所周知的。政府职能由计划、指挥已经偏向于监管、服务,监管环节(如行政审批)在大幅减少,服务质量有所提升,市场、社会得到了相当的释放,也都是不容置疑的。当然,在一些重要的、利润丰厚的基础性行业中,政府支配的国有企业仍然占据主导地位,集中度越来越高,如石油石化、钢铁、金融、电信、铁路等。[2] 这究竟是否有利于促进经济的效率,是否有利于良性的政府与市场关系,还需要认真对待。

最后有必要提及的是,行政自我革新、实现效能政府,是一项没有终结的、历久弥新的使命,其所覆盖的内容远不止以上这些,也还会有现在没有出现且无法预见的内容。因此,行政法的效能原则,不应只限于《依法行政纲要》中提及的"高效便民"要求——"行政机关实施行政管理,应当遵守法定时限,积极履行法定职责,提高办事效率,提供优质服务,方便公民、法人和其他组

---

〔1〕 最早对"放管服"提出具体细致要求的,是国务院批准的《2015年推进简政放权放管结合转变政府职能工作方案的通知》(2015年5月12日)。

〔2〕 参见邓伟:《"国进民退"的学术论争及其下一步》,载《改革》2010年第4期,第39-46页。

织。"相比较而言，《法治政府建设实施纲要（2015-2020）》（2015年12月23日）有更加全面的阐述，例如"坚持政企分开、政资分开、政事分开、政社分开，简政放权、放管结合、优化服务，政府与市场、政府与社会的关系基本理顺，政府职能切实转变，宏观调控、市场监管、社会管理、公共服务、环境保护等职责依法全面履行。"面对具有深远意义的政府变革，行政法不能视而不见、听而不闻。行政法应该摆脱深受民法、刑法影响的法律思维定式，后者在传统上以司法适用为导向，以司法为中心。行政法若仅关注行政诉讼、行政审判，仅强调监控行政的角色，无视政府直面的管理和改革任务，势必会造成视野的局限，无法为法治政府的完整塑造提供必要的知识支持。[1]对应地，行政法学上，需要普遍认可效能原则的重要性及其位列行政法一般原则的意义，并努力阐发其规范意涵。[2]

六、反腐、监察改革与廉洁政府

2016年11月初，中共中央办公厅印发了《关于在北京市、山西省、浙江省开展国家监察体制改革试点方案》，该方案的核心目标是整合反腐败资源力量，建立集中统一、权威高效的国家监察体系，从而更有力地打击腐败，推进执政的廉洁性。2016年12月25日，全国人大常委会通过和发布《全国人民代表大会常务委员会关于在北京市、山西省、浙江省开展国家监察体制改革试点工作的决定》，从而给了国家监察体制改革的明确授权。改革的关键措施就是试点地区监察委员会由本级人民代表大会产生，监察委员会对本级人民代表大会及其常务委员会和上一级监察委员会负责，并接受监督。

2018年3月11日，全国人民代表大会通过《中华人民共和国宪法修正案（2018）》，改变1982年宪法确立的人民代表大会制度之下"一府两院"（人民政府＋法院＋检察院）宪制体系，将国家监察体制改革的基本设计完全采纳。同一届全国人民代表大会还通过《中华人民共和国监察法》（2018年3月20日发布实施），规定了监察法宗旨、依据和原则、监察机关及其职责、监察范围和管辖、监察权限、监察程序、反腐败国际合作、对监察机关和监察人员的

---

[1] 关于行政法的监控者和管理者视角，参见本书第五章。
[2] 关于该原则的具体论述，参见本书第七章。

监督等内容。于是，一个具有宪制改革意义的试点，正式成就了新的宪制结构，形成了普遍推行和实施的制度。

的确，改革开放四十年，中国在取得巨大经济成就、行政改革、社会变化的同时，面临着愈来愈严重的腐败问题，行政、司法的廉洁程度都受到广泛质疑，从而也影响到执政体系的合法性与可信度。据"透明国际"（Transparency International）组织的数字，中国 2020 年在从 0 分（高度腐败）到 100 分（非常廉洁）的得分体系中仅得 42 分，在 180 个国家的廉洁排名中仅名列 78 位。不过，42 分已是 1995 年以来达到的最高分值，1995 年曾经是最低的 21.60 分。[1]

其实，自 1949 年共和国成立开始，反腐倡廉一直是执政党的长期政策，始终被认为关系到执政党的生死存亡。只是，改革开放带来激烈的经济转轨、资源和机会的重新配置、财富的积累和分配，而渐进反复式行政自我革新长期无法大幅压缩政府官员插手市场和社会的权力，缓慢的法治进程同样在一点点织起权力制约网络时留下许多空子，市场和社会依附式增长而欠缺独立的、可抗衡政府的地位与力量，宪法上的公民权利也还处于未得到充分保护和发展时期。所有这些因素的结合，都给权力与资本、金钱、人情的联姻，制造了无数的机会。腐败也就屡禁不止，且愈演愈烈。

2004 年 9 月 19 日，执政党在其历史上第一次发布关于党的执政能力的重要文件，即《中共中央关于加强党的执政能力建设的决定》，并在该决定中明确提及反腐败的重要意义和目标：

> 党风廉政建设和反腐败斗争关系党的生死存亡。党越是长期执政，反腐倡廉的任务越艰巨，越要坚定不移地反对腐败，越要提高拒腐防变的能力。各级党委要把党风廉政建设和反腐败斗争作为提高党的执政能力、巩固党的执政地位的一项重大政治任务抓紧抓实。坚持标本兼治、综合治理、惩防并举、注重预防，抓紧建立健全与社会主义市场经济体制相适应的教育、制度、监督并重的惩治和预防腐败体系。认真落实党风廉政建设责任制。以解决群众反映的突出问题为重点，坚决纠正损害群众利益的不正之风；

---

[1] See China Corruption Index，https://tradingeconomics.com/china/corruption-index. 最后访问：2021 年 5 月 9 日。

以查处发生在领导机关和领导干部中滥用权力、谋取私利的违法违纪案件为重点，严厉惩处腐败分子。加强廉政法制建设，真正形成用制度规范从政行为、按制度办事、靠制度管人的有效机制，保证领导干部廉洁从政。

此后，2005年1月3日，中共中央又发布《建立健全教育、制度、监督并重的惩治和预防腐败体系实施纲要》，提出在相应制度建设上更为具体、细致的布置和措施。

这些文件虽然昭示执政党对反腐的高度重视，可反腐工作还是给人以"雷声大、雨点小"的感觉。直至2012年以后，中国掀起一阵阵强烈的反腐风暴，反腐力度、涉及高级官员的数量、官员职务等级之高，都远超之前。正是在此背景下，统一各反腐力量、建立高效权威的新反腐体系的认识，推动了国家监察体制的改革。监察改革设想提出和初试之时，关于是否需要重新进行宪制结构安排，是充分协调发挥现有反腐力量的作用还是进行新的机构整合与创设，是由全国人大还是全国人大常委会授权改革试点，是让试点进行一个时期还是未见试点显著效果就全面铺开，在这些问题上都曾经有过热议和不同声音。[1]如今，2018年宪法修正案和监察法的通过，已经宣布制度创建的完成。现在的问题就是该如何让预想成为现实，让监察部门真正有效但又符合法治原则和要求地发挥其反腐之作用，显示其比较宪制改革前更大的效果。

监察改革只是反腐深入进行的一个备受瞩目的事件，而值得关注的还有反腐从高层走向基层的趋向。2018年初，中共中央、国务院发布的两个文件可为例证。其中，《关于开展扫黑除恶专项斗争的通知》要求"把扫黑除恶与反腐败斗争"结合起来，"纪检监察机关和政法各机关建立问题线索快速移送反馈机制，对每起涉黑涉恶违法犯罪案件及时深挖其背后的腐败问题，防止就案办案、就事论事。各级纪检监察机关要将党员干部涉黑涉恶问题作为执纪审查重点，对扫黑除恶专项斗争中发现的'保护伞'问题线索优先处置，发现一起、

---

[1] 参见马怀德：《国家监察体制改革的重要意义和主要任务》，载《国家行政学院学报》2016年第6期，第15-21页；童之伟：《将监察体制改革全程纳入法治轨道之方略》，载《法学》2016年第12期，第3-13页；秦前红：《监察体制改革的逻辑与方法》，载《环球法律评论》2017年第2期，第17-27页；韩大元：《论国家监察体制改革中的若干宪法问题》，载《法学评论》2017年第3期，第11-22页。

查处一起，不管涉及谁，都要一查到底、绝不姑息。加大督办力度，把打击'保护伞'与侦办涉黑涉恶案件结合起来，做到同步侦办，尤其要抓住涉黑涉恶和腐败长期、深度交织的案件以及脱贫攻坚领域涉黑涉恶腐败案件重点督办。"《中共中央、国务院关于实施乡村振兴战略的意见》则要求"推行村级小微权力清单制度，加大基层小微权力腐败惩处力度。严厉整治惠农补贴、集体资产管理、土地征收等领域侵害农民利益的不正之风和腐败问题。……开展扶贫领域腐败和作风问题专项治理，切实加强扶贫资金管理，对挪用和贪污扶贫款项的行为严惩不贷。"

加强反腐、提高廉洁程度，无疑将是一项长期的艰巨任务。仅仅依靠监察机关、《监察法》以及执政党的纪律检查部门和党法党规，是不足以预防和惩戒腐败的。从法律体系的角度观之，其需要宪法、刑法、民法、行政法、经济法等多个部门法的协同努力，而绝不仅仅是刑法一家之事。从预防腐败体系的整体观之，行政法若能在四十余年发展基础上，继续从中央到地方、从宏观到微观，推动责任政府、有限政府、开放政府，促进政府的理性、公正和诚信，同时规范和完善监察制度，势必会在多个维度支持廉洁政府的塑造。

七、公共治理和协作治理

中国经历四十余年改革之后，政府在许多公共领域和事项上仍然占据主导和支配地位，仍然需要进一步收缩和调整。与此同时，一种被称为"公共治理"的模式，受到普遍的关注和期待，其目标是取代公共事务由政府垄断或政府指挥命令的传统模式。

其实，"公共治理"一词更多使用于学术文献中。相比较而言，中国官方文件中出现的并不多。文件等级最高的也就是中共中央、国务院于 2010 年 7 月 8 日所发《国家中长期教育改革和发展规划纲要（2010—2020 年）》，其中提到："培育专业教育服务机构。完善教育中介组织的准入、资助、监管和行业自律制度。积极发挥行业协会、专业学会、基金会等各类社会组织在教育公共治理中的作用。"

官方文件更常用的与"公共治理"学术概念的意义接近的词语，当属"社会共治"或"社会治理"。不同于"公共治理"，"社会共治"已经明确写入全国人大常委会修订的《食品安全法》之中，成为一个法律术语。[1]它也被广泛应用于涉及食品药品、医疗卫生、环境生态、产品质量、知识产权、旅游、市场秩序、互联网等许多领域的文件。其中，2014年8月27日，在第十二届全国人大常委会第十次会议上，《国务院关于深化行政审批制度改革加快政府职能转变工作情况的报告》提到："着力创新监管方式，推动依法监管、公正透明、权责一致、社会共治"。可见其在公共领域具有普遍的适用性。

2013年11月12日发布的《中共中央关于全面深化改革若干重大问题的决定》，则采用"社会治理"概念，强调要"加快形成科学有效的社会治理体制，确保社会既充满活力又和谐有序"，"发挥政府主导作用，鼓励和支持社会各方面参与，实现政府治理和社会自我调节、居民自治良性互动。……推进社会组织明确权责、依法自治、发挥作用。""社会治理"也比"公共治理"更多出现于国家机关、行业团体的文件中。

不过，"社会共治"或"社会治理"的主体还是"社会"，是不同于政府的企业、消费者、中介组织、行业协会等。在官方语词中，政府监管与社会共治或社会治理相结合，才大致相当于学界公认的"公共治理"。后者源于域外，是在反思国家中心主义、国家主义管理模式基础上兴起的，其强调包括政府但又不限于政府在内的多元主体管理以及相互之间的协作，以促进管理的公共性、适应性、效能性、法治性、回应性、公平性等。[2]

也许，用"公共治理"来解释和规范中国的现象，可能存在一种语境的障碍，但有一点是毋庸置疑的。在市场经济导向的改革进程中，市场（同意）和政府（科层）作为两种形成秩序、促进发展的方式，逐渐显示各有利弊。并且，政府监管不见得是解决市场失灵问题的唯一良药，反之，回归市场也不一定就是政府失灵后的唯一选择。更令人担忧的是，资本和权力又极易形成腐败的联盟。因此，主张市场、社会在公共事务中发挥治理作用的"社会共治"或"社会治理"，得到执政者的认可，与"公共治理"形成类似的立场和倾向。政府在其中扮演主导或支配角色的传统"治理"，正在发生转型。

公共治理的关键是协作，就此而言，其也可以称作协作治理或合作治理。

---

[1]《食品安全法》（2015）第3条："食品安全工作实行预防为主、风险管理、全程控制、社会共治，建立科学、严格的监督管理制度。"
[2] 参见罗豪才、宋功德：《软法亦法》，法律出版社2009年，第31-39页。亦参见本书第三章相关内容。

公共治理有两种意义上的协作：一是公共治理主体在各自行动范围内发生作用，并在效果上形成共同的合力；二是公共治理主体通过合意契约完成对特定公共事务目标的共同作用。后者是一种狭义的协作治理。前者如容许各种形态环保组织的建立，让其在环境生态领域进行有益的监督，赋予其为环境公益向污染企业或渎职政府提起诉讼的资格，从而与政府监管合力完成环境生态保护。后者如政府与企业通过契约达成特定公共服务持续供给的关系，政府以财政资金购买企业在公共事务上的服务，企业保证供给的效率、质量，政府对企业的供给进行监督并确保供给的持续性。

行政法的最初发展偏重限制与规范行政权，意图使其管辖的"王国"缩小范围，并在有限范围内承担责任，保持开放，具备理性、公正和诚信。而公共治理、协作治理的理念和设想，对行政法的进一步发展提出了更高的要求。

第一，就具体领域特定事项，行政法不仅应该考虑政府简政放权的必要性、可行性，以界定正当合适的政府权限，也要考虑政府与市场、社会互动的良性机制。这种机制的构造在细节上并不容易。例如，加强社会共治是否意味着，行政机关应当对每个举报投诉——投诉举报经常被认为是社会共治的一个重要组成[1]——都进行调查并将调查结果及时回复给举报投诉人，行政机关有没有一种裁量权可以决定对哪些案件进行调查、哪些不进行调查，从而更合理地配置使用有限的行政资源。[2]

第二，行政法应该建构和完善合理的行政协议制度。行政协议是一个宽泛的概念。由于《行政诉讼法》（2014）明确将行政协议争议纳入行政诉讼受案范围，故最高人民法院曾经将其解释为"行政机关为了实现行政管理或公共服务目标，

---

〔1〕 例如，《国务院办公厅关于推进医疗保障基金监管制度体系改革的指导意见》（（国办发〔2020〕20号），2020年6月30日发布实施）指出："畅通投诉举报渠道，规范受理、检查、处理、反馈等工作流程和机制，加强隐私保护，切实保障举报人信息安全。完善举报奖励标准，及时兑现奖励资金，促进群众和社会各方积极参与监督。"

〔2〕 在美国法语境中，行政机关通常享有非常宽泛的执法裁量权（prosecutorial discretion，也可译为"追查裁量权""追诉裁量权"）来决定在其管辖范围内选择重点关注和解决什么问题。该执法裁量权受到限制较少的理由是"行政机关经常是承担非常广泛的监管任务，却没有充足的资源，以对每一个违反监管法规的行为者实施执法行动。法院也就经常裁判认定行政机关应该有权自己根据其专业判断来决定什么样的执法行动是对行政资源的最佳利用。进而，如同刑事检察官一样，或许存在一些违法行为，行政机关认为最好是不予处置。因为，这些违法行为是极其轻微的，或者采取执法行动并不能实现相关监管法规的目标。" See Jack M. Beermann, Administrative Law, 4th edition, New York: Wolters Kluwer, 2016, p.162.

与公民、法人或者其他组织协商订立的具有行政法上权利义务内容的协议"。[1]政府与其他公共治理主体进行上述狭义的协作治理，势必需要合理的行政协议制度，以充分保护主体之间在公共治理方面的良性关系。

第三，行政法的疆域应该适度扩展。公共治理会形成不同于政府权力的新型"权力"。这些权力或来源于法律法规的规定，或来源于政府的协议委托，或来源于权力行使者与相对人的基础性合意，但有一点是共通的，即权力行使者与相对人之间存在不对等的支配关系，而且往往是长期存在的。在如此关系之中保持长久的互动，唯有合乎理性、公正、诚信、开放、灵活、应责等要求，才能使公共治理真正具备理论预设的公共性、适应性、效能性、法治性、回应性、公平性等特征。传统行政法以"法律法规授权"理论和"行政机关委托"理论实现对行政诉讼被告和法律责任归属主体的定位，却疏于关注主体间的治理关系和过程，无法将行政法规范——尤其是行政法一般原则——进行拓展适用。这个缺憾需要应公共治理之需而予弥补。[2]

第四，行政法规范体系应该更多容纳"软法"。公共治理正在生成之中，其是否能如理论预期的那样实现其效应，也需要进行试错。试错的另一个必要条件就是承认"国家—控制"法范式的不足，承认大量公共治理主体制定的、在"国家—控制"法范式下不被认为具有强制实施效力的规则——亦即"软法"——对于公共治理的重要意义。[3] 如此，方能重视软法的立改废、软法的效力、软法的适用、软法与硬法的相互作用等。公共治理所需要的软法并不都是行政法规范属性的，但公共治理必定需要具有行政法规范属性的软法。

八、风险治理、网络治理、数据治理和全球治理

公共治理、协作治理更多是以主体为切入点，在政府、市场、社会和个体之间寻找一种有助公共事务管理或服务的互补或互动模式。而风险治理、网络

---

[1] 参见《最高人民法院关于审理行政协议案件若干问题的规定》（法释〔2019〕17，2019年11月27日发布，2020年1月1日实施）。
[2] 关于传统行政法和"新行政法"在对待行政组织问题上的不同视角和侧重点，参见本书第五章第二部分。
[3] 参见罗豪才、宋功德：《公域之治的转型——对公共治理与公法互动关系的一种透视》，载《中国法学》2005年第5期，第19-20页。亦参见本书第三章相关内容。

治理、数据治理和全球治理则是在公共治理范畴之下、以治理对象或情境为关注点的分类。由于这些治理对象或情境在当代的突出特征，而有必要在此专门提及。

风险治理的对象是以危害发生的高度不确定性为显著特征的风险。现代社会是一个"风险社会"。[1] 在高度发达的现代化、工业化和信息化进程之中，来自人类技术发展、制度设计、文明冲突的风险，如基因改良生物、药品、环境灾害、有害食品、电磁辐射与核辐射、网络病毒与信息技术破坏、经济与金融危机、恐怖袭击等，都在威胁着人的生命、健康、安全以及社会秩序。由于实际发生的可能性和结果具有不可计算性，不同群体对风险以及如何控制风险的认知有着主观上的极大不同，因此，风险治理是一系列"坐在火山口的决策"组成的。它需要专业的、科学的风险评估，但又不能迷信专业和科学；它需要充分的风险交流或沟通，但又要防止交流或沟通造成更大迷惑或恐惧；它需要进行风险预防，但又要把握预防的尺寸和度，对不同风险采取不同的预防原则；它需要超越政府统治的多元主体治理，以克服单纯政府力量的不足，但又要避免治理的分散化和"有组织的不负责任"。

面对风险治理，传统行政法显得捉襟见肘。毕竟，其所欲规范的行政决定基本定位于"面向确定性的决定"。无论是针对普遍事项的行政决定（如规则制定），还是就具体问题作出的行政决定（如处罚、许可、强制），传统行政法都要求它们：有明确的事实认定、得到确凿的证据支撑、有确定的规则依据、在裁量范围内不作出通常有理智的人不可能作出的行动、为秩序的安定性提供信赖保护或合理期待甚至在手段和目的之间应该进行精确的成本-效益计算以达到合比例要求等。[2] 因此，为适应风险治理的需求，行政法除了应该完成上述由公共治理提出的变迁任务，还应该建构由风险评估、风险交流、风险管理组成的治理体系，建构可以用来对风险治理决定进行合法性/合理性评价的"新标准"。

网络治理的基本目标是在线行为的有序化，以实现网络自由与包括网络秩序在内的社会秩序的均衡。互联网开启了人类生存和生活的崭新模式。人民在线上的经济和社会交往，都不再受到空间、时间以及相知程度的局限，较之前网络时代，拥有了极大的、飞跃式的自由。各种各样的以互联网平台为核心的

---

〔1〕 参见［德］乌尔里希·贝克：《风险社会》，何博闻译，译林出版社2003年。
〔2〕 参见沈岿：《食品安全、风险治理与行政法》，北京大学出版社2018年，"序"，第9-10页。

虚拟社会组织广泛诞生、存在，大量的原子化个体找到了自己的"社会归属"，而线上的虚拟组织——经济的或者社交的——还会向线下的真实社会扩张，影响和改变真实社会的交往。[1]

与此同时，在一个开放、虚拟、跨越全球的世界中，信息可以即时产生、快速传递，而不论是真实的还是虚假的，是符合人类伦理的还是相反，也不论是出于什么目的、动机，依托什么宗教信仰、道德规范和政治派别。并且，信息的缔造者和传播者都可以隐匿地存在，不像在现实世界发表那样容易被发现，从而增加了不负责任的行动可能性。于是，网络世界在实现高度自由的同时，也必须警惕其潜在的制造混乱和伤害的风险，创造和应用适合网络特点的治理方式和技术，促成有益的网络秩序乃至社会秩序。

网络治理毫无疑问是多元主体的治理，各种虚拟网络社会有着强大的自组织能力，以及网络伦理和交往规范的创造功能。行政法需要解决的重大问题之一就是如何建立和完善政府与网络社会的合作治理。此外，电子行政会议、在线公众参与、线上听证和裁决、数据电文形式为主的行政行为、网上巡查平台、网络警察、电子证据的生成和保存、网上举报和投诉、在线纠纷解决、网络违法行为的管辖等等，这些可以提升网络治理效率的电子政务，如何由行政法提供相应的兼具保障性和约束性的规范，都是行政法新的增长点。

数据治理起源于企业对其生成和获得的数据进行提高其质量、促进其有效利用的治理；之后，它指向基于数据应用的治理。因此，数据治理既包括对数据的治理，也指向利用数据进行治理。而且，二者经常是相互交织的。政府、企业、社会组织等都需要对其产生、获取的数据进行有效管理和利用，这种需要是大数据时代的应时而为，而非任何法律所强制。政府可以利用数据提升治理水平，企业、社会组织等也可以利用数据参与到公共治理之中。但是，数据的有效管理和利用，都需要一套相适应的、由不同规范构成的制度体系，这就是对数据及其管理和利用进行的治理。没有对数据的良好治理，就不会有基于数据的良好决策，包括企业、社会组织乃至政府的各自决策，更是无法利用数据对经济、社会、环境等进行良好治理。[2]

---

[1] 参见何明升：《中国网络治理的定位及现实路径》，载《中国社会科学》2016年第7期，第112-119页。

[2] 参见沈岿：《数据治理与软法》，载《财经法学》2020年第1期，第4-6页。

数据治理对行政法至少提出了三大任务。第一，如何规范政府基于数据的治理。需要解决的问题包括：政府在什么权限范围内、在什么情境下可以采取哪些方式获取什么数据，如何在获取和利用数据过程中充分保障个人信息和数据权利、个人隐私权利、企业商业秘密以及企业的数据权利，如何利用数据促进良好决策而又不发生重大失误；等。第二，如何规范政府对市场和社会主体收集利用数据的监管。网络时代、信息时代，数据无处不在，数据收集和利用也无处不在。迄今，最重要的问题是市场、社会主体对"涉己数据"和"涉他数据"各有什么权利，在收集和利用"涉他数据"时应该遵循什么规则，相应地，政府应该如何监管使这些主体不逾界。第三，如何规范政府与非政府主体在数据治理上的合作。在当代，公共治理、合作治理的理念和实践，无论治理对象是否针对数据本身，都必定会遭遇数据介入治理方式和手段，政府与非政府主体在合作过程中如何分享数据和数据的利用，并非简单易事。

全球治理是在全球化情境下产生的。尽管全球化帷幕的最早拉开可以追溯到15世纪末、16世纪初的大航海，但是，"全球化"作为一个概念，是20世纪80年代才更多、更频繁地被用来指向经济、政治、文化、生态等领域的全球性互动。在此背景下，能源、环境、粮食和资源短缺、食品安全、难民、毒品、核扩散、国际恐怖主义、贸易保护主义、经济危机、体育兴奋剂以及深海、极地和太空开发，都不是一个主权国家可以独立应对的问题，而需要国内政府机构以及各种形态的政府间组织、非政府组织、公私混合组织甚至行使特别重要的跨国治理职能的私人规制机构的共同努力。而许多规制决策从国内层面转移到全球层面，并且，规制决策或者直接针对私主体实施，或者通过国内的执行措施来加以实施。此即所谓的全球治理。[1]

全球治理催生了"国际行政法"[2]或"全球行政法"的概念。目前，这个概念的内涵尚有争论，但是，既然许多全球行政机构（如世界银行、世界贸易组织、国际货币基金组织、世界卫生组织、国际标准化组织、国际食品法典委员会、世界反兴奋剂机构等）可以作出对私主体产生直接或间接影响力的规

---

〔1〕 关于"全球治理"理论的源起及各方代表性观点，参见俞可平：《全球治理引论》，载《马克思主义与现实》2002年第1期，第20-32页。

〔2〕 参见林泰、赵学清：《全球治理语境下的国际行政法》，载《南京社会科学》2011年第3期，第98-104页。

制决策,那么,在国内行政法中既建构又限制公共行政的关切,自然会延伸至全球行政机构身上。凡是对全球行政机构应当如何制定规则,应当如何作出具体决定,应当如何确保合法性、合理性、透明性、参与性,应当如何遵循正当程序,应当接受什么机构的审查,应当受哪些规范约束等提出要求的原则、规则和惯例,都属于全球行政法的体系。[1]

当然,全球行政法主要发生在国际层面。作为一种适应全球治理的现象,它的确值得学界认真研究并为其发展提供智力支持。只是,它对中国国内的立法、行政以及司法,却少有影响。然而,当全球治理需要借助国内行政机构的合作实施时,对国内机构如何实施合作治理提出一系列要求的规范的制定和适用,其实就是全球行政法的组成部分。"清洁发展机制"可以看作是一个典型范例。

在1997年制定的《联合国气候变化框架公约的京都议定书》之下,清洁发展机制旨在允许发达国家与发展中国家进行项目级的减排量抵消额的转让与获得,从而在发展中国家实施温室气体减排项目。中国于1998年5月签署并于2002年8月核准了该议定书。为此,2004年,国家发展和改革委员会、科学技术部、外交部联合发文制定《清洁发展机制项目运行管理暂行办法》。后加上财政部,又于2005年联合发布《清洁发展机制项目运行管理办法》,并于2011年加以修订。配套的或相关的规则还有《科学技术部关于请推荐清洁发展机制候选项目的通知》(2005)《财政部、国家税务总局关于中国清洁发展机制基金及清洁发展机制项目实施企业有关企业所得税政策问题的通知》(2007年)《中国清洁发展机制基金管理办法》(2010年发布,2017年修正)《中国清洁发展机制基金赠款项目管理办法》(2012年)等。其中,有相当部分的规则反映出法治、公正、透明、高效、负责等现代行政法对从事全球行政事务的机构的要求。[2]

---

[1] 参见[美]本尼迪克特·金斯伯里、[英]尼科·克里希、[美]理查德·斯图尔特:《全球行政法的产生(上)》、《全球行政法的产生(下)》,范云鹏译,分别载《环球法律评论》2008年第5期,第117-128页;第6期,第115-128页;[英]卡罗尔·哈洛:《全球行政法:原则与价值的追问》,徐霄飞译,载《清华法治论衡》2011年第1期,第58-93页。

[2] 例如,《清洁发展机制项目运行管理办法》(2011)第3条规定:"在中国开展清洁发展机制项目应符合中国的法律法规,符合《公约》、《议定书》及缔约方会议的有关决定,符合中国可持续发展战略、政策,以及国民经济和社会发展的总体要求。",第5条规定:"清洁发展机制项目的实施应保证透明、高效,明确各项目参与方的责任与义务。"

九、结语：任重道远、路阻且长

中国在过去的四十余年发生了举世瞩目的巨大变化。在巨变的背后，注定是数不清的多元、交错和复杂的动力，要对此详加描述和解释是极其困难的。然而，可以肯定一点的是，政府放手让市场和社会释放出更大的活力，是其中最为重要的动力之一。若没有市场和社会的开放、解锁，若没有蕴藏在市场和社会之中的无数力量得到发挥作用的空间，中国的重新崛起是不可想象的。而在推动政府负责任地、可信赖地退出方面，行政法及其不间断的发展，虽然不是唯一但绝对是举足轻重的动因。

然而，如同一艘巨轮掉头激起千层浪一样，中国也面临一系列严峻的危机和挑战。发展的不平衡、不协调、不可持续性长期存在，高能耗产业比重过重，现代化农业基础薄弱，科技创新能力落后，资源紧张、环境恶化，城乡区域发展差距以及人民收入差距悬殊，教育、医疗、住房、就业、社会保障、食品药品安全等民生领域的问题丛生，道德失范、诚信缺失、浮夸自欺现象严重，利益阶层的分化、利益的多样化也带来频繁发生的社会矛盾和冲突，而国际环境也在一个大国崛起的过程中冒出许多不利因素。

这些危机和挑战，正在考验一个治理能力有待提升的执政体系。其实，历史地看，"治理能力的提升"是一个没有终结的使命。人类在时间轴上向未来不可知的行进，总是在一个前方透着光亮的黑暗隧道里摸索，不可预见的困难和障碍会不断地冒出，而每一个新问题都有可能对治理体系和能力提出新的要求。不过，尽管治理体系和能力的局限是必然的，但迄今为止，责任、有限、开放、理性、公正、诚信、廉洁、效能等，被认为是现代治理体系中政府应有的品质，公共治理、协作治理也被认为是比单纯政府统治更好的选择，这些都有助于缓解治理局限以及可能的治理危机。由于中国在打造政府上述应有品质、建构和完善公共治理体系方面还有许多不足，因此，行政法在规范和重塑公共行政，促进治理转型，使它们既应责又有效率上，可谓任重道远、路阻且长。

灯塔 /Light House　　　　　　　　　　　　　　　　　　02/24/2021

> 真理是在知识里，但我们只有在反省时，不是在走来走去时，才能认识真理。
>
> ——黑格尔

第五章　行政法中的监控者与管理者

本章提出的"监控者"与"管理者"概念，其实是如透视棱镜一般的观察工具，旨在藉此穿过现代行政法（学）绚丽纷繁的表象，直视其背后的两种各有侧重的立场和方法。当然，用这两个与职场角色有意义关联的名词，喻指行政法学方法论，可能存在失准的风险。不过，正是由于它们同经验现实的勾连，其就有了较为显著的、容易为常人所联想的寓意。这不仅有助于对学说上深奥晦涩的方法论进行顾名思义的提示，有助于在此提示之下进行更为细致入微的论证，也有助于学术交流与传播的效率。经验世界中，监控者存在的价值和意义是让被监控对象做事符合规矩，而管理者责在高效地做好其担负的管理事项、解决管理所面临的各种问题。所以，二者的定位、任务和关注点是不同的。只是，当管理者成为被监控对象的时候，监控者与管理者就会出现较为复杂的关系。

第一，二者有着确定的、不能变动的基本使命及其特殊性，否则，将失去各自的独立价值。尤其是，监控者不应替代管理者的思考与行动，不应让管理者的关切支配监控者应有的关切。在许多时候，支持二者分立的理由之一是那些耳熟能详的谚语："一个人不能既当裁判员又当运动员"，或者，"任何人不能做自己案件的法官"。第二，在一个有着共同命运的系统中，监控者也不可能完全无视管理者的绩效目标和面临的问题。因为，这些目标和问题实际上是监控者、管理者共处的系统所要应对的。为管理者制定规矩的监控者，必定会考虑并设定系统的目标、指示实现目标的手段等，由管理者负责执行实施；常规地督察管理者是否服从规矩的监控者，也必定会关切或担忧，监控是否会阻碍系统目标的实现，或者是否会阻碍系统多个有内在张力的目标得以均衡实现。

这些对现实世界中的"监控者""管理者"的经验所得，虽然是粗略的、简显的,但足以暗示其特别用来作为行政法学方法论指称的意义。本章之后的讨论,也将围绕着"监控者"和"管理者"角色的各自特点和类似复杂关系,探讨两种方法的分离和沟通,并最终回答二者是否可能在行政法学体系中得到统合以及——如果有统合的话——在什么意义上统合的问题。然而,此处所论的行政法学立场和方法,并不见得鲜明而又完整地体现在某个或某些理论研究者、实务行动者和制度设计者那里。它们可能是相对独立的,可又经常是并存、交织而混杂的,它们的表现形式也可能是散乱的、不成体系的。因此,有必要指明,本章是在整理和建构两个作为理想类型的方法论模式。[1]

一、新行政法及其两种进路

世界范围内,关于行政法学方法论和体系的研讨,由来已久。早在德国开创行政法的法学化、摆脱行政学和国家学桎梏的时代,就已经存在。以奥托·迈耶为首缔造的现代行政法学体系,影响超越国界、至深至远。[2] 而不同国家的行政法学虽然互有影响,却同时保留较强的本土特色,方法论和体系的研究也不例外。因此,本章无意也不可能彻底追溯行政法学方法论和体系建构的历史,只是在此进行一次时代和国别的区隔,以展现我国当前新一轮行政法学方法论和体系讨论之重要动因——"新行政法"研究的兴起与发展。[3]

1. 新行政法的聚焦维度

在过去的半个多世纪,公共行政在欧美国家发生剧烈变动,呈现出行政任务多元化、行政活动和手段多样化、行政边界相对化、行政环境全球化和网络化、行政地位支配化等现象,这些在有着不同公共行政演进历史的我国也有或多或少的反映。"新行政法"的概念化,主要就是缘于公共行政的变迁及相应法规

---

〔1〕 关于理想类型的建构,马克斯·韦伯指出是"通过单方面地突出一个或更多的观点,通过综合许多弥漫的、无联系的,或多或少存在、偶尔又不存在的具体的个别的现象而成的,这些现象根据那些被单方面地强调的观点而被整理成一个统一的分析结构中。"参见〔德〕马克斯·韦伯:《社会科学方法论》,朱红文等译,中国人民大学出版社1992年,第85页。

〔2〕 参见〔日〕铃木义男等:《行政法学方法论之变迁》,陈汝德等译,中国政法大学出版社2004年,第14-18页。

〔3〕 本章着重关注我国学者对"新行政法"的研讨,但并不意味着研讨是完全基于对本土经验的观察。

范的发展,这已成为普遍共识。但是,"新行政法"究竟"新"在何处?换言之,其与传统行政法或"旧行政法"相比,有什么不同?在此问题上,学者群却无完全一致意见。[1] 在整理仁智所见之前,有必要就新行政法的聚焦维度做一点说明。

关于"新行政法"的探讨,终极目标是在"一般行政法"或"行政法总论"层面上进行的。在学理传统上,通常将行政法分为"一般行政法"(或"行政法总论")和"部门行政法"(或"特别行政法""行政法分论")。前者指向跨越公共行政部门或领域的、对公共行政有共性要求的一般法规范之集合,后者则指向与特定具体的公共行政部门或领域相关的、对该部门或领域之行政既有一般共性要求又提出特殊要求的法规范之集合。部门行政法往往更新甚快,尤其是在特定公共行政部门或领域面临重大转型时。[2] 设若"新行政法"概念旨在讨论各个部门行政法层面上的变化,显然将飘忽不定而难收学术范畴之应有价值。

然而,这绝不意味着,"新行政法"的探索远离部门行政法。一般行政法与部门行政法有着天然联系,具有共性的一般行政法规范之要求,脱胎于对部门法规范的观察、提炼和超越。因此,部门行政法的新近发展,特别是可能动摇一般行政法的规范构成、基本原理、适用范围、体系以及方法论等的,往往是"新行政法"研究的出发点、切入点。[3] 更何况,在相对意义上,"宏观"的一般行政法与"微观"的部门行政法(如公安、工商、金融、食品、药品等众多领域)之间,存在一种"中观"的跨部门行政法。其可能尚未达到一般行政法的抽象和普遍程度,但也并非仅限于某个行政部门或领域,如社会行政法、[4]

---

[1] 不同见解较为集中的展现,参见罗豪才、王锡锌等:《"新概念行政法"研讨》,载姜明安主编:《行政法论丛》(第11卷),法律出版社2008年,第14-53页。

[2] 例如,与食品安全监管有关的行政法规范体系变化频繁,仅全国人大常委会通过的食品安全基本法律层面就有《食品卫生法(试行)》(1982,失效)、《食品卫生法》(1995,失效)、《食品安全法》(2009)、《食品安全法》(2015修订)的变迁。

[3] 例见章志远:《民营化、规制改革与新行政法的兴起——从公交民营化的受挫切入》,载《中国法学》2009年第2期,第22-35页;于立深:《概念法学和政府管制背景下的新行政法》,载《法学家》2009年第3期,第55-66页。

[4] 参见于安:《论我国社会行政法的构建》,载《法学杂志》2007年第3期,第56-59页;张淑芳:《社会行政法的范畴及规制模式研究》,载《中国法学》2009年第6期,第41-54页。

风险行政法、[1]全球行政法[2]等。"中观"的跨部门行政法往往对具有一定共性的公共行政予以关注，发现和研究较大范围内普遍存在的法规范需求，从而更有可能对一般行政法产生反省、检验和促进之效。[3]

2. 传统行政法及其特点

"新旧"行政法的比较必须建立在对传统行政法特点的认知基础上。在我国传统上，一般行政法的主干由行政法基本原则、行政组织法、行政行为法、行政监督与救济法构成。其大致特点如下：

（1）行政法基本原则以法治国家、依法行政为核心展开，主要先有合法性原则、合理性原则，而后渐有法律保留原则、法律优先原则、比例原则、信赖保护原则、合法预期（正当期待）原则、正当程序原则等。这些原则或是移植继受域外、为规范我国行政而来，或是基于本土制定法（制定法本身也可能受移植理论的影响）的提炼。虽然逻辑严密的基本原则体系的共识或通论尚未形成，但以上所列为经常见诸学者笔端且影响司法实务的。

（2）行政组织法是关于公共行政组织的法规范之集合。这些规范或集中载于专门的组织法，如《国务院组织法》《地方各级人民代表大会和地方各级人民政府组织法》《公务员法》，或散见于有关各行政部门或领域的立法乃至规范性文件之中，如《银行法》对中国人民银行的规定、《证券法》对证券监督管理机构的规定等，不胜枚举。作为一般行政法组成部分的行政组织法，并未聚焦零散的公共行政组织性规范，而是以"行政主体"概念为核心，以在林林总总的行政组织形式之中定位责任主体为旨向，对行政组织进行"行政机关""被授权组织""受委托组织"的类型划分，附带梳理公务员、行政助手

---

[1] 参见金自宁：《风险行政法研究的前提问题》，载《华东政法大学学报》2014年第1期，第4-12页；沈岿主编：《风险规制与行政法新发展》，法律出版社2013年。
[2] 参见［美］本尼迪克特·金斯伯里、［英］尼科·克里希、［美］理查德·斯图尔特：《全球行政法的产生（上）》、《全球行政法的产生（下）》，范云鹏译，分别载《环球法律评论》2008年第5期，第117-128页；第6期，第115-128页；［英］卡罗尔·哈洛：《全球行政法：原则与价值的追问》，徐霄飞译，载《清华法治论衡》2011年第1期，第58-93页；于安：《全球行政法的进路——基于两篇经典文献的诠释》，载《行政法学研究》2015年第6期，第3-9页。
[3] 宋华琳教授称相近部门行政法的横向比较研究，可以抽取"中度抽象水准"的论题。参见宋华琳：《部门行政法与行政法总论的改革——以药品行政领域为例》，载《当代法学》2010年第2期，第59页。

与这些组织的法律关系。

（3）行政行为法是关于公共行政组织所作行政行为的法规范之集合。由于行政行为形式多样，一般的行政行为法为总结抽象共性，对行政行为进行类型化处理，并分别结合各类行为于法律效果上的特性，形成可普遍适用的原理和规范要求。行政行为的类型论、构成/成立要件论、合法要件论、效力论、错误和瑕疵/违法论、撤销废止论、附款论等，也都是为同样目的展开的一般原理，成为行政行为法的重要内容。我国行政法上的行政行为概念，其内涵和外延远超德国法、日本法上定位于法律行为的"行政行为"。[1] 新《行政诉讼法》将行政组织可能被诉的行为尽收"行政行为"囊中，[2] 似乎进一步固化了广义行政行为在我国的存在。当然，广义行政行为概念之存在，与移植继受取得的行政行为效力论、错误和瑕疵/违法论、撤销废止论、附款论等，在我国传统上有严重的错位谬误。因为，这些原理在德国主要因出于规范作为法律行为的行政行为的需要而产生。[3] 另外，行政行为法既有实体法规范，也有程序法规范，故与民事法和刑事法领域完全不同、具有独特重要之价值的行政程序法，也可以在逻辑上归入一般的行政行为法，并与各类行政行为相勾连。

（4）行政监督和救济法是关于对公共行政实施监督并对其合法或不法侵害的正当权益予以救济的法规范之集合。在传统上，其与行政行为法并列为一般行政法的两大核心。由不同主体基于不尽一致的理论和原理展开的监督，如立法机关的监督、行政系统内部的监督（上下级一般监督、纪律监察、审计、行政复议等）、司法机关的监督（通过行政诉讼的法院和检察院监督），皆有一系列法规范予以设置和完善，包括监督主体、程序、手段、标准、效力等方面。其中，较为令人瞩目的是《行政复议法》《行政诉讼法》。往往与监督法规范交织在一起但又有其独立意义的，则是对行政侵益造成损害的救济法规范，如

---

[1] 参见应松年主编：《行政行为法》，人民出版社1993年；马生安：《行政行为研究》，山东人民出版社2008年；叶必丰：《行政行为原理》，商务印书馆2014年。关于德国法上"行政行为"归属法律行为的专门论述，参见赵宏：《法治国下的目的性创设——德国行政行为理论与制度实践研究》，法律出版社2012年，第98-99页。

[2] 《行政诉讼法》（2014）第2条第1款规定，"公民、法人或者其他组织认为行政机关和行政机关工作人员的行政行为侵犯其合法权益，有权依照本法向人民法院提起诉讼。"

[3] 参见赵宏：《法治国下的目的性创设——德国行政行为理论与制度实践研究》，法律出版社2012年，第七章至第十二章。

《国家赔偿法》中的行政赔偿规范、散落于一些专门立法（如《土地管理法》、《国有土地上房屋征收与补偿条例》）的行政补偿规范。

3. 新行政法的两个进路

那么，究竟公共行政的剧烈变动直接或间接对具备以上特点之一般行政法，已经或将要形成怎样的影响或挑战呢？综观既有的研究，学者的观点各异，但大体上可分为两种进路，可分别贴上标签为"内生增长论"和"结构转换论"。前者虽然认为一般行政法正在面临巨大挑战，需要进行较大程度的改变，但新行政法基本可以在传统框架和结构内寻求增长和变革；后者则强调传统行政法结构已很难适应新公共行政以及相应法规范的需求和变化，新行政法的适应能力和前景寄托于实现结构层面上的转换。进路对应的是观点而非学者，因为在同一个学者身上，针对不同议题，可能同时混杂着两种进路。以下主要结合传统行政法的基本框架，来展开新行政法两种进路的范例观点。

（1）关于行政法基本原则

如前所述，在我国，行政法基本原则理论依时间进展而有不断丰富，但对具体原则的开发、探索，基本没有脱离传统上对"作为结果的行政行为"与既定规范的一致性进行评价的法治主义。例如，姜明安教授曾经撰文提出，传统行政法基本原则是形式法治，为应对新世纪的发展，应当以合理性原则补充合法性原则、以比例原则、信赖保护原则补充依法行政原则、放弃或限制"主权豁免"原则以及以程序法治（正当程序权利）补充实体法治，从而实现由形式法治到实质法治的变迁。[1] 虽然该文尚未明确提出"新行政法"概念，却也是基于新的公共行政变迁而对应讨论行政法的未来发展。此外，戚建刚教授针对风险规制的兴起，提出行政法基本原则还应植入预防原则和应急原则，以回应风险规制与常态管理交融的现实需要，但其仍然是在完善行政活动的合法性评价框架。[2] 此类未摆脱原有框架的观点可归入"内生增长论"。

与之不同，同样是强调从形式法治向实质法治的转变，部分论者已经注意

---

[1] 参见姜明安：《新世纪行政法发展的走向》，载《中国法学》2002年第1期，第65-68页。
[2] 参见戚建刚：《风险规制的兴起与行政法的新发展》，载《当代法学》2014年第6期，第7-8页。

行政法基本原则需要在构成上进行新的奠基和打造。例如，王锡锌教授认为，合法性分析和合理性分析其实都是形式合法性原则，而对"行政活动结果的实质合法性分析，本质上是政治过程分析而不是法律分析，需要分析行政体制的结构、行政活动的程序、利益的均衡代表、利益竞争和沟通的平台、行政结果选择的理性论证等"，为此应当引进公平行政原则、开放和包容性原则、理性行政原则以及行政民主性原则。[1] 这一创新行政法基本原则之路径，已经超越行政结果合法性框架，将过去被严重忽略的现代行政重要过程——规则、政策和重大决策的制定——的"政治性"放到高亮的位置，提出与之匹配的原则。

基于对行政过程政治性的关注而引入的原则偏重于程序、过程，而朱新力教授等则仍然把视点放在行政结果上，只是在传统合法性之外，提出"最佳性"视角，即"面对纷繁复杂的行政事务，政府如何设计最佳的治理结构（包括组织、人员、手段、程序等）实现政策目标。"在此基础上，这一学说主张行政法基本原则体系引进行政效能原则，该原则具体包括行政活动应当遵循成本—效益分析、行政组织、手段和程序应当与行政目的和任务相匹配、行政行为应当具有可接受性等内涵。[2] 以上试图超越传统行政法基本原则定位的努力，本章将其归入"结构转换论"。

（2）关于行政组织法

在"内生增长论"的视野中，公共行政有社会组织和私人的参与，带来的是行政权行使主体的变化。行政组织法的任务就是改变对政府的聚焦和集中，转而"确定何时和如何将法律的要求拓展至履行公共职能的私人主体"。[3] 这种关注点的转移，可以通过继续在传统行政法的行政组织类型学——行政职能的"授权"和"委托"——维度上延伸发展来完成，如"通过法律、法规、

---

[1] 参见王锡锌：《行政正当性需求的回归——中国新行政法概念的提出、逻辑与制度框架》，载《清华法学》2009年第2期，第112页。类似地，江利红教授在介绍日本行政法的"行政过程论"时，也提到传统形式法治主义只关注作为结果的行政行为的合法性，而轻忽作为整体的行政过程的适当性，故依法行政原则的实质化应该包括行为的合法性与过程的合法性。不过，其未具体展开"过程合法性"的基本原则。参见江利红：《以行政过程为中心重构行政法学理论体系》，载《法学》2012年第3期，第59页。

[2] 参见朱新力、唐明良等：《行政法基础理论改革的基本图谱："合法性"与"最佳性"二维结构的展开路径》，法律出版社2013年，第7页，第54-55页。

[3] 参见敖双红：《后现代语境下的行政管理改革与行政法》，载《国家行政学院学报》2007年第5期，第58页。

规章授权非行政机关的组织行使国家行政职权""行政机关委托非行政机关的组织行使国家行政职权""社会公共组织根据内部章程行使公共权力"。[1]类似地,将行政主体概念扩展包括国家行政主体和社会公行政主体,其中,社会公行政主体等同于非政府公共组织,有授权性和自治性两类构成。[2]如此延伸隐含的目的是传统的,即确定行政法调整的公共行政权力组织类型和范围,也就是确定哪些组织应该担纲行政法上的权力、职责和责任。

与"内生增长论"不同,"结构转换论"认为行政组织法的使命不再是框定作为行政法主体、承担行政法责任的组织及其类型,而是把所有完成行政任务的组织都纳入其关注的视野,无论任务的具体展开主要是适用私法规范还是行政法规范。这一功能主义定位的行政组织法研究,可以考虑新的行政组织类型学,如胡敏洁关于"承担行政任务的行政机关、私法形式的组织、承担行政任务的私人、承担行政任务的公营造物"的梳理;[3]更可以考虑"公共行政组织的形态与行政任务、政策目标的匹配、公共行政组织的效能等"。[4]其隐含目的不是确定哪些组织属于行政法调控范围之内,而是研究可以独自或合作完成公共行政任务的组织形态以及与行政效能有关的行政组织其他问题。

(3)关于行政行为法

传统行政行为法对行政行为的类型化处理,主要是出于控制、规范的目的,以行为法律效力(对个人或组织权利义务的影响力)为关注焦点,针对不同类型行为的性质和特点,提出既有共性又有差异的实体与程序要求。"内生增长论"基本延续这一思路。在我国,由于"行政行为"概念产生伊始即获得了广义空间,所以,虽然行政行为法的未来发展需要解决前文提及的严重的错位谬误,但是,其本身先天性地具有广阔的包容性。"内生增长论"承认行政目标、任务多元化以及随之而来的行政活动、手段多样化,只是更多地将新的行政活动、手段纳入传统的行政行为法体系之中,在描述这些新的行政活动、手段的特性

---

[1] 参见姜明安:《新世纪行政法发展的走向》,载《中国法学》2002年第1期,第63-65页。

[2] 参见石佑启:《论公共行政与行政法学范式转换》,北京大学出版社2003年,第177页。

[3] 参见胡敏洁:《给付行政与行政组织法的变革——立足于行政任务多元化的观察》,载《浙江学刊》2007年第2期,第23-25页。

[4] 参见朱新力、唐明良等:《行政法基础理论改革的基本图谱:"合法性"与"最佳性"二维结构的展开路径》,法律出版社2013年,第73-82页。

与作用同时,概括其服务、指导、合作性质,从而区别于以往行政行为法对管理、强制的强调。[1]

与之不同,属于"结构转换论"阵营的观点认为"传统行为形式理论对行政实体政策面向关注不足,不能告诉我们什么是一个好的政策",故其主张引进规制工具及其选择理论。[2] 因为,源于西方经济学的规制理论,并不着眼于规制形式的法律效力,而是关心其实现规制政策目标的效用和过程,其对规制形式的分类往往源于实践中行之有效的规制措施,如标准制定、信息规制、事前批准(许可)、价格控制、公共特许分配、资源配置、私的规制、国有化等。西方公法学者对规制的研究也是出于类似目标、因循类似思路。[3]

(4)关于行政监督和救济法

在多数新行政法论者的著述中,对于行政监督和救济法基本未予关注。即便是认为其需要回应公共行政变迁的,也似乎未在结构性转变意义上予以阐述。例如,石佑启教授主张,将救济范围扩大至非政府公共组织的公权力行为、抽象行政行为和内部行政行为,并将审查标准从侧重于"合法"到"合法"与"合理"并用。[4] 这基本是在原有框架内的拓展。又如,金自宁教授提出,风险行政法领域,司法审查范围的扩大、司法审查规范标准的发展是不可避免的,尤其是,风险规制往往是一种基于不确定性信息、基于对未来预测的决策,传统的对行政行为合法性证成起关键作用的举证责任之适用,也存在疑问。[5] 这个观点也没有对司法审查的结构提出崭新转变的设想。这些都可归入"内生增长论"。

对行政监督和救济法部分提出较为显著改造观点的,当属朱新力教授等的"合法性+最佳性论"。该学说将注意力落在国家责任体系(责任体系是行政

---

[1] 参见姜明安:《新世纪行政法发展的走向》,载《中国法学》2002年第1期,第68-70页;石佑启:《论公共行政与行政法学范式转换》,北京大学出版社2003年,第203-222页。

[2] 参见朱新力、唐明良等:《行政法基础理论改革的基本图谱:"合法性"与"最佳性"二维结构的展开路径》,法律出版社2013年,第91-102页。

[3] 例见[英]奥格斯:《规制:法律形式与经济学理论》,骆梅英译,中国人民大学出版社2008年;[美]布雷耶:《规制及其改革》,李洪雷等译,北京大学出版社2008年。奥格斯在其书英文版序中提到:"本书的目标,正是在于分析和解释各种规制形式并评估它们达成公共目标的能力和过程。"

[4] 参见石佑启:《论公共行政与行政法学范式转换》,北京大学出版社2003年,第230-241页。

[5] 参见金自宁:《风险行政法研究的前提问题》,载《华东政法大学学报》2014年第1期,第5页。

监督和救济法部分在实体法维度上的核心），指出传统行政法的国家责任以负面的消极评价责任（过错原则）和追究责任（赔偿或补偿）为主，其很难适应以"有组织地不负责任"为特点的风险社会的到来。为此，该学说主张，国家责任体系需要朝国家积极承担风险保障责任方向实现转型。[1] 然而，且不论风险保障责任是否已经成为国家责任体系革新的基本方向，单就其观点本身而言，它们尚未展现出国家风险保障责任与传统国家责任体系在逻辑上的必然断裂，换言之，其并没有阐明风险保障责任是不可能在既有国家责任体系的延长线上获得一席之地的。故本书仍将其视为"内生增长论"的范例。

以上对新行政法诸论之综述难免挂一漏万，可对待新行政法的两种进路，在艰难的爬梳之中还是比较清晰可鉴的。接下来的问题在于：两种进路是如何形成的？"内生增长"是在什么起点和延伸轨迹上进行的？"结构转换"又是企图实现怎样的起点和轨迹的变革？当下行政法学体系转型的议论与它们是如何存在关联的？体系转型又将在什么意义上展开和完成？

二、若隐若现的角色：监控者和管理者

在新行政法的"内生增长论"和"结构转换论"进路之背后，潜藏着两个隐约可见的角色：监控者和管理者。前者以监控公共行政、使公共行政合于法律统治为主旨，而后者则关切公共行政所面对的管理任务（此处为广义的含秩序维护、福利促进、公共服务等在内的管理）、以行政目标的实现为导向。这两个角色或有交织重叠，但因其旨趣之不同，而在诸多方面的偏重上有所差异。

在我国和域外行政法的成长历程之中，监控者和管理者的立场和方法一直存在着，只是在不同国家和/或不同历史阶段有其各自特殊的面貌体现，在行政法学研究中的重要性也有起降沉浮。为更好地理解新行政法的两个进路，更好地应对新行政法提出的行政法学体系转型之任务，有必要将这两个角色作为理想类型予以整理和提炼，以使其各自的侧重特点更加清晰地展现出来，进一步可以研究二者在行政法学体系中进行统合的可能性与不可能性。由于篇幅关

---

[1] 参见朱新力、唐明良等：《行政法基础理论改革的基本图谱："合法性"与"最佳性"二维结构的展开路径》，法律出版社2013年，第137-159页。

系，以下讨论限于国内行政法语境，而暂时放弃对国际、跨国、全球行政法的关切，尽管后者是全球化背景之下行政法学体系的重要组成部分。

1. 监控者：传统行政法的内在主角

前文已揭，"传统行政法"系指20世纪80年代中后期渐趋成型的一般行政法/行政法总论体系。在其之前，无论是民国时期的行政法学，还是1949年以后至80年代以前我国的行政法学，都不在本章应用这个范畴的指涉范围之内。该传统有着两个非常重要的彼此交织的渊源：一是大陆法系现代行政法的知识渊源；一是1989年制定、1990年开始实施的《行政诉讼法》的实践渊源。

20世纪80年代中后期，急于走出苏联"国家法"阴影的中国行政法学者，在纷纷介绍法国、英国、美国、日本等国行政法的同时，逐渐形成了对一般行政法/行政法总论框架的基本共识，且抹上了较为浓厚的大陆法系行政法色彩。尤其是，被公认为中国当代行政法学巨擘的王名扬，在研究域外行政法的同时，参与编写了高等学校法学专业统编行政法教材——《行政法概要》[1]——的第七章"行政行为"，这个"在当时看来不起眼的一章却发展出了以后我国行政法学教材最重要的部分"。[2] 其中，关于事实行为和法律行为、抽象行为和具体行为的分类，关于行政措施内容分为命令、许可和免除、赋予和剥夺、认可和拒绝、代理、确认、证明、通知、受理、指示等各项的描绘，关于行政措施的效力要件、效力发生时间和包括拘束力、确定力和执行力在内的效力内容的论述，都烙有典型的大陆法系行政法总论的印记。

1989年《行政诉讼法》的通过，是中国行政法/行政法学发展史上的一个重大事件。在此前后，行政诉讼法的教学和研究受到普遍重视。由是，在很短的时间内，第二本高等院校统编教材——《行政法学》[3]——正式将行政诉讼制度专门作为一章写入其中。而且，该教材也不再针对不同的国家管理领域设置分论，而是对行政行为进行类型化处理，"这种变化可以说是受前一本统编教材中王名扬'行政行为'一章影响的产物"。[4] 在"行政行为"和"行

---

[1] 参见王珉灿主编：《行政法概要》，法律出版社1983年。
[2] 参见姜明安主编：《公法理论研究与公法教学》，北京大学出版社2009年，第501-502页。
[3] 参见罗豪才主编：《行政法学》，中国政法大学出版社1989年。
[4] 参见姜明安主编，《公法理论研究与公法教学》，北京大学出版社2009年，第503页。

政诉讼"两个核心概念的引领之下，这一教材已经具备"传统行政法"的雏形。此后的中国行政法总论体系，在不同学者笔下有着不少的差异，且经历了四分之一个世纪的演进和发展，但仍然在相当程度上继受了第二本教材的衣钵。

中国当代行政法学形成初期的移植和本土再造，给后学者留下形式上容易学习、继承和发展的体系，却不无遗憾地隐藏了形式背后的立场和方法。《行政诉讼法》作为一部对行政进行司法审查的法，其在本土的生成以及对行政法学改造的影响，肯定无疑地加强了行政法总论体系框架和内容背后的"监控者"角色。而被移植的大陆法系行政法知识渊源，在漂洋过海施加影响的过程中，很难让受影响者从一开始即关注其为何出生。但是，当域内外既有共性又有差异性的公共行政变迁引致新行政法，进而引发行政法学体系转型思考的时候，对中国传统行政法影响因子的来龙去脉进行考察，也就成了自然之事。

大陆法系行政法源起于法国，但德国行政法先驱奥托·迈耶在吸收法国行政法知识和经验基础上，创造了其影响力超越德国、波及法国、日本和中国等许多国家的行政法总论体系。[1] 而奥托·迈耶的目标就在于克服极权国家或警察国家的弊端和建立法治国家。[2] 为此，奥托·迈耶将"依法律行政"注入行政法，强调行政的合法律性、可控性以及司法对行政合法性的控制和检验；其选定行政行为作为基础概念，关注行政行为的形式化及其可预测性与可计算性，仍旧是希望藉由法的形式理性限制国家权力；而与形式法治主义相随的法教义学／法释义学，在奥托·迈耶处也表现为以行政行为为核心的"行政方式法释义学"，使行政法最终发展为"行为方式——权利救济"的固定模式。[3] 因此，对中国"传统行政法"具有型塑作用的大陆行政法知识渊源，内在地就是奠基于监控者（尤其是法官）的立场和方法。

必须指出，无论是理论上，还是经验上，监控者角色的属性存在多种可能。然而，驯化国家行政权的监控目的，与行政法生成初期其他共时存在的历史要素偶然结合，形成了绵延至今仍然影响我国一般行政法体系的监控者立场和方

---

〔1〕 参见陈新民：《德国行政法学的先驱者——谈德国19世纪行政法学的发展》，载《行政法学研究》1998年第1期，第37-39页。

〔2〕 参见［德］何意志：《德国现代行政法学奠基人奥托·迈耶和行政法学的发展（代中文版序）》，载［德］奥托·迈耶：《德国行政法》，刘飞译，商务印书馆2002年，第1页。

〔3〕 参见赵宏：《行政法学的体系化建构与均衡》，载《法学家》2013年第5期，第41-47页。

法。具体而言，它主要有以下特性：

（1）行政法目的在于驯化、监视和控制行政权，保护个人在宪法上的基本权利，[1] 即便这种控制不是消极意义上的限制政府于最小；

（2）依循法治原则，以代议机关的"立法"为行政权的行使设定驯化规矩，行政权由此纳入"合法/违法"的二元符码约束体系之下，而这是法律系统有别于政治、宗教、道德系统的独有的符码体系，[2] 行政法得以具备独立于其他学科的存在价值；

（3）以尽可能中立公正的监督机制——特别是（但不限于）司法审查——保证代议机关的立法得到行政组织的遵守，确认合法、纠正违法；[3]

（4）行政组织与私人类似的活动，已受私法约束，而行政具有强制公权力性质的活动，才是属于公法范畴的行政法规训的范围，此乃法治背景下行政法之所以兴起的原因，[4] 西方古老的公法、私法二元划分理论才得以适用于此、重新焕发活力；

（5）纷繁复杂的行政组织、行政行为的相关规范和制度以及从中可提炼的行政法基本原则，在一般行政法/行政法总论体系中，均受到一种监控者眼光的搜罗和整理，尤其隐含着对法院和其他监督机制审查判断行政合法/违法的关切；[5]

（6）行政法上的行政致害救济责任也纳入"合法/违法"二元符码体

---

[1] 先于奥托·迈耶且对其完成现代行政法总论的奠基产生影响的德国行政法学者之一格贝尔"为行政法传授了决定性视角，因为他'不把法律理解为国家进行社会塑造功能的技术手段，而是把它理解为对民法中的个人自由空间进行界定，对公法中的国家权力进行驯化。'"而另一位先驱萨韦强调"真正的"行政法是和个人权利保护联系在一起的。参见［德］米歇尔·施托莱斯：《德国公法史（1800-1914）》，雷勇译，法律出版社2007年，第532页、第537-538页。

[2] 参见赵宏：《行政法学的体系化建构与均衡》，载《法学家》2013年第5期，第43页。

[3] "议会立法者授权行政进行活动，行政活动的合法性，即行政是否在议会立法的范围内行为，复又受到法院的审查。在此意义上，行政法从根本而言是由议会立法、行政活动和法院审查构成的'控权法'制度。"参见［德］何意志：《德国现代行政法学奠基人奥托·迈耶和行政法学的发展（代中文版序）》，载［德］奥托·迈耶：《德国行政法》，刘飞译，商务印书馆2002年，第8页。

[4] 参见［德］奥托·迈耶：《德国行政法》，刘飞译，商务印书馆2002年，第119-125页。

[5] "法治国的模范形象要求行政法中的概念要尽可能清晰明确，并在司法上能进行审查。"参见［德］米歇尔·施托莱斯：《德国公法史（1800-1914）》，雷勇译，法律出版社2007年，第557页。

系之中，对应产生赔偿/补偿的"法律责任"体系，而行政的"政治责任"，即原则上向人民负责，因为同以法官为蓝本的、以形式法治要求的"合法/非法"判断为任务的监控者无涉，而在行政法上的行政责任体系中缺席；〔1〕

（7）将行政法学作为一门独立法律学科的使命，使其从民法学中汲取营养，并与行政法驯化行政权的监控目的相结合，形成了注重形式逻辑和理性、强调整体化和体系化、主张通过法律论证和逻辑涵摄将价值予以法律化的法解释学/法教义学的方法；〔2〕

（8）行政法追求以行政合乎立法为核心的形式法治，以法治的确定性、稳定性、可预期性等形式理性要求，约束行政。由此，一般行政法/行政法总论体系基本上对具体行政目标和任务的实现不予关注，〔3〕其内含假定，合乎立法即可实现立法者要求行政完成的任务、实现立法者预定的目标。

以上可知，传统行政法学的体系和方法，既非无目的的随意性产物，也非单一历史要素所决定，但其最终的形成无疑是以驯化和监控行政以使其合法为核心宗旨和依归的，这一主线可以将传统行政法学的诸多其他特点串接在一起。

2. 管理者：被主流传统排挤的角色

与监控者角色不同，管理者的着眼点是如何高效实现行政任务和目标。虽然在自由民主的法治国家原则之下，行政任务和目标可以被认为是代议立法确定的，有效率地履职、完成任务，也是属于广义的"合法"，但是，立法对政府及其部门的总体目标往往是抽象的、原则的规定。〔4〕行政作为立法授权的

---

〔1〕 关于政治责任和法律责任的区别，参见张贤明：《政治责任与法律责任的比较分析》，《政治学研究》2000年第1期，第13-21页。

〔2〕 参见赵宏：《行政法学的体系化建构与均衡》，载《法学家》2013年第5期，第45-47页。

〔3〕 奥托·迈耶在打造行政法概念及其体系的时候，经常是强调形式要素、勾销目的，这符合公民社会的法治国观念，因为自由主义理性法的法律概念是形式主义的，而不是目的论的。参见［德］米歇尔·施托莱斯：《德国公法史（1800-1914）》，雷勇译，法律出版社2007年，第546-547页。

〔4〕 例如，第十二届全国人民代表大会第一次会议审议批准的《国务院机构改革和职能转变方案》规定，国家食品药品监督管理总局的设置是为了"加强食品药品监督管理，提高食品药品安全质量水平"，其主要职责是"对生产、流通、消费环节的食品安全和药品的安全性、有效性实施统一监督管理"。

组织体，更准确地说，行政首长作为政府或部门的政治责任担纲者，作为影响具体行政的关键行动者，注定是首先关切行政目标的实现，而不是关切如何守规矩。在此意义上，管理者与监控者存在根本上的差异。

在历史上，德国行政法学的独立建立在行政学／行政政策学和行政法学的分野基础上。前者的目的是追求行政的正确性和效率性，专门研究行政权应如何实行方可确保社会需要，讲求行政效率及行政方法以求行政目的的实现，故对行政的要求是"合目的性"；后者是以法学的方式，研究行政权的运作，以使其面朝"合法性"方向。由此，"行政法及行政学不仅是分道扬镳，且在法学界分量是前重后轻。"[1]然而，这也"造成行政法被双重截肢。一方面，它和行政实践以及它的前生警察学（旧的）和行政学说（新的）之间的联系被切断；另一方面，为了新专业的'独立性'，与行政法的政治原生领域之间的联系也被消除。留下来的是对行政法进行不带实践内容的和政治中立的'法律'陈述，其任务是进行抽象化和教义化。"[2]

可见，在对中国行政法产生移植影响的德国，与现代行政法学"独立"运动对应，警察学、行政学曾经展现管理者立场和方法。而自奥托·迈耶对行政法总论集大成之后，管理者角色就再也没有对一般行政法体系构成支配性影响。

然而，这并不意味着管理者角色从此在行政法体系建构中销声匿迹了。据20世纪30年代的日本学者铃木义男研究，奥托·迈耶以后的行政法学有所谓"规范法学的行政法学"和"综合的行政法学"两条途径。前者受麦克尔（A. Merkl）和凯尔森（H. Kelsen）等实证主义法学的影响，在法学理论中排除一切目的论的以及社会学的见地，对国法规范意味的内容及其与时代思想精神的关系，都回避不予说明；延伸至行政法总论和一般行政法学，都以实定法为资料予以归纳演绎，纯技术地抽出共通法理，作为行政法解释适用的基础。而后者是对前者的反思，认为前者使法学一变而为内容空虚的形式科学，忽视背景、资料、内容等的概念论理，有使法学成为概念游戏之虞；延伸至行政法学，行

---

[1] 参见陈新民：《德国行政法学的先驱者——谈德国19世纪行政法学的发展》，载《行政法学研究》1998年第1期，第34-35页。

[2] ［德］米希尔·施托莱斯：《德国公法史（1800-1914）》，雷勇译，法律出版社2007年，第513页。

政法规范的成立、存在、运用之过程，与作为其背景的社会文化不无关系，单纯论理不能对解明各分论的行政法规范获得什么意义。[1] 综上，"规范法学的行政法学"基本与具备前文所述特征的监控者角色一致，而主张对行政法规范目的、背景、作用等应同时研究的"综合的行政法学"，确实含有管理者的眼光。只是，即便"综合的行政法学"有其效用，也被铃木义男认为更适合于行政法各论之中，行政法总论仍然是论理主义合理主义占优。[2]

进入20世纪中后期，面对公共行政变迁的新现象，德国、日本等国有学者继续反思并尝试重构奥托·迈耶奠基的行政法总论。在这些努力中，总是会若隐若现地出现管理者的影子。例如，德国学者沃尔夫、巴霍夫和施托贝尔在其编写的行政法教材中明确指出，若要建立系统的现代行政法，就必须协调和整合各种研究方法，其中就包括"着眼于国家任务或者国家目的的研究方法"，而"毫无疑问，只有应用行政学的方法和知识才能为行政法的问题提供面向未来的解决办法，实现公共行政的现代化。行政学应当成为行政法的基础科学。"[3] 阿斯曼认为，法学不能满足于对个别法律规定及法律制度作诠释性整理，还必须使法律能够践行其秩序任务，行政法学也就因此必须被视为管制（调控）学；另外，法官的法律适用长期决定了行政法学方法论，但是，行政法学方法论必须同时兼具"适用（法令）导向的解释"及"制定法令导向的决定"之学术；再有，行政法若要有效执行其在社会、国家与经济上之调控任务，则行政法学必须引入自然科学、科技学、经济学、社会学等学科的知识。[4] 日本学者大桥洋一结合德国学界自20世纪60年代开始发生的行政学与行政法学再度融合，指出传统行政法学过于关注行政的病理，而遗漏了合目的性、简易性、经济性、节约性、适时性、迅速性、对市民的关照、无形式性（灵活性）、对环境变化的适应性（制度创新）等视角，因此，有必要整合行政学和立法学以

---

[1] 参见［日］铃木义男等：《行政法学方法论之变迁》，陈汝德等译，中国政法大学出版社2004年，第29-55页。

[2] 参见［日］铃木义男等：《行政法学方法论之变迁》，陈汝德等译，中国政法大学出版社2004年，第56页。

[3] 参见［德］汉斯·J. 沃尔夫、奥托·巴霍夫、罗尔夫·施托贝尔：《行政法》（第一卷），高家伟译，商务印书馆2002年，第12-16页、第109页。

[4] 参见［德］施密特·阿斯曼：《秩序理念下的行政法体系建构》，林明锵等译，北京大学出版社2012年，第20页、第29-31页。

重构行政法学。而如果传统的"对法官眼中的行政现象的把握"这一立场没有变化的话,就无异于"茶杯中的风暴"。⁽¹⁾总之,对行政任务、合目的性和效率、制度设计、行政与行政法学的融合以及法学以外其他学科知识的关注,无不折射出管理者需要的视点。

在我国,20 世纪 50 年代初和 80 年代初曾经译介的苏联行政法教材,倒也反映出一种建立在全能主义国家管理学基础上的行政法体系化建构。⁽²⁾而行政法学于 80 年代复兴之时,也有论者强调,行政管理的科学化、法制化和现代化需要打破门户之见,将行政管理学和行政法学紧密结合。⁽³⁾但是,由于行政法学专业独立的需要以及在经济、法律等方面走出苏联影响的需要,加之当时可借鉴的大陆法系传统行政法学已经成熟,管理者视角并未在我国的行政法学研究尤其是行政法总论建构中成为主流。直到前述新行政法研究兴起之后,许多论者开始注意到传统行政法忽视行政任务和政策目标的结构性缺失,并希望通过法解释学(所谓的传统法学方法)、社会学、政策学(行政政策学和立法政策学)等方法的结合,建构一个"应该兼容法解释功能与承担政策目的的制度设计功能的中国行政法学理论体系。"⁽⁴⁾这些努力是基于对域外和国内公共行政变迁、传统行政法局限的反省和检视,也就是对监控者(尤其是司法)导向的行政法的一个反动,其中隐约有管理者的目光。

同监控者角色一样,管理者角色的属性也是有着多种可能的。苏联在计划经济、全能集权国家背景下行政法的管理者导向,有其特殊的属性,总体上已经失去吸引力,故可以不予关注。如前所述,由于监控者导向的传统行政法一直占据支配优势地位,管理者的立场和方法似乎尚未有成熟的、公认的体系。更何况,许多行政法论者在提及管理者视野时,往往奉传统行政法的监控者立

---

〔1〕 参见[日]大桥洋一:《行政法学的结构性变革》,吕艳滨译,中国人民大学出版社 2008 年,第 57、258-264 页。

〔2〕 参见沈岿:《平衡论:一种行政法认知模式》,北京大学出版社 1999 年,第 111-124 页。

〔3〕 参见袁曙宏:《现阶段我国行政管理学和行政法学的历史任务》,载《安徽大学学报(哲学社会科学版)》1987 年第 3 期,第 46-51 页。

〔4〕 关于这个体系建构的愿景,参见朱芒:《中国行政法学的体系化困境及其突破方向》,载《清华法学》2015 年第 1 期,第 15-18 页。而对近年来与此相关的学术动态的综述,参见李洪雷:《中国行政法(学)的发展趋势——兼评"新行政法"的兴起》,载《行政法学研究》2014 年第 1 期,第 112-119 页、第 126 页。

场和方法为"立身之本"。[1]所以，对管理者角色属性的提炼，较之监控者角色，更属不易。从理想类型的构建角度而言，一是需要努力将零星、散落的观点聚拢，二是需要对管理者视角予以"提纯"，剥离监控者的影响，在这个意义上，有可能留下推至极端的印象。根据域内外学者已有的学术成就，对应监控者模式的向度，本章尝试梳理管理者导向行政法的属性如下：

（1）行政法目的在于高效实现行政目标和任务，这个目的并不必定导致高度保障行政权支配地位的意涵，在民主-法治国家原则下的行政目标和任务的实现，并非必须依靠行政集权和高权，[2]但必定意味着行政法学应当面向公共行政所面临的现实任务和问题，而不能仅仅进行不带实践内容的抽象化和教义化；

（2）行政法基本原则必须有合目的性原则、行政效能原则以及行政开放、包容和参与原则等。在代议立法往往不能通过明确无疑的指令让行政执行的情况下，"合法/违法"二元符码体系已经捉襟见肘，因此需要引入：第一，合目的性原则，以使管理者在（通常是宽泛的）行政目标的框架下较为自由地选择实现目标的方案和手段；第二，行政效能原则，[3]以明确管理者高效实现行政目标和任务的标准，对其提出大致可行的效率要求；[4]第三，行政开放、包容和参与原则，[5]以使现代行政的准政治角色——规则、政策和重大决策的制定——获得一个类比政治的过程和平

---

[1] 例如，李洪雷指出，"行政法释义学作为行政法学的核心内容，是行政法学者的安身立命之所在，也是行政法学与公共行政学、经济学、社会学等等其他学科对话交流之'资本'所系。中国行政法释义学体系的建构，仍应是中国行政法学研究的重点甚至重心所在，这一点不应因'新行政法'的崛起而受到太大的冲击。"参见李洪雷：《中国行政法（学）的发展趋势——兼评"新行政法"的兴起》，载《行政法学研究》2014年第1期，第119页。

[2] 就此而言，这个目的并不一定导致行政法平衡理论视域中主要以苏联行政法为蓝本而提炼的"管理论"。关于"管理论"，参见沈岿：《平衡论：一种行政法认知模式》，北京大学出版社1999年，第104-143页。

[3] 关于行政效能原则，参见本书第七章。

[4] 之所以称"大致可行的"，系因为行政效能原则所含的成本-收益分析（即经济分析）要求并非解决行政自由裁量权问题的完美方案。参见［美］理查德·B.斯图尔特：《美国行政法的重构》，沈岿译，商务印书馆2003年，第48-61页。

[5] 关于行政开放、包容和参与，参见王锡锌：《行政正当性需求的回归——中国新行政法概念的提出、逻辑与制度框架》，载《清华法学》2009年第2期，第112页。

台，促进其可接受性以及执行的高效性；

（3）行政法应该积极形塑有助于行政任务实现的行政组织架构、行政活动方式和行政过程，以使公共行政具备充分的应责性和正当性，而不是过分依赖注重行政病理分析、在事后纠纷解决中矫正行政、追究行政法律责任的司法审查；

（4）行政目标和任务的高效实现，并不依赖于公法、私法二元论，私法规范和类似私人的活动方式以及公私合作的方式同样具有助益，因此，公共行政必须充分且灵活运用公法和私法规范以及二者的结合。此外，为行政目标和任务计，高权强制的行政以及"硬法"的支持，绝非唯一的选择，柔性的、指导性的、协商性的、沟通性的规范和方式也日益受到公共行政的青睐，故"软法"的用武之地十分广阔；[1]

（5）行政组织的类型化、行政行为的形式化，都是便利人们认知繁复现象的不可或缺的学术抽象，但只要是有利于行政目标和任务实现的组织和行为形式，只要是对此起阻碍作用的组织和行为问题，都应该在视野范围之内，而不是单纯从便于司法审查的角度予以观察和研究；[2]

（6）有效的管理不可能脱离责任的缰绳。然而，一个以违法责任、侵害责任为核心的、事后主要由法院追究的责任体系，只是树立了行政不可逾越的一部分边界篱笆，在其可以自由驰骋的天地，尤其是涉及资源配置、价值选择、利益平衡、规则设定等方面，无法形成有效指引。可如果将违法／侵害责任体系延伸介入这些地带过深，又可能阻碍行政的效率。因此，有必要既强调合目的性又富有新意的"政治责任"，以使管理者可以高效应责；

（7）当代行政经常扮演的制度设计者角色，注定其不时担负复杂的且互相套嵌的行政目标和任务，[3]而这不是仅仅依靠形式理性的法律适用即可实现的，法解释学／法教义学的方法往往对此一筹莫展。因此，行

---

[1] 参见姜明安：《把握社会转型趋势，加强对"新行政法"的研究》，载姜明安主编：《行政法论丛》（第11卷），法律出版社2008年，第9-10页。

[2] 参见胡敏洁：《给付行政与行政组织法的变革——立足于行政任务多元化的观察》，载《浙江学刊》2007年第2期，第23-28页。

[3] 例如，教育平等目标的实现，可能涉及教育考试制度、户籍制度、社会保障制度、财税制度等相关方面的彼此嵌套关系。

政法学面对行政的这个角色,有必要利用法政策学的方法,为其提供立法的、制度设计的思维模式,以及问题确认、议程设定、政策形成、政策合法化、政策执行和政策评估等的过程模型。同时,也就需要吸收法学以外其他大量相关学科的知识;[1]

(8)由于代议立法的局限,传统行政法过分追求形式法治,只会带来两种结果,要么是让管理者束手束脚、僵硬迟滞、削足适履,要么是让一般行政法/行政法总论被现实撞得支离破碎,而基于对行政实践的关切和对当代行政特色的注意,必须建构有助于行政目标和任务高效实现的新型法治。

通过理论上的综合、剥离和抽象,可以明显看出,以上管理者角色的属性,不是对应一个集权、高位、专制的管理者形象,而是一个在民主-法治总体框架下为人民负责、以完成各种复杂程度不同的行政任务为目标的管理者。它所导向的行政法是对传统监控者立场的检视。它的核心宗旨与关注焦点就是行政目标和任务的高效实现,为此,其为行政法学设计了一系列(在此不见得已经穷尽)新的属性。

三、统合的维度与限度

两种作为理想类型的角色,是否应该和可能,在新行政法的发展之中以及行政法学体系革新之中,实现统合呢?新近,行政法学研究关于"应该统合"的呼声日渐高涨,也有不少论者对"如何统合"进行探索。只是,似乎鲜有对二者在什么范围内可以统合、在什么范围内又不可能统合的问题予以直接讨论的。

行政法学研究与行政法学体系化是两个不同的互动题域,前者的范围涵盖后者又远超后者,而后者又是行政法学研究的核心基础。行政法学体系化是通过抽象的、在一定范围内可普适的概念、原则和教义,将零乱散处的行政法规

---

[1] 参见鲁鹏宇:《法政策学初探——以行政法为参照系》,载《法商研究》2012年第4期,第111-118页;高秦伟:《行政过程中的政策形成——一种方法论上的追问》,载《当代法学》2012年第5期,第38-46页。

范和制度，在形式、内容和结构上进行内在具有统一性和一贯性的整合，使其成为一个无矛盾的、和谐的有机整体。⁽¹⁾而行政法学研究的任务除了体系化以外，还要应对大量行政法具体规范的适用（解释）和创制，以及对行政法学方法论、行政法历史等的观察和思考。为论述方便起见，本章将行政法学研究大体上分为"体系化"和"专论"两类任务，"体系化"又分为"行政法分论体系化"和"行政法总论体系化"，分别针对这三个方面，讨论监控者和管理者统合的维度和限度。

1. 行政法学的"专论"

此处所言的"专论"，对应于"体系化"。因此，但凡与概念、原则、教义的阐述、整理及其系统性结构安排无关的专门研究，皆可归入"专论"范畴。反之，即便通常话语中所谓的行政法学专门著述或专论，只要其任务基本是体系化方面的，也就不属于这里的"专论"。⁽²⁾

在行政法学"专论"题域，监控者和管理者角色始终是并存的，甚至在有些著述中会出现相当程度的统合。行政法研究者若仅以监控者角色、对行政是否合法合规进行分析，而根本无视具体行政法规范的阐释和可能存在的局限，无视行政所面对的问题，无视行政同样需要的问题解决方案和制度设计，无视管理者角色的重要价值，那么，行政法研究者必定会在"更好行政（法）"议题上失语，且很容易被认为不切实际、不接地气。

其实，行政法学"专论"题域本身具有的问题多样性——法律适用、政策选择和制度设计等维度上皆有专门问题——的特点，注定会使研究者感觉到，简单"套用"形式抽象化的、教义化的行政法总论，对其所关注的专门问题之解决用处甚少。前文所揭铃木义男关于概念法学、纯粹法学方法不宜适用于行政法分论的观点，已经对此有所反映。既然这种认识由来已久，也就可以佐证

---

〔1〕 参见赵宏：《行政法学的体系化建构与均衡》，载《法学家》2013年第5期，第36-37页。

〔2〕 例如，应松年教授主编的《行政行为法》（人民出版社1999年）、马生安博士的《行政行为研究》（山东人民出版社2008年）、叶必丰教授的《行政行为原理》（商务印书馆2019年）、赵宏教授的《法治国下的目的性创设——德国行政行为理论与制度实践研究》（法律出版社2012年），虽然通常也可被称为行政行为专论，但其主要工作是进行体系化整理，故不属此处所言"专论"范围。

监控者角色实际上并未真正支配行政法专门问题的研究,两个角色的并存乃至统合倒是常见之事。

因此,真正感到棘手的统合难题,发生在行政法学的体系化(含"体系转型")题域。换言之,这个难题就是,监控者角色和管理者角色是否能够经过统一、综合而形成有机协调的整体,从而使传统的行政法学体系得以重塑,以适应公共行政以及相应法规范的变迁。有必要指出,此处所谓"体系化"指向任何旨在为概念、原则、教义实现有机统一的工作。诸如对行政主体、行政活动、行政行为、行政合同、行政指导、行政程序、行政责任等概念的内涵、外延、解析、原理、相应规则、相互关联性等进行研究的,即便是分散而独立的,也可归入行政法学的"体系化"。但是,由于行政法学体系化的完整表现,集中在教材或成体系专著的撰写,所以,下文将更多结合教材或成体系专著的体例,对统合的可能性进行讨论。

2. 行政法分论的体系化/转型

行政法分论与部门行政法(含"跨部门行政法")同义。我国20世纪90年代初曾经出版"中国部门行政法系列"教材,大致有《民政行政法》《土地行政法》《工商行政法》《审计行政法》《环境行政法》《海关行政法》《公安行政法》《交通行政法》等。[1] 这些教材的编写,其体例结构在相当程度上都受到主导的行政法总论教材的影响,基本可以认为是在总论框架下"注入"特定部门法律法规的内容和解读,因此监控者角色的特性相当明显。

进入21世纪,统一规划的、成批的部门行政法教材已经不再出现,许多研究者将注意力转向部门行政法的"专论"问题。如上所述,在"专论"题域,同时聚合监控者与管理者的目光,已经不是问题。这些"专论"统合的结果,对既涉及法规范解释适用又牵扯政策方案、制度设计的专门问题之解决有益,但迄今尚未形成对行政法分论的体系化重构。当前零星存在的分论教材仍没有摆脱传统模式。[2] 至于未来部门行政法教材体系,是否有必要以及在多大范

---

[1] 参见何海波、晏翀、严驰恒:《法治的脚步声》,中国政法大学出版社2015年,第114页。

[2] 例见高文英:《警察行政法探究》,群众出版社2004年;刘志坚:《环境行政法论》,兰州大学出版社2007年;严励:《海关行政法》,中国政法大学出版社2008年。

围内可以实现监控者和管理者角色的统合,与行政法总论体系面临的问题基本一致。

不过,也有部门行政法的成体系专著,试图形成与传统行政法总论有区别的、有着该部门自身特色的体系。例如,《风险规制与行政法新发展》一书,尽管是由若干篇论文构成,但在结构上已经有意进行关切风险规制过程特殊环节、特殊原则和规范,兼顾管理者和监控者角色的安排。域内外学界和实务界关于风险规制过程由风险评估、风险交流、风险管理三个方面构成的基本共识,以及关于风险规制不可或缺的风险预防原则的讨论,都在书中有所体现。[1] 此类挣脱传统行政法总论框架的努力,确实可以使部门行政法的体系化有其自己的关注点,而不至于成为总论模子的套用产品和概念游戏。这同时也就意味着,各个部门行政法的体系重塑,因部门或领域而有所不同,不可能再有框架上基本的整齐划一;而且,由于体系重塑往往需要更多的共识,短期内可能形成众说纷纭的局面。

3. 行政法总论的体系化/转型

最后也是最艰难的统合问题,落在行政法总论的体系化方面。行政法总论自始的使命,就是在林林总总的行政法现象之上实现抽象化和教义化。单就抽象化、教义化任务本身及其所要实现的法体系、法秩序稳定和持续而言,其必然需要剥离纷繁复杂的目标、任务和政策,完成概念、原则和教义的高度形式化以及由此所具有的广泛适用性。否则,始终考虑因部门或领域而异且变动不居的特定目标、任务和政策,必然会使总论的体系化成为不可能完成的任务。

然而,这并不意味着监控者角色和管理者角色,在行政法总论的体系中,没有任何统合的可能性。首先,前述以适法法官为模本的监控者角色,并不是唯一的监控者。至少在原理和经验上,立法者也是一种监控者。大桥洋一指出行政法学应发挥行为规范学的作用,而行政政策学也可视为规范学,德国法学

---

[1] 参见沈岿主编:《风险规制与行政法新发展》,法律出版社2013年。该书体例为:第一章 当行政法遭遇风险社会;第二章 风险规制的合法性;第三章 风险评估:科学与法律;第四章 风险信息与交流;第五章 不确定性与风险预防;第六章 风险规制决策程序。

院出现"重心由面向法的适用朝着面向法律政策制定的转移"倾向。[1]因此，以驯化、监视、控制行政权为目标的监控者角色，其属性是可以超越法官适法而发生延伸或补充的。

其次，"高效"目的其实也是对行政提出一个可控的要求。"高效"目的所需要的、有助该目的实现的组织架构、活动方式、行政过程、法律规范等，也都可以且必须进入监控者视野，以弥补传统上其以法官为模本、以行政是否合法为审视着眼点所存在的局限。当然，任何与行政任务、目标高效实现有关的新行政和行政法现象，纳入行政法总论体系的过程，也应该是抽象化、教义化的，亦即在相当程度上抽去其与特定部门、领域和背景的关联性，而使其具备必要的普适性、稳定性、持续性以及体系的融贯性。

最后，行政法总论体系，尤其是教材体例，不仅可以而且应该将管理者的立场和方法，作为行政法学的研究方法，收入其中。管理者关切行政目标、任务的高效实现，由此对行政法原则、公共行政的组织、行政活动的形式、行政的责任、行政侵害的救济等都有其独到的观察。这种观察不局限于法解释学/法教义学的方法，而是更多地利用法政策学的方法，同时吸收法学以外的相关学科知识。总论体系不仅可以将这些方法应用后所得的抽象化、教义化成果纳入其中，更可以承认和阐述这些方法本身的意义、局限及其应用价值。

基于以上三点理由，从行政法始终是规制行政权、行政活动的法规范体系这一点出发，行政法总论的基本导向仍然是"监控者"，只不过，未来体系转型的目标是一个经过改造的、扩宽视野的、充分考虑行政目标和任务实现的监控者角色，而不只是适法的传统监控者类型。具体而言，针对两个理想类型的统合问题，就行政法总论教材体例"所应有的内容"，[2]本章提出以下设想：

（1）管理者视野下的公共行政及其发展

行政法的规范对象是公共行政，故公共行政是什么、经历过怎样的发展、不同历史阶段的特点、现在所处的状态等等，都应该有所介绍。这里的介绍应

---

[1] 参见［日］大桥洋一：《行政法学的结构性变革》，吕艳滨译，中国人民大学出版社2008年，第255-260页。
[2] 这里提到"所应有的内容"，并不意味着以往行政法总论教材体例没有此类内容，而是从理想类型角度考虑，指向传统监控者角色在逻辑上可能会忽略的内容。至于传统行政法总论教材较为常见的内容，在此不列入"所应有的内容"。

该结合行政目标、任务、模式、活动方式、与市场、社会之间的关系等要素，对行政进行抽象化、类型化的处理（如秩序行政、福利行政、社会行政、环境行政、风险行政、全球行政等），以凸显不同历史阶段的主要行政类型和不同类型行政的特点。

（2）多样化的行政法学问题和研究方法

研究方法的应用与所需研究的问题是相关的。行政法总论教材，应该罗列、梳理并类型化行政法学研究的问题（例如法律适用/解释问题、政策和规则制定问题、制度设计问题等）和研究方法，指出各类问题、方法的特点。尤其是，需要介绍更多与监控者角色匹配的法解释学、法教义学方法及其适用价值和局限，以及更多与管理者角色匹配的法政策学、社科法学方法及其适用价值和局限。但是，法政策学、社科法学方法的应用势必与现实的行政实践密切勾连，不宜在总论教材里全面铺开。

（3）关怀行政目标、任务高效实现的行政法基本原则

我国主流行政法学说一直以来都将行政法基本原则定位于贯穿行政法之中，指导行政法的制定、修改、废除和实施的基本准则或原理。[1] 但是，自20世纪90年代以来基本成熟、逐渐发展的原则体系，如合法性原则、合理性原则、法律保留原则、法律优先原则、比例原则、信赖保护原则、行政公正原则、行政公开原则等，主要都是监控者角色所需要的"合法性"判断准则。指导管理者的"精简原则、效率原则、行政负责原则、行政效能原则"等，在20世纪80年代曾有学者提出，[2] 但很快就不再作为普遍公认的行政法原则。而与这些原则类似的提法，却见于当代德国行政法教材，如"目的性原则、节约原则、经济原则、效率原则、谨慎原则和专业原则"等。[3]

这些原则之所以长期未进入传统行政法总论教材，就是因为它们在司法舞台上极少有亮相的机会。它们在政策形成、规则制定、制度设计等维度上有意义，但基本对政策、规则、制度不予审查或保持高度尊重的法官，也就不可能

---

[1] 参见张尚鷟主编：《走出低谷的中国行政法学——中国行政法学综述与评价》，中国政法大学出版社1991年，第61页。

[2] 参见许崇德、皮纯协主编：《新中国行政法学研究综述（1949-1990）》，法律出版社1991年，第107页。

[3] 参见［德］汉斯·J. 沃尔夫、奥托·巴霍夫、罗尔夫·施托贝尔：《行政法》（第一卷），高家伟译，商务印书馆2002年，第16页。

需要这些原则以及原则内含的、可实际操作的具体要求。然而，未来的行政法基本原则体系，是可以考虑监控者和管理者的统合的。[1]值得注意的是，一些在部门行政法领域至关重要但尚不具备整个行政领域普适性的原则，如风险预防原则、政府对环境质量负责原则、互联网监管线上线下避免双重准入原则，还是不宜列入行政法基本原则体系。

（4）担负行政任务的组织形态及其类型、保障行政高效的组织机制以及公共治理体系

行政组织法未来的发展或可增加考虑任何担负行政任务的组织形态，如公私合作、私人行政、区域合作、部门协作等，从管理者角度对其进行类型化，阐明不同类型组织形态的价值、常见领域以及基本的法律规制（如公私法混合规制）。相关地，多元主体合作的公共治理（governance）体系，对于行政目标、任务的实现也都至关重要，总论教材可纳入评述之。当然，也需要适当厘清，若发生以这些组织形态为一方当事人的诉讼，应该如何与传统的行政机关、授权组织、受委托组织等概念和教义对接，应该定位行政诉讼还是民事诉讼，以及在诉讼纠纷中是严格适用公法或者私法还是适用相关适宜的法规范（无论公法私法）。

（5）有效实现行政目标和任务的行政活动及其过程

"行政行为"是我国行政法学中有着核心地位的概念，但在法律/法学移植和本土发展的影响之下，其内涵外延又是极富争议的。经验世界中，行政机关和其他公共行政组织赖以实现行政目标和任务的活动，内容、形式和法律性质繁复各异。有发出指令、在法律上有权要求个人或组织服从的（行政命令、行政处罚、行政强制等），有发出指示、在法律上无权强制要求服从但希望个人或组织自愿选择遵从的（如行政指导、建议、劝告、引导等），有提出特定警示的但又不属于作为行政处罚或处分种类的"警告"（如约谈、诫勉谈话），有不对特定个人或组织提出强制要求、指导或警示，但会涉及其声誉的信息发布（如曝光、披露企业质量控制措施、公开"黑名单"等），有与特定个人或

---

[1] 章剑生教授对应"有效率的行政权"，构建了"行政效力推定原则""行政裁量合理原则""司法审查有限原则"，对应"有限制的行政权"，构建了"行政职权法定原则"、"行政程序正当原则"、"司法审查必要原则"。这是一次统合的努力，尽管仍需推敲。参见章剑生：《现代行政法基本理论》（第二版），法律出版社2014年，第90-108页。

组织协商的（如行政协议），更有这些措施的"组合拳"（如"事前建议＋发现问题约谈＋责令改正＋信息披露"）。以上还只是针对特定事项的具体措施，在当代行政过程中，对经济、社会有着更普遍重大影响的是行政立法和其他规范性文件的制定、政策形成、规划或计划、发展战略、财政预算、资源配置决策、重大建设项目审批等。它们是众多具体措施的基础和依据，但经常是在具体措施落到民众头上，才被意识到其存在性。

就所有这些活动形式而言，是否必要和可以创造一个具有统领性的概念，将其尽数收入，并在此之下，进行有意义的类型划分，再针对不同类型相应发展不同的教义？这个问题不仅关乎体系化所必需的逻辑完整性和自洽性，也关乎是否可以超越传统监控者视野下的行政行为概念、原理和教义体系。从行政法疆域自有其范围和边界着眼，主要受私法规制的活动形式，即便可以高效完成行政任务，也不宜纳入行政法总论教材予以详细论述，简单地提及足矣；只是有必要说明，这些活动形式并不能完全摆脱公法规制，否则，容易产生"公法完全向私法逃遁"的现象。这可以视为监控者和管理者角色统合的限度之一。至于其他合目的的、有效的行政活动形式，若基本受公法规制，皆可考虑予以逻辑体系化的可能性。

此外，传统监控者角色的目光主要落在作为结果的行政行为，而较少关注行政活动的全过程，尤其是影响最后结果的内部活动环节或者前置活动环节。行政法学体系的转型，应该从已有的"行政过程论"学说汲取有益成果，对行政活动过程给予全方位的关切。已有学者对此专门论述，只是更多仍然站在监控者的延长线上。[1] 对行政过程的整体观察和检视，势必会采取管理者的立场，考虑行政任务有效完成所需要的部门间协调、上下级之间共享信息等问题，以及考虑网络化环境下行政所需要的特别活动形式和环节，如电子文书、企业质量控制的数字化与政府监管的衔接等。而行政过程的整体关注，在行政法总论体系中如何体现，值得进一步探究。

（6）促进行政应责、胜任的政治责任

最后，传统行政法学体系的监督、救济、责任部分，自然需要对应公共行

---

[1] 参见何海波：《内部行政程序的法律规制（上、下）》，分别载《交大法学》2012年第1期，第127-139页；2012年第2期，第134-143页。

政和新行政法的变迁，进行相应的细节调整。不过，行政法总论教材的这部分内容出发点就是监控者角色。然而，管理者视野下强调合目的性的"政治责任"，还是有必要纳入一个促行政更好应责、更加胜任的责任体系之内的。行政的政治责任，从字面上看，很容易令人联想监控者而非管理者。之所以反从管理者角度，去观察和讨论这一最初出发点旨在监控的责任类型，主要是虑及两点：第一，政治责任给了行政更大的空间，可以为其高效实现行政目标和任务提供更多"有约束的自由"的保障；第二，政治责任的监控与传统法官适法导向的监控是不同的，前者属于更广义的监控者范畴。一个完整的行政责任体系，应该是将法律责任与政治责任统合起来的，这样才能发挥各自的用处，使公共行政既能回应负责又能有效胜任。[1]

四、结语：行政法学体系转型使命

行政法学体系转型的学术使命在当下被提出，有着公共行政激烈变迁和新行政法及其研究兴起的背景。在我国，这个学术使命面临三大任务：

（1）更加成熟的体系化，即如何全面实现行政法学概念、原理、教义等的逻辑关联性、融贯性、统一性和整体性；

（2）接地气的本土化，即如何在中国行政法的规则、制度、判例等经验基础上成就自己的体系；

（3）超越传统法学局限，即如何突破以法官适法为导向的行政法学传统体系格局，回应行政法学促进行政目标、任务高效实现的需求。

本章尝试在第三项任务上进行探索。为了凸显传统行政法学体系之特点，为了凸显新兴的"面向行政所面向"的方法论之特点，从而有助于研究未来体系转型的方向，本章努力建构监控者和管理者两个理想类型，挖掘二者各自偏重的立场、方法和向度，最终以此为基础，探讨二者在行政法学研究上统合的可能性与不可能性。建构理想类型以助讨论，有其简明高亮的优势，

---

[1] 关于应责胜任的法治政府之构成，参见本书第九章。

但也完全可能挂一漏万、疏忽复杂性，希望能对中国行政法学体系转型贡献绵薄。

体系转型正在路上。即便是本章在第三项任务上所完成的，也只是非常微小的一步，只是在证成超越传统法学局限系一个值得努力的方向，以及在这个方向上值得研究的问题或主题。至于个体乃至行政法学共同体究竟可以走多远，沿路可以收获多少，可以在仍然有着国际视野的境况中汲取多少本土养分，为中国行政法学的体系成熟推动多少，恐怕也不仅仅是执着、细致和艰苦的学术付出所能决定的，也同样取决于行政法（学）所嵌入的政治／行政体系的变动与容量。

冬日森林 /Winter Sun and Forest 06/07/2021

> 造成大事变的不是法律的机制，而是政府的精神本身。
>
> ——托克维尔

第六章　行政自我规制与行政法治

行政法治的目标，就是要让公共行政的权力，如正常行进的火车，在一个基本划定的轨道上运行。既不能使其停运或迟滞，压抑管理、服务功能，又不能任其脱轨横行，伤害个人或组织的正当利益。由于法律中普遍抽象的原则和规则所具有的稳定性、可预期性，划定公共行政轨道的任务，就交付给了它们。从"任何人不能既当运动员又当裁判员"的普通理性，到人类经典政治思想体系之中的权力分立、制约与平衡学说，都似乎能够合乎逻辑地演绎出一个结论：通过一系列原则和规则，对公共行政实施的规制，应当借助外部力量，而不宜依赖行政体系自身，方能公正而有效。于是，在国家权能分工体系之中，立法权、司法权通常被寄予规制行政、驯化行政的厚望。

从历史的角度看，世界上诸多国家行政法的形成和演变，都离不开立法和司法的重要作用和贡献。中国也不例外。改革开放以后，最早是通过单行立法，赋权人民可以对政府在特定管理领域实施的特定行为向法院提起诉讼，寻求权益保护和救济。立法机关后又通过《民事诉讼法（试行）》（1982）明确，只要法律规定由人民法院审理的行政案件，在审理程序上按该法进行。1989年，又是立法机关颁布具有里程碑意义的《行政诉讼法》，授予法院管辖行政案件、进行司法审查的一般性权限，而无需单行法律专门规定。[1] 自此以后，虽然"民告官"诉讼步履艰难，中国法院还是在一种特殊的政法结构中尽其所能地实现立法者的愿望。一方面，其监督政府行为符合既定的法律法规要求；另一方面，其也时不时以法律解释和适用者的外衣掩盖其"实际立法者"的身份，事实上

---

[1] 详见本书第四章第一部分。

创设了许多规范行政机关的原则和规则。[1]

然而,现实告诉我们,仅仅仰仗立法、司法的外部规制,是远远不够的,尤其是在中国特殊的政治/法律结构之中。行政的自我规制,一直是非常重要的、不容忽视的推动行政法治之力量。只是,行政自我规制也有其难以突破的瓶颈,若一味追求这样的自我规制,而不能伴以外部规制基本制度的变革,行政法治的道路仍然会艰难崎岖。本章在简要梳理外部规制成就与局限的基础上,通过若干制度演进的事例,阐明行政自我规制的必要性及成绩,而后分析其在我国生成、发展的动力所在,最后,也将指出其无法克服的内在有限性。

一、外部规制的成就和不足

1. 立法的作用

在我国,自1989年《行政诉讼法》颁布、确立中国式的行政行为司法审查制度以来,在行政法领域的重大法律发展(按时间顺序)包括:

——《国家赔偿法》(1994年颁布,2010年、2012年两次修改)
——《行政处罚法》(1996年颁布,2021年修改)
——《行政监察法》(1997年颁布,2010年修改,2018年为《监察法》宣布废止)
——《行政复议法》(1999年颁布)
——《立法法》(2000年颁布,2015年修改)
——《行政许可法》(2003年颁布,2019年修改)
——《公务员法》(2005年颁布,2017年、2018年两次修改)
——《行政强制法》(2011年颁布)

---

[1] 此类事例不胜枚举。作者早年曾经以刘燕文案为例论述法官在制度变迁中的作用。参见沈岿:《制度变迁与法官的规则选择》,载《北大法律评论》第3卷第2辑,北京大学出版社2000年,第159-203页。

除了这些一般性行政立法以外，立法机关还陆续出台了一系列与特定行政领域有关的立法，几乎每个行政管理或服务领域，都至少建立了一部基础立法。例如，《治安管理处罚法》（2005年颁布，2012年修改，取代1986年既已颁布、1994年经过修改的《治安管理处罚条例》）、《土地管理法》（1986年颁布，1988年、1998年、2004年、2019年四次修改）、《环境保护法》（1989年颁布，2014年修改）、《城市规划法》（1989年颁布，2007年为《城乡规划法》所取代，后者已经2015年、2019年两次修改）、《税收征收管理法》（1992年颁布，1995年、2001年、2013年、2015年四次修改）、《保险法》（1995年颁布，2002年、2009年、2014年、2015年四次修改）、《银行业监督管理法》（2003年颁布，2006年修改）、《证券法》（1998年颁布，2004年、2005年、2013年、2014年、2019年五次修改），等等。

这个清单还可以继续往下拉，列入更多的由全国人大或全国人大常委会（以下简称"国家立法机关"）产出的特定管理或服务领域的立法。然而，就此处的目的而言，实无必要。因为，以上举例无非是想表明，在改革开放以后逐渐生成并日趋成熟的依法治国、依法行政精神之影响下，对行政机关（包括履行公共行政职能的非政府性质的组织，以下统称"行政机关"）在各个管理或服务领域的活动进行规制的基本框架，已经逐渐由国家立法机关搭建完成，公共行政由此得以构造、限制并负担责任。尽管这些立法的起草，往往始于行政机关的相关部门或法制部门，难免行政机关的意志掺杂其内，但是，它们毕竟是以国家立法机关的名义发布，经历了国家立法机关的审议，体现了行政系统之外的立法者对公共行政的规制构想。随着时间的转移，行政机关在起草最初的立法草案时，也越来越常见地向立法机关征求意见，[1]或者，立法机关也越来越多地直接主导立法的起草工作。[2]

---

[1] 根据作者参与多次立法咨询或论证过程的个人经验，起草立法的国家部委或地方行政机关，经常会邀请国家或地方立法机关专职相关立法工作的人员，也会邀请来自学术界和实务界的专家，参加关于草案内容的讨论会。这种事先的对话，有的是希望来自立法机关的专职人员进行合法性把关，有的则是希望他们事先了解行政机关的想法，以便在以后的立法中得以更顺利的通过。

[2] 例如，《劳动争议调解仲裁法》（2007年12月29日发布，2008年5月1日施行）是由全国人大法工委承担起草工作。参见王文珍、张世诚：《〈劳动争议调解仲裁法〉的新突破》，载《中国劳动》2008年第2期，第6页；《资产评估法》（2016年7月2日发布，2016年12月1日施行）也是由全国人大法工委负责起草，被认为是"充分发挥了人大及其常委会在立法工作中的主导作用。"参见楼继伟：《促进资产评估行业健康发展》，载《中国财政》2015年第5期，第4页。

而且，由于立法经验的丰富，国家和地方立法机关立法工作人员的专业化程度提高，立法过程的公众参与和专家咨询的扩大，以及新的立法活动主要是在已经建立的框架上进行修改，所以，原先立法过于追求"宜粗不宜细"的倾向已经有所调整，[1] 尽管审慎立法模式仍然是有其重要价值，[2] 立法精细化不应成为另一极端。[3] 这种调整投射到行政管理或服务的立法，就会形成较之以往更多规制行政裁量——行政裁量在规则制定、重大决策以及执法活动中都有体现——的效果。

然而，国家和地方立法机关作为行政法治推动者的作用是受限的，它既有许多国家立法者普遍存在的通病，也有其在中国语境中的特殊不足。普遍存在的问题大致是：（1）由于受到专业和立法程序的限制，立法者给行政机关的授权是宽泛的，留下广阔的行政裁量空间；（2）立法者无法预见所有事情及其变化，具体从事管理或服务的行政必须面对和处理立法的漏洞或滞后；（3）立法者甚至空白支票式地委任给行政机关立法权，禁止授权原理（non-delegation doctrine）或类似原理形同虚设，很难完全杜绝此类授权现象。[4]

在我国，立法机关的不足又有其特殊之处：（1）国家和地方立法机关代表与选民之间的联系较弱，[5] 公众规制行政的意愿，不易通过国家和地方立法机关得到表达；（2）国家和地方立法机关代表或委员的职业化程度低，提

---

[1] 参见刘松山：《也谈"立法宜粗不宜细"》，载《法制日报》2003年9月18日；刘俊海：《"立法宜粗不宜细"不合时宜》，载《北京日报》2006年7月10日第018版。
[2] 参见钱大军：《当代中国法律体系构建模式之研究》，载《法商研究》2015年第2期，第3-12页。
[3] 参见万其刚：《对"宜粗不宜细"的新思考》，载《法学杂志》1997年第6期，第39页；孙秋玉：《重申立法宜粗不宜细》，载《科学·经济·社会》2020年第4期，第90-96页。
[4] 关于立法者对行政裁量控制的松弛，可参见王名扬：《美国行政法》（上），中国法制出版社1995年，第118页；[英]威廉·韦德：《行政法》，徐炳等译，中国大百科全书出版社1997年，第55页；[美]理查德·斯图尔特：《美国行政法的重构》，沈岿译，商务印书馆2003年，第12页。
[5] 参见蒋劲松：《全国人大常委会的代表性探讨》，载《政法论坛（中国政法大学学报）》2004年第6期，第19-31页；邹平学：《人民代表大会的规模困境与代表性的逻辑悖论》，载《人大研究》2009年第4期，第11-15页；黄学贤、朱中一：《完善人大代表代表性的探讨》，载《人大研究》2005年第7期，第4-9页。

出和审议法律议案的能力有限；[1]（3）国家和地方立法机关的会期短，法律或地方性法规草案审议缺少足够的反复辩论或协商的时间；[2]（4）尽管有前文所述立法机关主导立法的趋势，许多立法草案仍然是由政府有关部门起草，部门本位主义难以避免。[3]

正因为此，国家立法机关一方面确实在四十余年里，实现了重大的行政法制度之创建，另一方面，却又无法及时地满足公众对更多、更好制度的渴求。例如，1989年制定的《行政诉讼法》，直至四分之一个世纪以后才得以修改，即便取得一些进步，法院受理行政案件的数量也有明显增加，但在许多问题上，如拓宽受案范围吸收更多行政争议、允许符合一定条件的对行政规则的直接起诉、授权公益组织提起行政公益诉讼、保障法院和法官在重大疑难案件上不受行政干涉等，都未接受不少论者的建议，未实现明显的改观。再如，《行政强制法》自1999年3月开始起草，经9年多时间，草案于2008年8月28日至9月30日向社会公开征求意见，直到2011年6月30日才获正式通过。即便不能单纯地以时间长短来判断立法是否适时，但作为一部众所期待的立法，对约束行政机关在各个领域的行政强制活动具有极大意义的立法，历时12年才得以问世，可见立法规制行政之艰难。更具典型意义的是统一的《行政程序法》。整个行政法学界，甚至部分实务界人士，对这部法律都翘首以盼，希望它有助于推动行政法治更上台阶。但是，2003年第十届全国人大常委会还将其列入立

---

[1] 胡锦涛在中国共产党第十八次全国代表大会上所作《坚定不移沿着中国特色社会主义道路前进，为全面建成小康社会而奋斗》的报告中指出："在人大设立代表联络机构，完善代表联系群众制度。健全国家权力机关组织制度，优化常委会、专委会组成人员知识和年龄结构，提高专职委员比例，增强依法履职能力。"可以折射出代表与选民之间联系弱、常议机构职业化程度低的问题。关于代表职业化问题的讨论，参见谢祥为：《略论我国人大代表的专职化》，载《人大研究》2003年第4-7页；毕言悦：《人大代表职业化：经验·现状·出路》，载《人大研究》2003年第7-8页；张瑞存：《我国人大代表专职化的现实障碍及其未来发展》，载《理论与改革》2004年第3期，第64-66页；刘淑华、郭颖：《论人大代表专职化与我国人民代表大会制度的完善》，载《法学杂志》2008年第4期，第114-116页。

[2] 全国人大每年举行一次12天的会议，全国人大常委会每两个月举行一次3~5天的会议。

[3] 参见汤耀国、朱莹莹：《超越部门立法》，载《瞭望》2007年第4期，第46-47页；徐燕华、韩立强：《部门利益——部门立法抹不去的痕迹》，载《山西警官高等专科学校学报》2007年第3期，第29-32页；毛寿龙：《化解部门立法问题的制度结构》，载《理论视野》2012年第5期，第40-43页、第47页。

法规划第二类"研究起草、成熟时安排审议的法律草案"之中,[1]但2008年第十一届全国人大常委会的立法规划没再列入,[2]在2013年、2018年第十二届、第十三届全国人大常委会的立法规划之中,它也就只是作为第三类项目(即"立法条件尚不完全具备、需要继续研究论证的立法项目")被提及。[3]

2. 司法的作用

在国家立法机关创设的行政法制度框架之下,尤其是依据现行的《行政诉讼法》(2017),法院的功能是对行政机关所作行政行为进行司法审查;审查的标准也以形式意义上的合法性为主,在少数情形下,略微深入地检视行政行为的合理性。[4]当然,与许多国家的法院一样,中国法院也不是一个机械的"自动取款机",仅仅是拿着白纸黑字的法律文本,比对被诉的行政行为是否严格意义上符合文本上的规定来作出相应裁判。在行政诉讼领域,法院在一些情形中,实际上扮演着制度创造者的角色,尽管是遮遮掩掩或小心翼翼的。

例如,尽管我国宪法并没有正当程序条款,也如前文所述,没有统一的行政程序法规定正当程序,但是,法院已经在许多案件中,在单行法律法规对正当程序未作明确规定的情况下,要求行政机关按照正当程序的原则办事,[5]在此仅举几例示明:(1)行政机关在作出撤销或注销许可的决定之前应当告知当事人并听取意见;[6](2)建筑工程质量监督站应当"按照正当程序的

---

[1] 参见《十届全国人大常委会立法规划》,http://www.chinacourt.org/article/detail/2003/12/id/96741.shtml,最后访问:2021年5月20日。

[2] 参见《十一届全国人大常委会立法规划》,http://www.npc.gov.cn/wxzl/gongbao/2008-12/26/content_1467452.htm,最后访问:2021年5月20日。

[3] 参见《十二届全国人大常委会立法规划》,http://www.npc.gov.cn/wxzl/gongbao/2015-08/27/content_1946101.htm,最后访问:2021年5月20日;《第十三届全国人大常委会立法规划》,http://www.npc.gov.cn/npc/c30834/201809/f9bff485a57f498e8d5e22e0b56740f6.shtml,最后访问:2021年5月20日。

[4] 《行政诉讼法》第70条所规定的"滥用职权"标准和"明显不当"标准,通常被认为是法院进行合理性审查的依据。

[5] 对此有较为详尽揭示的,参见何海波:《司法判决中的正当程序原则》,载《法学研究》2009年第1期,第124-146页。

[6] 参见"张振隆诉徐州市教育局注销社会办学许可证案"(江苏省高级人民法院,[2003]苏行终字第047号)"北京李老爹鱼头火锅有限公司方庄分公司不服北京市丰台区环境保护局撤销环保行政许可案"(北京市丰台区人民法院,[2005]丰行初字第41号)。

要求"，向建设单位和施工单位送达《单位工程质量等级核定通知单》；⁽¹⁾（3）行政机关在可以适用行政处罚一般程序的情形下，选择采取了听证程序，就应当严格遵循听证程序的要求；⁽²⁾（4）城市房屋拆迁裁决机关应当在裁决前听取双方当事人的陈述、申辩，被拆房屋的评估报告应当送达利害关系人，听取其意见。⁽³⁾

行政法学从域外引进的比例原则、信赖保护原则，最先也只是在学术界广为认可、形成基本共识。但是，只有当法院真正将其引入司法判决之中，⁽⁴⁾将其规范意涵引入到对行政行为的合法性审查（即合法性评价）之后，这些原则才真正植入本土，获得了落地的生命力，也进而在司法适用行政法一般原则的基础上，形成了一系列具有创制性的规则。

例如，在2017年再审审结的"宁夏中卫市金利工程运输有限公司诉宁夏回族自治区中卫市工商行政管理局撤销行政处罚决定案"（最高人民法院，[2014]行提字第14号）中，中卫市工商局以早先作出的行政处罚畸轻为由决定撤销，最高人民法院明确指出：

> 行政机关基于裁量权作出的行政行为只要在合理范围内，按照法安定性和信赖保护的要求，就不得轻易改变，尤其是不得做不利于相对人的改变。否则，改变后的行政行为构成滥用职权或者明显不当。

---

〔1〕 参见"成都市武侯区建筑工程质量监督站等与成都二姐大酒店建设质量监督行为纠纷上诉案"（四川省成都市中级人民法院，[2006]成终字第191号）。

〔2〕 参见"北京创基物业管理有限公司诉北京市海淀区人民防空办公室行政处罚案"（北京市海淀区人民法院，[2003]海行初字第267号）。

〔3〕 参见"陆廷佐诉上海市闸北区房屋土地管理局房屋拆迁行政裁决纠纷案"（上海市第二中级人民法院，载《最高人民法院公报》2007年第8期）。

〔4〕 最高人民法院适用比例原则的第一案一般被认为是"黑龙江省哈尔滨市规划局诉黑龙江汇丰实业发展有限公司行政处罚纠纷案"（最高人民法院，[1999]行终字第20号）。参见湛中乐：《行政法上的比例原则及其司法适用——汇丰实业发展有限公司诉哈尔滨市规划局案的法律分析》，载《行政法学研究》2003年第1期，第69-76页。在"益民公司诉河南省周口市政府等行政行为违法案"（最高人民法院，[2004]行终字第6号）中，最高人民法院在确认被诉行政行为违法、但基于公共利益需要又不予撤销的情况下，适用信赖保护原则，承认益民公司的信赖利益，责令周口市政府、周口市发展计划委员会采取补救措施，对益民公司的合法投入予以合理弥补。另外，参见王贵松：《论行政法原则的司法适用——以诚实信用和信赖保护原则为例》，载《行政法学研究》2007年第1期，第118-119页。

最高人民法院并未禁止行政机关改变原先作出的行为。在原理上，行政机关纠正之前的错误行为，即便是可能对行政相对人更为不利，也是依法行政的要求使然。但是，最高人民法院利用法安定性原理和信赖保护原则，给出了"不得轻易改变"的要求。至于何谓"轻易"，自然需结合具体案情而定。而在此案中，最高人民法院针对中卫市工商局提出的若干辩护理由，一一予以反驳，且隐约之中确立了不少可提炼的抽象规则。[1]

第一，人民检察院《不起诉决定书》虽然认定企业法定代表人构成虚报注册资本罪，但也有"犯罪情节轻微"的认定，且该决定书在定罪方面并不具有司法终局的效力，行政机关不能仅据此认定企业虚报注册资本的行为即构成《公司法》（2005年）第199条规定的"情节严重"。进一步，甚至可以认为，最高人民法院给出的是更具一般性的规则：人民检察院认定构成犯罪但情节轻微的《不起诉决定书》，不能成为行政机关认定该行为违反行政管理法律规范且"情节严重"的唯一依据。

第二，在此案中，宁夏回族自治区工商局以"重责轻罚"为由追究中卫市工商局相关人员的责任，至多说明中卫市工商局相关人员工作上存在过错，但不能证明金利公司对此过错负有责任。中卫市工商局以此为由否定其原先作出的处罚决定，法院也不予支持。换言之，上级行政机关内部追责决定所认定的"重责轻罚"不是下级行政机关可以改变其原先行为的合法依据。

第三，在此案中，虽然中卫市政府对中卫市工商局作出的行政处罚有权监督，但这种监督权亦应受到法律约束。中卫市政府组织专题研究并责成中卫市工商局撤销原行政处罚决定、吊销金利公司营业执照，但该决定本身亦存在明显不当，不能作为中卫市工商局撤销行政处罚并作出新的更不利当事人决定的"权源基础"。申言之，若上级行政机关监督决定本身有明显不当，不能成为下级行政机关据此作出的决定是合法的理由。

第四，在此案中，原行政处罚决定书送达后，金利公司立即按要求补

---

[1] 需要提醒读者注意的是，以下内容大部分系作者根据最高人民法院判决书进行的概括，与判决原文并不一致。而提炼出来的规则部分，更是作者认为判决隐含的，而非最高人民法院明确提及的。

齐了注册资本并足额缴纳了罚款，而中卫市工商局只强调违法注册资本的数额，不考虑社会危害性较小之情节，显然有失偏颇。可进一步，在认定企业虚假注册资本行为是否构成"情节严重"时，不应当仅仅考虑其虚假注册资本的数额，还应当考虑社会危害性。[1]

以上事例仅在于展示，法院在规训、约束行政方面并非仅仅只是立法机关的"传声筒"，在绝大多数情形下担纲此角色——从而也是保护其自身运转的正当性/合法性（legitimacy）——的同时，其也会在少数情形下发挥更加积极能动的作用，将立法机关未予明文规定但日渐成为公认的行政法一般原则或原理，适时地引入裁判，填补立法之空白或不足。

然而，传统上，中国法院倾向于以既有的实在法，作为评判被诉行政行为是否合法的量尺。[2]而且，法院在现实国家权力结构之中，处于相对弱势的现实地位。[3]因此，法院主要扮演的是"警察"角色，而不是"改革家"角色，很难成为行政法规则的主要生产者，也就很难成为行政系统以外推进行政法治的主要行动者。法院在上述情形中的创制角色毕竟是有限的。这就是为什么公众和学术界将司法审查制度的进步寄托在修改后的《行政诉讼法》的实施乃至持续进行的司法改革可以给法院更多的司法权威，[4]而不是寄希望于司法转

---

[1] 当然，在这一点上，值得商榷的是，以行政相对人在行政机关"责令改正"决定作出后积极改正，认定行政相对人之前的违法行为为社会危害性较小，是否合适。

[2] "一般而言，在现代中国，司法思维方式的出发点是人民主权和审判从属于立法……前面提到的那个'自动售货机'的隐喻也适用于中国。参见季卫东：《中国司法的思维方式及其文化特征》，载葛洪义主编：《法律方法与法律思维》"（第3辑），中国政法大学出版社2005年，第86页。

[3] 关于中国法院在政治中的地位及其在行政诉讼"立案难"上的反映，参见汪庆华：《政治中的司法：中国行政诉讼的法律社会学考察》，清华大学出版社2011年，第42-52页。另外，参见杨伟东：《权力结构中的行政诉讼》，北京大学出版社2008年。

[4]《行政诉讼法》修改坚持把"被诉行政机关负责人应当出庭应诉"写入，并放在"第一章 总则"中的第3条第3款，可见立法者有意借此提高领导干部法治思维、促进行政争议实质性解决以及努力加强司法权威的良苦用心。"行政机关负责人出庭应诉也彰显出对司法机关的尊重"。参见章志远：《行政机关负责人出庭应诉制度的法治意义解读》，载《中国法律评论》2014年第4期，第150页。但是，这剂被誉为富有"本土智慧"的用药，似乎并未得到真正落实。实际上，出庭应诉的多为副职负责人，也不见得真能从"老大难，老大重视就不难"入手实质性解决行政争议。参见李淮：《行政机关负责人出庭应诉：现状与展望——兼对新〈行政诉讼法〉第3条第3款之检讨》，载《甘肃行政学院学报》2016年第4期，第114-123页。

向更加积极、能动的立场。

二、行政自我规制对法治政府的塑造

由于国家立法机关、司法机关的固有局限，公共行政本身作为一种推动行政法进步的力量，不应忽视或轻视。自20世纪70年代末改革开放以来，这股力量一直存在。或许，最近的、可以作为行政自我规制全面铺开之开端的标志性事件，当属国务院于1999年发布了《国务院关于全面推进依法行政的决定》（本章以下简称"《依法行政决定》"）。该决定的出台背景之一，是1999年3月15日由全国人大发布的《宪法修正案》第13条的规定："中华人民共和国实行依法治国，建设社会主义法治国家。"此后，国务院于2004年发布《全面推进依法行政实施纲要》（本章以下简称"《依法行政纲要》"），于2008年发布《国务院关于加强市县政府依法行政的决定》，于2010年再次发布《国务院关于加强法治政府建设的意见》（本章以下简称"《法治政府建设意见》"）。这些政策性文件，虽然不是具有正式法律效力的行政法规，但是，因其发自科层制体系的最高权威，也就产生了非常重大的约束力量，促使区县以上各级政府按照这些文件的要求，进行了一系列的行政法制度之创新。在此，选择二个事例予以说明。

1. 规则制定程序与合法性审查

《立法法》将行政法规、规章纳入"法"的范畴，并对它们的制定程序做了原则性的框架规定。而进一步的、更为细致的程序规范，则是由《行政法规制定程序条例》《规章制定程序条例》[1]提供的，这两份法律文件的制定者就是国务院。在我国，除了行政法规、规章以外，从中央到地方各级人民政府，存在大量的行政规范性文件。其中，大部分都会涉及个体的权利或义务，是日常行政管理或服务的直接依据，对社会经济秩序和人民生活有重大影响力。因此，有必要对其加以规制。在国家立法机关没有制定统一的《行政程序法》计划的时候，担负起规制任务的，主要就是行政系统自身。

---

[1] 两个条例都是2001年11月16日发布，2002年1月1日施行；都是2017年12月22日修订，2018年5月1日施行。

《依法行政纲要》对规范性文件的制定提出了以下要求：

（1）起草规范性文件草案，要采取多种形式广泛听取意见。重大或者关系人民群众切身利益的草案，要采取听证会、论证会、座谈会或者向社会公布草案等方式向社会听取意见；

（2）要积极探索建立对听取和采纳意见情况的说明制度；

（3）内容要具体、明确，具有可操作性，能够切实解决问题；内在逻辑要严密，语言要规范、简洁、准确；

（4）规范性文件通过后，应当在政府公报、普遍发行的报刊和政府网站上公布；

（5）建立和完善规范性文件的定期清理制度，解决规范之间的矛盾和冲突；

（6）规范性文件施行后，制定机关、实施机关应当定期对其实施情况进行评估，实施机关应当将评估意见报告制定机关。

《法治政府建设意见》在《依法行政纲要》的基础上，进一步提出要求：

（1）各类规范性文件不得设定行政许可、行政处罚、行政强制等事项，不得违法增加公民、法人和其他组织的义务；

（2）制定对公民、法人或者其他组织的权利义务产生直接影响的规范性文件，要公开征求意见，由法制机构进行合法性审查，并经政府常务会议或者部门领导班子会议集体讨论决定，未经公开征求意见、合法性审查、集体讨论的，不得发布施行；

（3）县级以上地方人民政府对本级政府及其部门的规范性文件，要逐步实行统一登记、统一编号、统一发布；

（4）探索建立规范性文件有效期制度。

《依法行政纲要》和《法治政府建设意见》的指示，不具有司法上的直接实施和强制实施的效力，但事实上发挥重要的影响力。[1]在中央，国务院至少已有23个具有独立或相对独立地位的部门（包括部、委、直属特设机构、直属机构、直属事业单位、国务院部委管理的局等），[2]在地方，至少有27个省、自治区和直辖市，[3]出台了规范性文件制定程序的专门规定。此外，国务院部门、地方人民政府或其职能部门也都陆陆续续出台有关规范性文件合法性审查/审核的规定。[4]这些规则的实施情况和实际效果如何，尚待更多实证研究。它们的颁布并不一定意味着对规范性文件的规制有了重大、明显的发展，但是，作为公开的制度，无疑会对规范性文件的制定起到约束作用。

---

[1] 由于国务院在行政系统中的地位，类似指示往往都会获得实际的推动力。例如，《国务院办公厅关于贯彻落实全面推进依法行政实施纲要的实施意见》（2004）明确要求"建立和完善行政机关工作人员依法行政情况考核制度，制定具体的措施和办法，把依法行政情况作为考核行政机关工作人员的重要内容。"一些地方也确实相应地建立了依法行政考核指标体系。参见《依法行政考核评价指标体系》课题组：《北京市依法行政考核评价指标体系研究报告》，载《行政法学研究》2009年第1期，第124-134页。

[2] 例如，《气象行政规范性文件管理办法》（2020）《国家广播电视总局行政规范性文件管理规定》（2020）《中国银保监会规范性文件管理办法》（2020）《生态环境部行政规范性文件制定和管理办法》（2020）《国资委规范性文件制定管理办法》（2020）《国家铁路局行政规范性文件制定和管理办法》（2019）《交通运输部行政规范性文件制定和管理办法》（2019）《自然资源规范性文件管理规定》（2019）《国家中医药管理局行政规范性文件管理办法》（2019）《国家林业和草原局行政规范性文件管理办法》（2019）《税务规范性文件制定管理办法》（2019修改）《住房城乡建设部行政规范性文件管理办法》（2018）《商务部规范性文件制定和管理办法》（2018）《国家体育总局规章和规范性文件制定程序规定》（2017）《国家标准化管理委员会规范性文件管理规定》（2017）《国家知识产权局规范性文件制定和管理办法》（2016）《国家海洋局规范性文件制定程序管理规定》（2015修订）《国家认监委规范性文件制定程序规定》（2015）《财政部规范性文件制定管理办法》（2013）《国家邮政局规章起草和规范性文件制定程序规定》（2012）《民政部规范性文件制定与审查办法》（2011）《国家宗教事务局规章和规范性文件制定程序规定》（2010）《中华人民共和国海事局海事规范性文件制定程序规定》（2010）。检索最后截止日：2021年5月24日。

[3] 有天津、河南、安徽、山西、上海、江西、新疆、云南、四川、海南、宁夏、广东、陕西、甘肃、黑龙江、江苏、湖南、湖北、西藏、贵重、浙江、广西、河北、重庆、青海、吉林、内蒙古。检索最后截止日：2021年5月24日。

[4] 例如，《人力资源社会保障部规范性文件合法性审查试行办法》（2017）《环境保护部规范性文件合法性审查办法》（2016）《辽宁省行政规范性文件合法性审核办法》（2020）《湖北省医疗保障局规范性文件合法性审核及政策措施公平竞争审查工作管理办法（试行）》（2020）。

2. 备案审查制度

在我国，《立法法》确立的合宪性、合法性审查制度，适用对象是行政法规、地方性法规、自治条例和单行条例，负责审查的机关是全国人大常委会，任何个人、组织或国家机关都可以提出审查建议或要求。[1] 该制度在表面上是建立在权力分工和监督理念基础上，而其实际运作，已经演化为"建议＋自我纠错"的模式。2003 年的孙志刚事件[2] 和 2009 年的唐福珍事件[3] 是该模式的最好注解。在两起事件中，分别有学者向全国人大常委会提出对《城市流浪乞讨人员收容遣送办法》和《城市房屋拆迁管理条例》的审查建议。但是，全国人大常委会并未启动正式的、公开的审查程序。最后，是国务院而不是全国人大常委会，分别于 2003 年 6 月废除了《城市流浪乞讨人员收容遣送办法》，取而代之的是《城市生活无着的流浪乞讨人员救助管理办法》；于 2011 年 1 月废除了《城市房屋拆迁管理条例》，代之以《国有土地上房屋征收与补偿条例》。

这种自我纠错模式也体现在对规章、规范性文件的事后审查制度的建构。早在 1987 年，国务院办公厅就发布《关于地方政府和国务院各部门规章备案工作的通知》，明确要求部门规章和地方政府规章需报国务院备案。1990 年，国务院首次制定了专门针对备案制度的行政法规——《法规规章备案规定》。根据该规定，原国务院法制局具体负责法规、规章的备案审查和管理工作，并负责对法规、规章的合法性、一致性以及规范性进行审查。《立法法》的出台，推动了国务院于 2001 年制定新的《法规规章备案条例》，《法规规章备案规定》废止失效，但备案审查制得以延续下来。而且，新条例在继承原来的"依职权审查制"的同时，仿照《立法法》，引入了"依建议审查"的制度。

而 2004 年的《依法行政纲要》则把备案审查制扩大至所有的规范性文件。2010 年的《法治政府建设意见》则指出：

> 对公民、法人和其他组织提出的审查建议，要按照有关规定认真研究

---

[1] 参见《立法法》（2015）第99条、第100条、第101条。
[2] 关于孙志刚事件的一般性了解，可参见https://baike.baidu.com/item/孙志刚事件/4430559?fr=aladdin。最后访问：2021年5月24日。
[3] 关于唐福珍事件的一般性了解，可参见https://baike.baidu.com/item/唐福珍/67314。最后访问：2021年5月24日。

办理。对违法的规章和规范性文件,要及时报请有权机关依法予以撤销并向社会公布。备案监督机构要定期向社会公布通过备案审查的规章和规范性文件目录。

在国务院的推动下,一些国务院部门[1]和至少9个省、自治区、直辖市人民政府[2]制定有关行政规范性文件备案审查的专门规章,也有不少将备案审查制度纳入关于行政规范性文件的一般性管理规定之中[3]。而从关于行政规范性文件备案审查制度的地方立法文本来看,"自我纠错"模式的特点就体现为:(1)备案审查机关与制定机关之间的沟通协商往往是必经程序;(2)备案审查机关向制定机关提出自行修改或废止的建议是常规作法;(3)有些地方规定,只有在行政规范性文件有严重不合法或者不适当的规定,且继续执行会造成严重后果的情况下,备案审查机关可以决定停止或部分停止执行行政规范性文件;(4)有些地方也规定备案审查机关可以直接宣布无效或者撤销,但适用的条件十分严格,基本是较为罕见的情形。[4]

3. 行政裁量基准

现代行政国家,立法者授予行政机关广泛的裁量权,是不可避免的。然而,裁量权的行使也容易堕入随意,以至于出现滥用和显失公正的情形。为规范行政裁量,《依法行政纲要》指出:

> 要抓紧组织行政执法机关对法律、法规、规章规定的有裁量幅度的行政处罚、行政许可条款进行梳理,根据当地经济社会发展实际,对行政裁量权予以细化,能够量化的予以量化,并将细化、量化的行政裁量标准予

---

[1] 例如,《公安机关规范性文件备案审查办法》(2004)《水利部规范性文件审查与备案管理办法》(2005)。

[2] 有甘肃、山东、西藏、海南、广西、云南、宁夏、北京、青海。最后检索:2021年5月24日。

[3] 例如,中国气象局、国家广播电视总局、国家铁路局、国家中医药管理局、交通运输部;新疆、广东、江西、山西、天津、重庆、上海、贵州、浙江、陕西、四川、河南、湖北。最后检索:2021年5月24日。

[4] 参见薛小蕙:《地方行政规范性文件备案审查制度的文本分析》,载《河南财经政法大学学报》2019年第5期,第28页。

以公布、执行。

该要求虽未明确提及"行政裁量基准"概念,而是用了"行政裁量标准"概念,但很快,实务界和学界都认同、使用"基准"一词,用以指称行政机关自行制定的指导执法人员实施裁量的准则。[1]《法治政府建设意见》采纳了共识:

> 建立行政裁量权基准制度,科学合理细化、量化行政裁量权,完善适用规则,严格规范裁量权行使,避免执法的随意性。

其实,无论是"基准",还是"标准",抑或是其他称谓,重要的是法律、法规、规章规定的宽泛的行政裁量——主要是指行政执法裁量而非行政机关制定规则的裁量——得以通过细化的规则,而获更加公正、平等的行使,在禁止行政恣意、保障行政相对人合法权益方面会发挥其积极功效。国务院各部门和各地方最先开始探索的领域是行政处罚裁量基准,这也是当前行政裁量基准体系的主要部分。例如,在国家层面,环境保护部2009年制定的《规范环境行政处罚自由裁量权若干意见》,交通运输部2010年制定的《交通运输部关于规范交通运输行政处罚自由裁量权的若干意见》,国家安全监管总局2010年制定的《安全生产行政处罚自由裁量标准》;在地方层面,石家庄市科技局于2008年制定的《石家庄市科技局行政处罚自由裁量实施办法(试行)》《石家庄市科技系统行政处罚自由裁量权执行标准(试行)》,江苏省安全生产监督管理局制定的《江苏省安全生产行政处罚自由裁量权适用规则(试行)》(2009),杭州市建设委员会制定的《杭州市工程建设管理行政处罚裁量规则》(2010,2011年修改),等等。而且,直至近些年,行政裁量基准的制定仍然保持能动的状态。例如,水利部长江水利委员会2021年制定的《长江省际边界重点河

---

[1] 实务界较早使用"裁量基准"一词的,有《深圳市公安局治安分局关于办理治安案件的自由裁量基准制度》。参见张妍等:"深圳试行治安案自由裁量基准制",载《深圳商报》2004年7月16日。关于学术界的文献,例见朱芒:《日本〈行政程序法〉中的裁量基准制度》,载《华东政法学院学报》2006年第1期,第73-79页;王天华:《裁量标准基本理论问题刍议》,载《浙江学刊》2006年第6期,第124-132页;周佑勇:《裁量基准的正当性问题研究》,载《中国法学》2007年第6期,第22-32页;余凌云:《游走在规范与僵化之间——对金华行政裁量基准实践的思考》,载《清华法学》2008年第3期,第54-80页。

段采砂行政处罚自由裁量权细化标准》，住房和城乡建设部 2019 年制定的《规范住房和城乡建设部工程建设行政处罚裁量权实施办法》和《住房和城乡建设部工程建设行政处罚裁量基准》，农业农村部 2019 年制定的《规范农业行政处罚自由裁量权办法》以及交通运输部海事局 2017 年制定的《海事违法行为行政处罚裁量基准》。

行政裁量基准一方面可以将行政裁量权控制在合理行使的范围内；另一方面也有可能过于细化和具体，以至于裁量权失去其应有的灵活性，出现"僵化"问题。〔1〕然而，考虑到行政裁量权普遍而广泛的存在，考虑到行政裁量滥用的可能性和严重性，考虑到立法机关对行政机关如何结合具体情境公正、效率地进行裁量几乎无能为力，这些裁量基准——不是通过法定义务而是基于行政科层制的指挥监督——的发布无疑是利大于弊的。

当然，行政自我规制所覆盖的领域或问题，不限于规范性文件制定及合法性审查、备案审查制度、行政裁量基准。在重大行政决策的制定程序〔2〕、政府信息公开〔3〕、行政问责制〔4〕等方面，行政系统也都在积极地创设规则，以实现"规则之治"（the rule of rules）。〔5〕

---

〔1〕 参见余凌云：《游走在规范与僵化之间——对金华行政裁量基准实践的思考》，载《清华法学》2008 年第 3 期，第 78 页。

〔2〕 《依法行政纲要》对"行政决策程序"提出若干要求："完善行政决策程序。除依法应当保密的外，决策事项、依据和结果要公开，公众有权查阅。涉及全国或者地区经济社会发展的重大决策事项以及专业性较强的决策事项，应当事先组织专家进行必要性和可行性论证。社会涉及面广、与人民群众利益密切相关的决策事项，应当向社会公布，或者通过举行座谈会、听证会、论证会等形式广泛听取意见。重大行政决策在决策过程中要进行合法性论证。"之后，国务院各部门和各地都陆续规定"重大行政决策程序"，直至 2019 年，国务院颁布行政法规《重大行政决策程序暂行条例》。

〔3〕 国务院于 2007 年制定《政府信息公开条例》，2019 年进行修订，是政府信息公开制度逐渐发展和完善的重要基石。

〔4〕 在 2003 年"非典"肆虐时，许多高级政府官员因处置不力而被问责，被称作"问责风暴"。自此以后，党中央和国务院单独或联合发布一系列规则，旨在加强对各级党政领导干部的问责。其中，2009 年，由中共中央办公厅和国务院办公厅联合发布的《关于实行党政领导干部问责的暂行规定》对问责制进行了系统的规定，各级党政领导要为其重大决策和引起广泛关注的重大事故或事件负责。

〔5〕 "规则之治"实际上是"法治"（the rule of law）的延伸，其指向当前公共事务的治理规则有相当部分是行政机关制定的，而不是立法机关制定。See Xixin Wang, Rule of Rules: An Inquiry into Administrative Rules in China's Rule of Law Context, in Mansfield Center for Pacific Affairs ed., The Rule of Law: Perspectives from the Pacific Rim, Washington DC, 2000, p. 71-89.

三、行政自我规制的发展动力

立法和司法对行政权实施的外部规制的不足，当然是行政自我规制生成的重要原因之一。问题在于：在外部规制的空隙之处，行政机关或行政系统为什么有动力考虑一种自我约束，而不是在立法者给予的广阔地带任意驰骋？大致上，行政自我规制的发展动力可归结如下。

1. 法理型统治

在不断面向现代化任务，引导中国从农业社会向工业社会、从农村向城市迈进的过程中，执政者不可能回归或依靠传统型统治（traditional authority）和魅力型统治（charismatic authority）。若要实现经济增长、政治稳定、社会公正，并长期获得民众的支持，法理型统治（rational-legal authority）是不二之选。[1]这已成为自邓小平以后历届中国共产党领导人的共识。

早在1978年12月，邓小平就指出："为了保障人民民主，必须加强法制。必须使民主制度化、法律化，使这种制度和法律不因领导人的改变而改变，不因领导人的看法和注意力的改变而改变。"[2]时任人大常委会委员长叶剑英也表明，一个国家非有法律和制度不可，这种法律和制度要有稳定性、连续性，一定要有极大的权威性。只有经过法律程序才能修改，而不能以任何领导人个人的意志为转移。[3]

可以说，法理型统治的需求从"文革"结束延续至今。正因为如此，在立法者、司法者能力不足的地方，行政系统内部也需要加强自我规制，通过一系列规则的建立，以保证行政依规则办事，而不是完全依各级领导人意志办事。

2. 民主、法治观念与现实需求

1999年，"依法治国、建设社会主义法治国家"写入宪法，国务院连

---

〔1〕 关于三种统治类型——传统型统治、魅力型统治、法理型统治（又译"合法型统治"）——的阐述，参见［德］马克斯·韦伯：《经济与社会》（上卷），林荣远译，商务印书馆1997年，第238-283页。

〔2〕 邓小平：《解放思想，实事求是，团结一致向前看》，载《邓小平文选》（第二卷），人民出版社2003年，第157页。

〔3〕 参见刘政：《新时期的人大工作从这里起步——五届全国人大二次会议的功绩》，载《中国人大》2002年第7期，第40页。

续出台《依法行政决定》《依法行政纲要》《法治政府建设意见》；2012年，中国共产党第十八次全国代表大会报告首次明确宣示社会主义核心价值体系的构成，将"民主""法治"纳入其中。这些都体现了执政系统与广大人民对民主、法治的共识。民主、法治的进程之所以显得缓慢而曲折，一方面是因为体制、观念还有同其存在诸多抵触的地方，改革起来并不容易，但更加重要的是因为民主、法治所需要的现实条件，也正处于一个方向明确但历时漫长的衍变过程。

我国现在仍然处于从农村走向城市的过程之中。过去四十年，城镇常住人口达到8.13亿，比1978年增加了6.41亿，城镇化率由17.92%增加到58.52%，提高了40.6个百分点。[1] 今后很长一段时期内，这种农村向城市的人口迁移不可避免，预计到2040年前后，中国农村将只有4亿人口。[2] 这样的转变将见证：从城市"掠夺"农村[3]走向城乡一体化发展；从"熟人社会"[4]走向陌生人社会；从零碎的、多样的农村生活走向更为一致的城市生活样态。转变会使越来越多的人期盼并接受超越地方习惯、风俗的普遍规则。仅就此而言，民主、法治将不单是影响人们行为的观念，更是会拥有日益广泛的经济和社会基础。

随着经济、社会条件的进一步改变，受民主、法治观念熏陶的人口，感受

---

[1] 参见李通屏：《中国城镇化四十年：关键事实与未来选择》，载《人口研究》2018年第6期，第16页。

[2] 参见邢世伟：《中国农村人口30年后将减至4亿》，载《新京报》2010年2月24日。

[3] "中国城镇化虽然伴随着城乡居民收入的提高，虽然避免了大规模失业和贫困，但马克思深为痛斥的剥夺农村居民的现象远远没有根绝。如工农业产品价格'剪刀差'、优先发展重化工业的城市偏向政策、人为的造城运动、大规模的圈地运动以及强制拆迁等等。这些同马克思的分析仍然惊人相似"。李通屏：《中国城镇化四十年：关键事实与未来选择》，载《人口研究》2018年第6期，第21页。

[4] "熟人社会"概念由著名社会学家费孝通提出，被认为是对中国传统乡土社会特征的经典描述。在熟人社会中，由于长期生活在一起，有着非常亲密的关系，人们相互之间不仅熟悉，而且彼此信任，且对行为规矩有着下意识的遵守。参见费孝通：《乡土中国生育制度》，北京大学出版社1998年，第9-10页、第44页；陈柏峰：《熟人社会：村庄秩序机制的理想型探究》，载《社会》2011年第1期，第224-226页。

到民主、法治对维护和促进自己权益重要性的人口,将会日益增多。[1] 在接受外部规制的同时,政府必须面对公众对民主、法治的现实需求,实现更多的自我规制。

3. 行政的民主合法性压力

我国的行政合法性(legitimacy)是建立在民主基础上的。国务院是全国人大及其常委会的执行机关,地方各级人民政府是地方各级人大及其常委会的执行机关。[2] 人民代表大会制度是我国基本的政治制度之一,人民代表大会的合法性建立在民主选举基础上,在理论上体现人民的意志,故行政机关只要是在严格执行人民代表大会制定的法律、地方性法规或决定,其就具有合法性。因为,行政机关好比"传送带"(transmission belt)一般——传送民主代表机关的意志(终极意义上是人民的意志)。但是,有些西方国家发生的"传送带"松弛现象,[3] 在我国也同样存在,甚至更为严重。而且,在人民代表大会制度有待进一步完善的现时情况下,政府一直以来主导着经济、社会的发展和变革。

虽然这给了政府非常多的权力,但在民主、法治观念成长的时代,也将政府推到直接对民负责的风口浪尖上去了。在相当程度上,让行政承担了更多的政治责任(即政策、规则的创制责任),而不是其本应承担的行政责任(即政策、规则的执行责任)。尤其是,在互联网时代,民意的聚集非常快捷,质疑政府违背民主、法治的声音会很快成为公议事件,对政府形成巨大的民意压力。[4] 来自民间的压力,也使政府必须通过自我规制,约束具体的个人

---

〔1〕 例如,一项问卷调查显示,相比较低收入人群,高收入人群对私有财产的宪法保护更加关心。99%的私营经济业主认为,合法的私有财产应得到与公有财产同等的保护;而对私有财产的保护漠不关心的被调查者有81.3%是大学以下学历的低收入人群。参见孙昌军、张辉华:《私有财产保护的社会心理调查及相关研究》,载《河南司法警官职业学院学报》2005年第2期,第101页。

〔2〕 参见《宪法》第85条、第105条。

〔3〕 See Richard Stewart, The Reformation of American Administrative Law, 88 HARV. L. REV. 1667, 1676-77 (1975).

〔4〕 参见胡雪:《从网络恐惧症看网络问责对官员的隐性影响》,载《理论观察》2009年第5期,第61-62页;骆勇:《网络时代下的网络问责:一种新兴民主形态的考量》,载《云南行政学院学报》2009年第4期,第64-66页;周亚越:《公民网络问责:行动逻辑与要素分析》,载《北京航空航天大学学报(社会科学版)》2011年第5期,第1-5页。

（包括领导人和普通工作人员），避免其渎职、腐败或滥用权力，以维护政府的合法性基础。

4. 官僚科层制的结构

行政的自我规制之所以可能，还有一个重要原因是行政系统的官僚制结构。官僚制结构的基本特征之一是层级制、等级制，上级指挥下级、下级服从上级，有严格的和系统的纪律和控制。[1] 一方面，由于在改革开放之初，执政党已经形成对法理型统治的共识，之后，又已经明确将依法治国、依法行政作为基本治理方略，[2] 因此，由国务院发动自上而下的"依法行政建设工程"就成为可能，进而，可以凭藉该工程所施展其中的官僚制结构，在行政系统内部责令下级按照上级的要求，进行自我规制的制度创新和试错。另一方面，在国务院之下，各级政府或部门领导必须使自己负责的领域，能够经得起民众和上级的检视，至少不能出现造成重大损失或恶劣影响的事故、事件、案件，或者会引发群体性事件或其他重大事件的问题，否则，就有可能承担相应的责任。[3] 为此，他们也愿意通过行政自我规制，约束下级的随意性，同时，还可以借此分担或转移问责风险。

---

〔1〕 这里所用的"官僚制"是一个中性词，德国社会学家马克斯·韦伯对该制度的特征有非常细致的描述。参见［德］马克斯·韦伯：《经济与社会》（下卷），林荣远译，商务印书馆1997年，第242-251页；黄小勇：《韦伯理性官僚制范畴的再认识》，载《清华大学学报（哲学社会科学版）》2002年第2期，第51-52页；马剑银：《现代法治、科层官僚制与"理性铁笼"——从韦伯的社会理论之法出发》，载《清华法学》2008年第2期，第41-42页。

〔2〕 参见《中共中央关于全面推进依法治国若干重大问题的决定》（2014年10月23日在中国共产党第十八届中央委员会第四次全体会议上通过）。

〔3〕 参见《关于实行党政领导干部问责的暂行规定》第5条规定："有下列情形之一的，对党政领导干部实行问责：（一）决策严重失误，造成重大损失或者恶劣影响的；（二）因工作失职，致使本地区、本部门、本系统或者本单位发生特别重大事故、事件、案件，或者在较短时间内连续发生重大事故、事件、案件，造成重大损失或者恶劣影响的；（三）政府职能部门管理、监督不力，在其职责范围内发生特别重大事故、事件、案件，或者在较短时间内连续发生重大事故、事件、案件，造成重大损失或者恶劣影响的；（四）在行政活动中滥用职权，强令、授意实施违法行政行为，或者不作为，引发群体性事件或者其他重大事件的；（五）对群体性、突发性事件处置失当，导致事态恶化，造成恶劣影响的；（六）违反干部选拔任用工作有关规定，导致用人失察、失误，造成恶劣影响的；（七）其他给国家利益、人民生命财产、公共财产造成重大损失或者恶劣影响等失职行为的。"

四、结论：不可忽视亦不可高估

由于存在上述动力，行政自我规制在推动我国政府法治的进程之中，的确扮演了重要的角色。行政法学理论、行政法治实践都不能忽视该力量的持续存在，都应在认识该力量可能发挥的积极作用的基础上，为其创造更好的施展空间或条件。然而，它只是众多力量之一种，它也有内在的、很难克服的局限。最为关键的是，当前促使行政自我规制的动力，在系统性、持续性和有效性方面存在不足。

首先，国务院作为行政自我规制的最重要推动者，不可能有充分的时间和精力，去监督全国范围内各下级政府及其职能部门实现自我规制的成效。在官僚科层制等级结构内，国务院、省级、市级、县级乃至乡镇人民政府之间的"传送带"，也同样会松弛。不少地方出台的自我规制文件，仅仅是在表面上迎合上级的要求，还是真正得以贯彻落实，仍然会在人们心中存疑。

其次，问责制的存在并不只有一个上级监督下级、要求下级依法行政的简单面向。下级是否能有效完成相应的政治稳定、经济发展、城乡管理、环境保护、社会保障等一系列复杂的行政任务，也是上级所关切的，甚至是更为关切的。若下级为完成任务而采取不合法不合理手段并导致一些事件时，上级同样会有"城门失火殃及池鱼"的担心，而对下级"睁一只眼闭一只眼"或"大事化小小事化了"。

最后，促使行政自我规制的公共议论压力，更多是借助媒体形成和表现的。媒体的空间有可能会受到限制，国务院部门的或地方政府的一些违法问题不见得都会被报道。而且，新闻既会迅速地聚集民意和公共议论，也会迅速地转移对话题的注意力。新闻的这种时效性，也不太容易保证对政府的持续压力。民意若不能通过立法、司法，转化为系统的、持续的、有效的权力监督和制约，行政自我规制的民间压力还是会打上折扣，影响行政自我规制的实效及进一步推进。

因此，行政自我规制对我国行政法治的贡献，应当用一个系统的、谨慎的眼光，予以观察、评析和承认。仅仅通过行政自我规制来实现行政法治，是一项不可能完成的任务。对行政自我规制应该寄予厚望，却不能完全高估并依赖于它。外部规制及其效力实现的环境之变革，不单是不可或缺，而且是更为重要。否则，行政自我规制的终点很有可能是随处可见的"玻璃天花板"——无形的却真真实实的障碍。

静谧 /Silence 05/19/2021

> 一切国家机关实行精简的原则，实行工作责任制，实行工作人员的培训和考核制度，不断提高工作质量和工作效率，反对官僚主义。
> ——《中华人民共和国宪法》

第七章　行政法上的效能原则

以最小的投入，得到最大的收获，不仅被普遍认为是有效率的，而且被假定为个人或组织在通常情况下所追求的。[1] 作为主权者的人民，当然也希望其缴纳税收支撑起来的国家公权力体系是有效率的，从而可以让他们的支出物有所值——用尽可能少的税赋，得到最优的公共管理和服务。

不过，由于人民（委托人）对公权力行使者（代理人）的行为细节不了解，或不愿意付出高昂的信息收集成本去密切关注代理人的一言一行，代理人就很有可能采取机会主义立场，[2] 用不正当的手段为自己利益最大化考虑，而不是考虑委托人的利益最优。这就是普遍存在的"委托-代理问题"[3] 在人民—公权力者关系上的体现。因此，公权力者和公权力体系可能有对效率的主动追求，但更多地不是自愿的和自我驱动的，而是要么源于命令，要么源于激励。命令和激励，或者写于成文规则之中，或者来自上级的直接指示，上级指示多数情况下依据法条，也有可能在法条匮缺时迫于人民的压力。

也正因为此，在成文法则浩如烟海的当今，总能发现基于效能、效率或效益[4] 的考虑而设计出来的规则。吊诡的是，虽然效能、效率或效益是一种普

---

[1] "追求自身利益最大化的假设认为，经济活动人存在着尽可能增加自身利益的愿望和行动。……在现代主流经济学中，最大化行为被作为'一般的、统一的原则'应用于对各种经济问题的考察"。刘世锦：《经济体制效率分析导论》，上海三联书店、上海人民出版社1994年，第26页。

[2] "机会主义倾向指人们借助于不正当手段谋取自身利益的行为倾向。"刘世锦：《经济体制效率分析导论》，上海三联书店、上海人民出版社1994年，第37页。

[3] 关于"委托-代理问题"，参见［德］柯武刚、史漫飞：《制度经济学：社会秩序与公共政策》，韩朝华译，商务印书馆2000年，第77-79页。

[4] 效能、效率和效益的区别和关联，详见本章第三部分。

遍的追求，是人民对行政机关的一个普遍要求，也在诸多成文法则中有所体现，但我国行政法学的主流学说或通说，却始终未将其作为行政法的一般原则（通常所谓的基本原则[1]）来对待。这种现象的原因何在？效能原则是否应该成为一项行政法的一般原则？以及，与前一问题相关的，效能原则究竟有什么比较确切的规范内涵？[2] 本章试图回答这些问题。

一、学术史的回顾

行政效能、效率或效益是否应当作为行政法一般原则，在过去四十年的行政法学发展历程中，曾经有过不同的观点，只是始终未引起广泛的热议和争论，并没有成为行政法学的热点话题。否定观点似乎很容易地成为主流，而肯定观点只是零星地存在。

1. 初期的提出

20 世纪 80 年代初，中国行政法学在经历了长达二十多年的沉寂之后，开始逐渐复兴。而此时的行政法学，无论教材还是论文，皆有提出效能或效率原则的。

1983 年出版的全国第一本行政法学统编教材《行政法概要》，以专章论述了"我国国家行政管理的指导思想和基本原则"，其中一节题为"实行精简的原则"，目标追求就是行政的效能或效率。[3] 只是，其明显烙下行政管理原则的印记。另有教材仅在"行政组织法"一章中提到，"效能原则""精简原则"应当是行政机构的设置原则。[4] 在教材中较早主张效率原则独立作为行政法基本原则之一的，对该原则的定义是"以尽可能少的消耗去获得尽可能大的收

---

[1] 本章更愿意使用"一般原则"而不是"基本原则"，因为作者并不赞同一个代表性观点，即基本原则是产生其他具体规则和原则的基础性规范。然而，由于论者多使用"基本原则"，故本章在直接或间接引述他人观点时沿用该词，而在表达作者自己观点时使用"一般原则"。

[2] 若效能、效率、效益只是空洞抽象的概念，而无比较确切的规范内涵，就极易被视为"价值"，而很难成为行政法的一般原则。这是两个问题的关联之处。

[3] 参见王珉灿主编：《行政法概要》（高等学校法学试用教材），法律出版社1983年，第52-53页。

[4] 参见姜明安：《行政法概论》（北京大学试用教材），北京大学出版社1986年，第69-75页、第80-81页。

获,或在同样的收效情况下花费尽可能少的代价。"[1]

在教材之外,也有论者在文章中提出,"效率原则"与"法治原则""制约原则"和"公正原则"一样,同为行政法的基本原则。而效率原则的涵义是"行政机关在行使其职能时,要力争以尽可能快的时间、尽可能少的人员、尽可能低的经济耗费办尽可能多的事,并使之办得尽可能的好。"[2] "行政效能原则"还被认为是"行政权运行的本身要求","如何用法律形式来保障行政权的运行,并提高行政机关活动的效率,应该是行政权运行的客观规律向行政法提出的迫切课题。"[3]

2. 被主流学说排斥

上述观点很快为主流学说所排斥。首先,行政法基本原则主要包括行政合法性原则和行政合理性原则的观点逐渐成为主流观点,[4] 在关于这两项基本原则具体涵义和要求的阐释中,已无效能(效率、效益)的一席之地。[5]

与此同时,效率原则被普遍认为是行政管理原则而不是行政法原则。主要观点有:第一,把效率原则视为行政法基本原则的观点抹杀了行政法的特殊性,忽视了不同学科间界限;[6] 第二,效率原则不能作为检验执法和适法的标准;[7] 第三,违反效率原则引起的后果是行政效率低下,妨碍行政目标实现,

---

[1] 参见李宗兴、张世信、阎仁斌主编:《行政法学概论》,上海社会科学院出版社1989年,第76-77页。

[2] 参见姜明安:《行政法的基本原则》,载《中外法学》1989年第1期,第42页。

[3] 参见杨海坤:《论我国行政法的基本原则》,载《上海社会科学院学术季刊》1990年第8期,第80页。

[4] 行政诉讼法制定前后,行政法学界对行政法基本原则的认识"比较一致地集中于行政合法性原则和行政合理性原则"。参见张尚鷟主编:《走出低谷的中国行政法学》,中国政法大学出版社1991年,第62-63页。

[5] 参见应松年主编:《行政法学教程》,中国政法大学出版社1988年,第39-42页;朱维究:《简论行政法的基本原则》,载《法学研究》1989年第1期,第5-9页;罗豪才主编:《行政法学》,中国政法大学出版社1989年,第34-45页;应松年、朱维究主编:《行政法与行政诉讼法教程》,中国政法大学出版社1989年,第52-58页;宋顺和、陈家球主编:《行政法和行政诉讼法概论》,复旦大学出版社1990年,第31-38页;胡建淼主编:《行政法教程》,杭州大学出版社1990年,第43-49页;王连昌主编:《行政法学》,中国政法大学出版社1994年,第19-26页;罗豪才主编:《行政法学》,中国政法大学出版社1996年,第53-65页。

[6] 参见王连昌主编:《行政法学》,中国政法大学出版社1994年,第20页。

[7] 参见罗豪才主编:《行政法学》,中国政法大学出版社1989年,第35页。

而行政法基本原则旨在解决行政行为的法律效力，如果行为违反原则，会导致无效。[1]

3. 肯定观点少量存在

尽管如此，肯定效能、效率或效益原则的少数派观点，仍然存在，主要有：（1）自由、权利保障原则、依法行政原则和行政效益原则是行政法三项基本原则；[2]（2）将行政效益原则引入行政法有宪法基础，有助于更新行政法观念，积极回应服务行政、给付行政时代的需要；[3]（3）新行政法展开的二维结构是"合法性"和"最佳性"，而行政效能原则是行政法基本原则在"最佳性"框架中的深化与创新。行政效能原则的三个基本要求是：第一，行政活动应当遵循成本-效益分析；第二，行政组织、手段和程序应当与行政目的和任务匹配；第三，行政行为应当具有可接受性；[4]（4）"行政效能效率原则"应该被承认法律原则地位。该原则进一步的具体要求包括：第一，完善行政组织法制体系；第二，通过合理的程序设置，提高行政效率；第三，广泛应用新的科技手段以促进效能效率的提高；第四，建立规制（监管）影响分析制度。[5]

此外，也有观点并不是把行政效率原则或效益原则作为衡量行政活动的一种标尺，而是将其同等地适用于对行政相对人的效率的促进，[6]或者是对行政法律制度体系的整体要求。[7]又或者，把"有效率的行政权"作为行政法基本原则的两大逻辑起点之一。[8]

---

[1] 参见胡建淼主编：《行政法教程》，杭州大学出版社1990年，第44页。
[2] 参见薛刚凌：《行政法基本原则研究》，载《行政法学研究》1999年第1期，第6-10页。
[3] 参见章志远：《我国行政法基本原则之重构》，载《太原理工大学学报（社会科学版）》2005年第1期，第49页。
[4] 参见朱新力、唐明良等：《行政法基础理论改革的基本图谱："合法性"与"最佳性"二维结构的展开路径》，法律出版社2013年，第42-63页。
[5] 参见李洪雷：《行政法释义学：行政法学理的更新》，中国人民大学出版社2014年，第108-109页。
[6] 参见王成栋：《论行政法的效率原则》，载《行政法学研究》2006年第2期，第25页。
[7] 参见谢永霞：《作为行政法基本原则的效益原则——基于组织理论视野》，载《湖北社会科学》2013年第2期，第144页。
[8] 参见章剑生：《现代行政法基本原则之重构》，载《中国法学》2003年第3期，第61-62页。

4. 学术变迁的原因

在行政法学复兴之初，直至1989年《行政诉讼法》颁布前后，关于效能、效率或效益原则应为行政法基本原则的主张，起因于两个相互交织关联的方面。

一则，改革开放未久，当时行政领域普遍存在的部门林立、机构臃肿、层次繁多、互相扯皮、人浮于事、工作效率低的现象被认为是不能容忍的，提高工作效率、克服官僚主义被提上议事日程，且很快形成执政党最高决策层的共识，进而转变为全国人民代表大会具有法律效力的决议。[1] 一年以后，立宪者又将"精简、效率、反官僚主义"的原则，明确写进了现行宪法之中。[2] 这些都反映了当时普遍的认识，即为了促进国家现代化建设，需要在行政管理领域提高效率。

二则，行政法学复兴起步阶段受到行政（管理）学的知识影响。有评论认为，行政法基本原则研究的第一阶段是"怀疑行政法是否存在独立的基本原则，或承认行政法的基本原则，但却与宪法原则、行政管理原则相混淆"。[3] 正因为如此，效率原则作为行政管理的重要原则，也就被吸纳为行政法基本原则。

然而，《行政诉讼法》的制定和颁布，推动了行政法学寻求独立性的使命，[4] 从而迅速让行政法基本原则的研究有意识地去摆脱行政学的影响。行政管理基本原则要体现、反映为法的原则，但法律本身又有特殊性，不宜将两者混同。这个认识逐渐占据支配地位。[5] 于是，效能、效率或效益原则，被视为行政管理或行政组织的原则而遭多数学者摈弃。

在行政法基本原则主流学说之外的境遇，并没有让效能、效率或效益原则

---

〔1〕 参见《第五届全国人大第四次会议关于〈当前的经济形势和今后经济建设的方针〉报告的决议》（1981年12月13日）。

〔2〕 《宪法》第27条第1款规定："一切国家机关实行精简的原则，实行工作责任制，实行工作人员的培训和考核制度，不断提高工作质量和工作效率，反对官僚主义。"

〔3〕 参见张尚鷟主编：《走出低谷的中国行政法学》，中国政法大学出版社1991年，第60页。

〔4〕 "行政诉讼制度的建立则为中国行政法学步入正轨提供了基础……在行政诉讼制度未建立之前，中国行政法学的许多研究工作像飘在水面的浮萍一样无根基，而行政诉讼制度的建立，便向中国行政法学提出了挑战，也为其发展提供了机遇。"参见张尚鷟主编：《走出低谷的中国行政法学》，中国政法大学出版社1991年，第11页。

〔5〕 参见张尚鷟主编：《走出低谷的中国行政法学》，中国政法大学出版社1991年，第60页。

在行政法学者视野中彻底消失。如上所述,持肯定主张的论者始终存在。之所以仍然游走于边缘,或许有三个因素共同造成:一是主流学说的持续惯性作用,无论在教学或研究上都形成定式,阻碍了对该原则的深入探索;二是在行政诉讼制度基础上形成的以法律适用/司法为主要面向的行政法学方法论,禁锢了对行政实务需求、对其他学科——在这里尤其是行政学——的关切;三是肯定论既未对效能、效率或效益原则的规范内涵予以充分、清晰且具有说服力的阐述,也存在较为混乱的各执一词的现象。

不过,行政法学方法论正在反思和重新定位之际,若能借此良机,展开对效能、效率或效益原则成熟而明确的规范内涵的探究,假以时日,该原则或可重新回归——更准确地说是真正地正式加入,因为其从未被广泛列入——行政法一般原则体系之内。

二、作为行政法一般原则的理由

本章主张行政效能原则应当加入行政法一般原则行列。因为,该原则不仅屡屡被制定法明确为行政机关(此处以"行政机关"作为公共行政主体的简易替代,下同)应予遵循的规范要求,而且,对行政的监督审查上尤其是司法审查上也有对该原则的运用。加之,行政法学方法论正在反思检讨过分注重法适用论、法教义学的倾向之弊害。这些都将有助于行政效能原则的正名。

1. 制定法上的表现

立法者对行政效能原则是青睐有加的,"效率""效能"字眼经常出现在成文规范之中,用于对行政机关的要求。在此择例说明之。

首先,效能原则在《宪法》上有明文基础。根据第27条第1款的规定,一切国家机关——自然包括行政机关——皆需"不断提高工作质量和工作效率"。"效率"与"质量"的结合,就是既追求节约、经济又考虑产出价值的"效能"。

其次,在行政组织法领域,《公务员法》(2017年修正)第12条第(二)项规定"按照规定的权限和程序认真履行职责,努力提高工作效率"是公务员应尽义务之一。此外,该法的立法目的包括"提高工作效能",也指出公务员分类管理的目的是"提高管理效能"。[1] 在更为广阔的组织法领域，自1988年以来，全国人大对于历次以国务院机构改革为牵引的整个行政体制改革，都始终不变地将提高效率效能作为核心目标之一。[2]

再次，在行政活动法领域，对于广泛存在的政府监管，第十二届全国人大第四次会议于2016年3月16日批准的《中华人民共和国国民经济和社会发展第十三个五年规划纲要》，特别有"提高政府监管效能"的一节。

第四，在各个专门的行政管理和监管领域，效率或效能的立法例更是不胜枚举。如《银行业监督管理法》（2006年修正）第4条规定："银行业监督管理机构对银行业实施监督管理，应当遵循依法、公开、公正和效率的原则。"《城乡规划法》（2015年修正）第10条规定："国家鼓励采用先进的科学技术，增强城乡规划的科学性，提高城乡规划实施及监督管理的效能。"

最后，但或许是最重要的，在缺乏行政法法典、缺乏针对所有行政过程的统一行政程序法的情况下，国务院为全面推进依法行政颁布的若干重要的规范性文件，都强调了行政效率或效能的重要性。例如，1999年《国务院关于全面推进依法行政的决定》指出，"既要保护公民的合法权益，又要提高行政效率，维护公共利益和社会秩序，保证政府工作在法制轨道上高效率地运行，推进各项事业的顺利发展。" 2004年国务院《全面推进依法行政实施纲要》（以下简称"《依法行政纲要》"）对依法行政基本原则和基本要求有了较为完整、系统的阐述，其中提到基本原则之一是"必须把坚持依法行政与提高行政效率统一起来"，而"高效便民"是一项基本要求。2015年，中共中央和国务院联合发布的《法治政府建设实施纲要（2015-2020）》明确提出近五年法治政府建设的总体目标是，"经过坚持不懈的努力，到2020年基本建成职能科学、权责法定、执法严明、公开公正、廉洁高效、守法诚信的法治政府。"这些文件虽然不是全国人大及其常委会制定的法律，但由于是国务院发布的，在科层

---

〔1〕《公务员法》（2017）第1条规定："为了规范公务员的管理，保障公务员的合法权益，加强对公务员的监督，建设高素质的公务员队伍，促进勤政廉政，提高工作效能，根据宪法，制定本法。"第8条规定："国家对公务员实行分类管理，提高管理效能和科学化水平。"

〔2〕第七届、第八届、第九届全国人民代表大会第一次会议（分别于1988年、1993年、1998年）关于国务院机构改革方案的决定都提及"精简、统一、效能的原则"。2003年、2008年的国务院机构改革方案虽然没有重申，但2013年的方案还是延续了类似目标。最近的2018年方案是："改革机构设置，优化职能配置，深化转职能、转方式、转作风，提高效率效能"。

制和考核制的条件下,事实上发挥着重要的约束作用。〔1〕

2. 代表机关和行政系统内部监督审查上的表现

代表机关(即全国和地方各级人大)和行政系统内部,都在不同范围内、不同程度上、以不同方式,监督或者正在探索监督行政是否符合效能、效率要求。

代表机关最近的努力体现在对政府效能问题或相关问题的专题询问上。专题询问自2010年6月24日全国人大实行以来,地方人大纷纷学习和借鉴,〔2〕之后日益成为重要的人大监督方式之一。近年来,地方各级人大专门针对地方政府整体效能或者具体领域或事项的行政效能,常有专题询问。〔3〕此外,也有来自地方人大的论者提出,"审查行政规范性文件时,要看其中相关规定实际上有没有降低了行政效率、节约行政资源,有没有增加当事人的程序负担。"〔4〕

代表机关的这些工作是如何展开的,成效如何,还有待进一步的实证研究。然而,可以确定的是,与作为我国基本政治制度的人民代表大会制度之不断完善同步,代表机关会更多采取多种方式,监督行政是否达到效能原则的要求。

行政系统内部对行政效能的监督检查,可谓自古以来就存在。当前,在我国,政府绩效管理和效能监察是行政系统内部促进行政效能的两项重要机制。改革开放至今四十余年,政府绩效管理经历了目标责任制、效能建设、绩效评估、

---

〔1〕 最高人民法院还在一个案件的裁判论理中引用《依法行政纲要》。参见"定安城东建筑装修工程公司诉海南省定安县人民政府、第三人中国农业银行定安支行收回国有土地使用权及撤销土地证案"(最高人民法院,[2012]行提字第26号),载《最高人民法院公报》2015年第2期。

〔2〕 参见张维炜:《专题询问创新人大监督》,载《中国人大》2010年第13期,第17页;金果林:《专题询问"走进"地方人大》,载《中国人大》2010年第19期,第21-23页。

〔3〕 例如,"河南省人大常委会成立行政审批制度改革情况专题调研领导小组,先后开展专题调研和座谈,汇总意见,进行充分论证,听取和审议专项工作报告,并召开专题询问会,指导和推动行政审批制度改革取得积极成效。"牛瑞芳、庞昕:《专题询问:实打实促进"政府职能转变"》,载《人大建设》2015年S1期,第17页;关于蚌埠市人大常委会开展法治政府暨政府效能建设情况专题询问的情况,参见赵肖灿:《专题询问力促法治政府建设》,载《江淮法治》2018年第12期,第24-25页。

〔4〕 参见于金惠:《运用行政法基本原则审查行政规范性文件》,载《人大研究》2015年第11期,第29页。

全面发展的演进过程。[1] 最近的《国务院工作规则》修订（2018 年 6 月 25 日），继续强调要"严格绩效管理"。政府绩效管理作为一种源起于西方的观念，整合了新公共管理和政府再造的多种思想和理念，因而被普遍认为是提升行政效能的重要技术和工具。[2]

行政效能监察是行政监察机关以提高行政效能为目的，对政府机关及公务员在行政管理活动中的行为、运转状态、效率、效果、效益的监督检查活动。自 1989 年提出以来，效能监察覆盖行政决策、行政执行和行政实施全过程。[3] 2010 年，全国人大常委会修改《行政监察法》，特地明确"监察机关对监察对象执法、廉政、效能情况进行监察"。只是，2016 年开始的监察体制改革、2018 年关于监察制度的宪法修改、《监察法》的颁布和《行政监察法》的废止，尚未给效能监察以明确的定位和归属。[4]

3. 司法审查上的表现

代表机关、行政系统内部根据效能要求进行的监督审查，可谓是全方位的，是可以偏向于沟通、督促（如专题询问）或计算打分（如绩效评估），而不是在合法与违法二元符码之间作出非此即彼的选择。因此，即便效能原则的内涵和意义存在不确定性、模糊性和主观性，也不会给代表机关、行政系统内部对行政的效能监督带来阻碍。对行政活动的司法审查则不然。由于其必须受制于不告不理的诉讼原则，必须在行政诉讼法确定的有限审查范围（包括受案范围和审查强度）内进行，并且，必须对被审查的行政活动是否合法作出要么是要么不是的裁判，所以，效能原则在司法审查情境中是受到更多限制的。或许，正因为如此，效能原则内含的、相对更具确定意义的效率要求，在裁判者那里得到较多的考虑和适用。

考察已有的行政审判案例，效率原则主要应用于以下情形：

---

[1] 参见贠杰：《中国政府绩效管理 40 年：路径、模式与趋势》，载《重庆社会科学》2018 年第 6 期，第 6-9 页。

[2] 参见周志忍：《我国政府绩效管理研究的回顾与反思》，载《公共行政评论》2009 年第 1 期，第 40-41 页。

[3] 参见毛昭辉：《中国行政效能监察——理论、模式与方法》，中国人民大学出版社 2007 年，第 200-210、244-340 页。

[4] 2018 年 3 月 20 日颁布施行的《监察法》第 1 条所述立法目的是"深入开展反腐败工作"，对监察机关职责的规定定位于反腐。

(1) 效率与拖延履行法定职责

行政机关应当在法定期限内或合理期限内履行职责,这已经成为行政法上一项明确无疑的规范。是否符合法定期限,易断;而合理期限,则存在一定的主观性。司法实践中,有法院以效率要求为依据,裁断行政机关是否拖延履行职责。

在"广西柳铁经济技术开发总公司诉北京市昌平区北七家镇人民政府不履行查处违法建设职责案"(以下简称"柳铁案")中,被告以"对于是否为违法建设需要报请规划、国土等部门进行确认"为由,就其迟迟没有处理原告投诉进行辩护。对此,法院裁判指出:"从行政效率的角度而言,被告应当运用相关部门在查处违法建设过程中形成的行政协助关系,及时督促有权机关对涉案建设办理审批手续的情况作出确认。"[1] 类似地,在"郭长城诉辉县市公安局履行法定职责案"(以下简称"郭长城案")中,一审法院认为:"被告方在出警后近50天时间内,没有采取任何有效措施,违背了应当高效便民的行政效率原则。"[2] 在"刘殿明要求确认北京市公安局朝阳分局拖延履行职责违法案"(以下简称"刘殿明案")中,法院明确提到:"行政效率原则是公安机关在任何历史时期履行行政职责均应遵循的基本原则。行政主体应对申请人的申请事项积极办理,在不符合申请条件时应给予申请人明确回复,而不应对行政相对人的申请长期不予答复。"[3]

(2) 效率与违法超期决定

行政活动必须遵循法定时限,是对行政机关的一项程序要求,其本身就被认为是行政效率原则的具体要求之一。[4] 行政活动超出法定时限,可以直接认定其违法,而不必再诉诸行政效率原则去进行判断。行政机关逾期所作决定,也应该是可撤销的。然而,在特定情形中,法院反而应用行政效率原则,判定

---

[1] 参见"广西柳铁经济技术开发总公司诉北京市昌平区北七家镇人民政府履行法定职责纠纷案"(北京市昌平区人民法院,[2013]昌行初96号)。

[2] 参见"郭长城诉辉县市公安局履行法定职责案"(河南省新乡市中级人民法院,[2009]新行终171号)。

[3] 参见"刘殿明要求确认北京市公安局朝阳分局拖延履行职责违法案"(北京市朝阳区人民法院,[2009]朝行初66号)。

[4] 参见姜明安主编:《行政法与行政诉讼法》,北京大学出版社、高等教育出版社1999年,第53页。

违法超期决定不宜撤销。

在"淄博干式真空泵有限公司诉山东省知识产权局专利行政处理案"（以下简称"淄博干式真空泵案"）中，被诉专利行政处理决定是山东省知识产权局针对原告的侵权行为所作，但确实存在超出时限的问题。一审法院经过权衡，作出如下裁判（二审法院也予以支持）：

> 设立法定办案期限，其目的是提高行政效率，打击侵权行为，及时维护专利权人的合法权益，若因超期作出处理决定而将该决定予以撤销，与该规定的宗旨和精神不符，亦不利于专利权人实体权益的保障以及维权；且被告虽然在该程序上存有瑕疵，亦未影响到原告的实体权利，亦未达到足以撤销被诉侵权纠纷处理决定的程度，对原告该项主张，原审法院不予支持。[1]

法院的逻辑在于，对于一个实体合法的处理决定，仅仅因为程序超期而撤销之，反而不利于打击专利侵权行为、保护第三人专利权益的效率。

类似地，在"李党林诉西安市人民政府行政复议案"（以下简称"李党林案"）中，西安市劳动和社会保障局超出法定60日期限对原告作出工伤认定，第三人兴源公司向西安市政府申请复议，复议决定以工伤认定超期为由撤销该认定。原告起诉后，二审法院的裁判提及：

> 此规定是为了提高行政效率，及时维护行政相对人及利害关系人的合法权益，在本案中，如果以此规定为由撤销工伤认定决定，责令重新作出，势必会造成行政期限的进一步拖延，与立法本意不符。[2]

（3）效率与行政正当程序

程序正当原则（又称"正当程序原则"）已是学理上普遍认可的行政法基

---

[1] 参见"淄博干式真空泵有限公司诉山东省知识产权局行政处罚案"（山东省高级人民法院，[2015]鲁行终63号）。

[2] 参见"李党林诉西安市人民政府行政复议案"（陕西省西安市中级人民法院，[2006]西行终50号）。裁判文书提及的"此规定"，指的是《工伤保险条例》（2003）第20条，即劳动保障行政部门应当自受理工伤认定申请之日起60日内作出工伤认定的决定。

本原则,且在行政审判中得到广泛应用。[1]当然,在特定案件中,判断某个程序设置是否符合该原则,仍然是会有新的争议、新的司法论理出现的。其中,效率原则已经成为法官裁断正当程序争议问题的一个考量。

在"宝珀有限公司诉中华人民共和国国家工商行政管理总局商标评审委员会商标异议行政纠纷案"(以下简称"宝珀案")中,原告提出"商标评审委员会未提前告知合议组成员,使其丧失申请回避的权利,属于程序违法。"法院对此的回应是:

> 行政程序考虑到效率因素,不能当然适用诉讼程序的规定。鉴于现行法律既未规定商标评审委员会有提前告知合议组成员的义务,亦未规定商标评审委员会在组成合议组后告知当事人的期限,因此,商标评审委员会未在作出裁定前告知合议组成员,并无不妥,本院予以确认。……宝珀公司完全可以在事后主张合议组成员应当回避未予回避属于程序违法,此亦符合行政效率原则。[2]

虽然"宝珀案"的原告、被告和法院都没有明确提及正当程序,但是,宝珀公司的程序主张无疑牵扯到一个公认的正当程序要求,即公正原则,又称避免偏私原则、自己不得做自己案件法官原则等。根据该原则,行政公务人员与所处理的事项有利害关系的,应当回避。回避有主动回避和依申请回避两种情形。依申请回避即是根据当事人或其他利害关系人提出的回避申请,在判断该申请理由成立的情况下作出的回避。而若要保障回避申请权的行使,前提当然是要保障知情权,即有权知道准备参与行政处理的公务人员。这些都是公正的正当程序之应有之义。不过,"宝珀案"又提出一个新问题:当事人或其他利害关系人是有权事前知道还是事后知道?法院出于对行政效率原则的考虑,认为事后知道、事后申请回避也是可以的。

在"北京希优照明设备有限公司不服上海市商务委员会行政决定案"(以

---

[1] 参见何海波:《司法判决中的正当程序原则》,载《法学研究》2009年第1期,第124-146页。

[2] 参见"宝珀有限公司诉中华人民共和国国家工商行政管理总局商标评审委员会商标异议行政纠纷案"(北京市第一中级人民法院,[2012]一中知行初1201号)

下简称"希优案")中,原告参加一项采购招标活动而未中标,向被告提出质疑,被告责令招标机构重新评标,可重新评标的结果仍然对原告不利。被告作出"同意专家复评意见,维持原评标结果"的处理决定,同时将重新评标报告予以网上备案,招标网当即自动生成第三人中标公告。争议的焦点之一是:被告只是在网上公告最终中标结果,未向原告送达书面的针对其投诉的处理决定书,是否属于程序违法。由于本案相关的商务部规章《机电产品国际招标投标实施办法》(2004 年修订,在判决中又称《13 号令》)对此未予明示,故争论的实际也是程序正当与否的问题。法院以行政效率为据,认为被告不存在程序违法:

> 原告选择本涉案投标项目,就表明其接受网络化的招投标方式和相关质疑处理的电子政务化行政处理方式。……电子政务的初衷在于提高行政效率、节约行政成本,如果都以纸质记载文字为形式要件,则不能发挥计算机技术在提高行政效率上的优势。……被告市商委对重新评标进行审核后,以公告形式在网络上作出的行政决定,符合《13 号令》有关程序的规定,《13 号令》也没有规定以网络方式作出行政决定的,还要另外向相对人送达书面的处理决定书。[1]

(4)效率与工伤认定申请时效的起算时间

效率原则还被法院用来确定工伤认定申请时效的起算时间。在"杨庆峰诉无锡市劳动和社会保障局工伤认定行政纠纷案"(以下简称"杨庆峰案")中,原告申请被告作出工伤认定的时间,距离工伤事故发生日已近 3 年,但原因是,原告是在申请日前的 1 年内才感受到事故对其造成的伤害,并被医生诊断为与事故有因果关系。被告以原告申请超出《工伤保险条例》(2003)第 17 条第 2 款规定的 1 年期限为由,[2] 作出不予受理的决定。

---

[1] 参见"北京希优照明设备有限公司诉上海市商务委员会行政决定案"(上海市第一中级人民法院,审结日期:2010年5月19日)。该案登载于《最高人民法院公报》2011年第7期。

[2] 该条款原文为:"用人单位未按前款规定提出工伤认定申请的,工伤职工或者其直系亲属、工会组织在事故伤害发生之日或者被诊断、鉴定为职业病之日起1年内,可以直接向用人单位所在地统筹地区劳动保障行政部门提出工伤认定申请。"

案件争议点是，《工伤保险条例》规定的"事故伤害发生之日"，应该是"事故发生之日"，还是"事故伤害结果发生之日"。被告主张前者，理由是若工伤认定申请的提出没有时间限制，就会"影响办事效率，妨碍劳动保障部门及时、准确地查明事实。"法院没有支持这一观点，其在进行文义解释的同时，还对效率原则作了如下诠释：

> 如果将事故发生之日作为工伤认定申请时效的起算时间，则劳动保障部门在工伤事故发生后，伤害后果没有马上出现的情况下，也无法及时、准确地查明事实，无法作出正确的处理，反而必将造成行政管理资源的浪费，影响劳动保障部门的工作效率，也不利于工伤职工合法权益的保护。[1]

除以上详述的案例外，在执法交警与被处罚相对人对是否闯红灯各执一词的情况下，法院考虑效率原则，支持一名交警执法及其提供的证据，[2] 在纳税人质疑税务稽查局是否依法具有应纳税款核定权时，法院承认法律未予明确，但从税收征管效率出发解释，该项权能是税务稽查局查处涉嫌违法行为所不可避免的。[3] 这些显然都不能穷尽法官考虑行政效率原则并以其为据作出裁判的案例，但这些示例已经足以表明，行政效率原则在司法审查中得到比较广泛的应用。

4. 行政法学方法论的重新定位

其实，行政效能原则在制定法上的表现，在代表机关、行政系统内部对行政的监督审查上以及在司法审查上的表现，久已存在，为什么它们没有受到行

---

[1] 参见"杨庆峰诉无锡市劳动和社会保障局工伤认定行政纠纷案"（江苏省无锡市中级人民法院，审结日期：2007年10月12日）。该案登载于《最高人民法院公报》2008年第1期。

[2] "如果对类似的违法行为均要求执法部门提供技术监控资料或目击证人，或要求两名以上的执法人员在场，显然会增加更大的执法成本，同时也不利于行政机关提高行政效率，这种要求明显不符合客观实际。"参见"郁祝军诉常州市武进区公安局交通巡逻警察大队交通行政处罚案"（江苏省常州市武进区人民法院一审判决论理部分），载最高人民法院行政审判庭编：《中国行政审判指导案例》（第1卷），中国法制出版社2010年，第28-29页。

[3] "出现税收征管法第三十五条规定的计税依据明显偏低的情形时，如果稽查局不能行使应纳税款核定权，必然会影响稽查工作的效率和效果，甚至对税收征管形成障碍。"参见"广州德发房产建设有限公司诉广东省广州市地方税务局第一稽查局税务处理决定案"（最高人民法院，[2015]行提字第13号）。该案被列入最高人民法院行政审判十大典型案例（第一批）。

政法学者的普遍重视，为什么没有由此反思行政效能原则的地位？

如本章第一部分所述，行政效能、效率原则被主流学说排斥的一个重要原因是，行政诉讼法制定前后行政法学强烈的自我独立意识。其实，严格区隔行政法学与行政学的作法，不仅出现在我国，也形成于更早时期的大陆法系传统行政法，尤其是对法国、日本和我国都有影响的德国。在德国，19世纪中后期行政法学的独立就是建立在行政学/行政政策学和行政法学的分野基础上。"行政法及行政学不仅是分道扬镳，且在法学界分量是前重后轻。"[1]德国学者奥托·迈耶是德国现代行政法学的奠基人之一，他所创立的依法行政、法律优先原则、法律保留原则、行政行为、特别权力关系、公法上的权利等学说和概念是现代行政法的核心，对这些学说概念的精确界定，以及对"法学方法"的发展和完善，一直影响至今。[2]

20世纪30年代的日本学者铃木义男，将此方法称为"规范法学的行政法学"，是以实定法为资料予以归纳演绎，纯技术地抽出共通法理，作为行政法解释适用的基础。[3] 20世纪90年代，日本学者大桥洋一认为，德国行政法学到最近为止将对行政实务实际情况的考察排除在研究对象之外的原因之一就在于法学方法论之中。[4] 21世纪初，我国台湾地区学者黄锦堂指出，奥托·迈耶的行政法（教科书）专注于静态的行政处分-行政救济的讨论，与行政学教科书含有效率效能的字眼与讨论是明显不同的。[5]

可见，我国（大陆地区）改革开放以后，一方面是行政诉讼制度建立前后的行政法学独立意识和围绕行政诉讼制度展开行政法研究的意识渐强，另一方面行政法学（教科书）体系深受大陆法系行政法影响，后者内在的、根深蒂固

---

[1] 参见陈新民：《德国行政法学的先驱者——谈德国19世纪行政法学的发展》，《行政法学研究》1998年第1期，第35页。

[2] 参见［德］何意志：《德国现代行政法学的奠基人奥托·迈耶与行政法学的发展（代中文版序）》，载［德］奥托·迈耶：《德国行政法》，刘飞译，商务印书馆2002年，第1-3页。亦见赵宏：《行政法学的体系化建构与均衡》，载《法学家》2013年第5期，第34-54页。

[3] 参见［日］铃木义男等：《行政法学方法论之变迁》，陈汝德等译，中国政法大学出版社2004年，第35-36页。

[4] 参见［日］大桥洋一：《行政法学的结构性变革》，吕艳滨译，中国人民大学出版社2008年，第31-32页。

[5] 参见黄锦堂：《行政法的概念、起源与体系》，载翁岳生编：《行政法》（上册），中国法制出版社2002年，第84页。

的传统方法论,也就继受下来。两者的结合自然波及对待行政效能、效率原则的态度上。

不过,一切都在改变,无论在域外还是国内。德国学者沃尔夫、巴霍夫和施托贝尔认为,系统的现代行政法必须协调和整合各种研究方法,"只有应用行政学的方法和知识才能为行政法的问题提供面向未来的解决办法,实现公共行政的现代化。行政学应当成为行政法的基础科学。"[1] 施密特·阿斯曼更是明确提出行政法学方法论的两个面向:"长久以来,法官的法律适用决定了行政法学方法论之理解。但是,行政之法律工作并非仅囿限于个案之决定。……行政法学之法学方法论必须同时兼具'适用(法令)导向的解释'及'制定法令导向的决定'之学术。"[2]

在我国(大陆地区),进入21世纪以后,"新行政法"的研究一时兴起。[3] 许多论者开始注意到传统行政法忽视行政任务和政策目标的结构性缺失,并希望通过法解释学(即传统法学方法)、社会学、政策学(行政政策学和立法政策学)等方法的结合,建构一个"应该兼容法解释功能与承担政策目的的制度设计功能的中国行政法学理论体系。"[4] 在这种自觉的行政法学方法论反思和检讨背景之下,一种新的观点是重提"行政效能原则"的重要性,认为行政法基础理论的改革或行政法学体系的转型应将其纳入行政法基本原则之列。[5]

也许是行政法学传统方法论的习惯性影响仍然强大,行政法学体系的转型还在探索中,行政效能原则的规范内涵还没有比较成熟的阐述,所以才会有该原则地位问题尚未得到行政法学者普遍关注的现象。不过,行政法学方法论的重新定位,还是为行政效能原则的正名提供了又一理由。

---

〔1〕 参见[德]汉斯·J.沃尔夫、奥托·巴霍夫、罗尔夫·施托贝尔:《行政法》(第一卷),高家伟译,商务印书馆2002年,第12-16页,第109页。

〔2〕 参见[德]施密特·阿斯曼:《秩序理念下的行政法体系建构》,林明锵等译,北京大学出版社2012年,第29页。

〔3〕 对于这一研究动向的概述,参见李洪雷:《中国行政法(学)的发展趋势——兼评"新行政法"的兴起》,载《行政法学研究》2014年第1期,第112-119页、第126页。另外参见本书第五章第二部分。

〔4〕 参见朱芒:《中国行政法学的体系化困境及其突破方向》,载《清华法学》2015年第1期,第16页。

〔5〕 参见朱新力、唐明良等:《行政法基础理论改革的基本图谱:"合法性"与"最佳性"二维结构的展开路径》,法律出版社2013年,第54-63页。另外参见本书第五章。

三、制度建构论上的规范内涵

行政效能原则的规范内涵究竟是什么？如何以行政效能原则衡量行政活动？当行政效能原则与其他行政法原则发生冲突时，应该如何解决？诸如此类的问题，恐怕是思考行政效能原则应否成为行政法一般原则的学者都会虑及的。本章将于第三、第四部分探索该原则分别在制度建构论和法适用论两个分叉上的规范内涵，在第五部分初步回答该原则与其他行政法一般原则的关系问题。此处先从为何使用"效能"而非"效率"、"效益"概念开始。

1. 效能、效率和效益

在学术史上，行政效率是肯定论者使用频率最多的概念，行政效益次之，行政效能最少。而在制定法上、对行政的监督审查上也有不同的用法。为了更好地展开对行政效能原则规范内涵的讨论，本章在辨明"效能""效率"和"效益"三个词语的意义差别及关联处的基础上，倾向于使用"效能"一词。

"效率"侧重于投入和产出的比率。至于这个产出是好的、有利的，还是坏的、不利的，并不在考虑范围之内。效率本身就是"好的"。相较之下，"效益"和"效能"都含有对益处、有利的追求。只是，效益侧重于已经有的产出或效果是好的、有利的，而效能同时指向事物已经和尚未完全展现的有利功能。

当然，"好的、有利的"是一种价值判断，不同的利益追求者对同一事物可能会有截然相反的评判。但是，正因为有了价值判断的成分和要求，就可以诉诸人类共同认可的一些基本价值作为判断标准，超越效率的片面工具理性。因此，极端的例子就是，若要说"二战"时期德国纳粹用氰化氢毒杀犹太人的做法，比其之前用的枪杀、汽车废气杀害更有效率，不会有太多人反对；但是，若称其是好的、有效益的，是充分发挥了氰化氢效能的，恐怕不会有人赞同。

效益/效能同效率在本义上的这一差别，也体现于行政学和行政法学的研究。行政学者马春庆主张用"行政效能"取代"行政效率"，后者的首要缺陷在于它是一种比值，本身不包含任何价值判断，忽视政府活动所应体现的正义和"最高的善"的原则，忽视价值、后果和目标。[1] 类似地，台湾地区行政

---

[1] 参见马春庆：《为何用"行政效能"取代"行政效率"——兼论行政效能建设的内容和意义》，载《中国行政管理》2003年第4期，第28页。

法学者黄锦堂认为，效率是国家行为的节约、合于经济计算，一般指向在目的已定之下时间、人员、财政等方面的节约；效能是方向与手段之间的正确，涉及政策目标与政策手段的选定，其规模或层级高于效率。[1]必须指出，经济学上对"效率"的应用，并没有限于上述的狭隘意义，而是往往要求评价投入和产出的价值，其意义接近效能／效益。[2]

本章使用"效能"一词，其既有对"效率"的要求，关切投入与产出的比率，更有超出"效率"的要求，关切产出的价值可欲性、价值权衡与协调。至于在"效能"与"效益"之间选择前者，主要是因为效能在制定法上的使用度和接受度更高。

2.制度建构论上规范内涵的具体要求

在此，"制度"是非常广义的，指的是关于正确和错误、容许和禁止、权利和义务的成文或不成文的规则，以及由一系列互动的规则构成的一个或多个体系，以及应用规则的政府或非政府的机构。所谓"制度建构"，就是对这样的规则、体系、机构的创设、调整、废止和完善。当今，行政机关在制度建构上的巨大作用力是公认的，其已经远远超出权力分立理想学说中的执法者角色。以往，对于行政机关的制度建构作用，行政法主要是通过程序上各种形式的公众参与、实体上的有上位法依据、与上位法一致等来加以规范。而作为行政法一般原则的行政效能原则，可以在实体维度对制度建构提出更高的要求。

（1）市场或社会自治优先原则

依据法律保留原则，行政机关的制度建构活动，不会也不允许涉及基本政治制度、民事制度、刑事制度、司法制度以及关乎公民政治权利剥夺和人身自由限制的制度，[3]其除了涉及自身体系以外，更受人关注的是涉及对体系外的经济、社会活动的规范和调控。市场或社会自治优先原则，指的就是在公共性问题或事项上，优先考虑市场或社会的自我调节、自我管理、自我服务的有效性；仅在市场或社会失效的情形下，政府才有进入、发挥效能的必要。

---

[1] 参见黄锦堂：《行政法的概念、起源与体系》，载翁岳生编：《行政法》（上册），中国法制出版社2002年，第83页。

[2] 参见［德］柯武刚、史漫飞：《制度经济学：社会秩序与公共政策》，韩朝华译，商务印书馆2000年，第67页。

[3] 参见《立法法》（2015年修正）第8条、第9条。

在全国人大及其常委会制定的法律层面上，该原则最先体现于《行政许可法》第11条和第13条的规定。根据这两个条款，如果"公民、法人或者其他组织能够自主决定的""市场竞争机制能够有效调节的""行业组织或者中介机构能够自律管理的"，就可以不设行政许可。在行政许可、行政审批领域的原则，是否可以扩大普遍适用于所有政府行政领域呢？答案是肯定的。

一方面，这一原则已经在公共政策上被广泛强调，而且是当今以及未来很长一段时间政府改革的主导方向。现在这方面不是做得已经充分了，而是远远不够，才使得中央文件屡屡提及。[1] 另一方面，在行政学理论上，政府职能转变主要内容包括加快市场经济建设和社会组织发展，这一点已经成为共识且被认为是我国行政管理体制和政府机构改革的有益历史经验。[2] 就市场效率而言，经济学上的研究表明，尽管政府作为一种等级组织的效率，与市场组织的效率进行比较，必须"与一定的交易活动相联系时才能产生确切的结论"，但是，"从总体效率看，似乎市场组织优于等级组织"。[3]

市场或社会自治优先原则，可以让政府剥离出许多没有必要的职能，并将其有限资源用于其应当发挥作用之处。当然，该原则并不是绝对的、不加慎思即可信手拈来的。然而，这一原则的意义就在于，它是行政机关应当首先倾向的制度模式，除非有更重要的理由考虑让行政机关转向其他制度模式。

（2）管理或服务制度的效益最大化原则

当行政机关的制度建构旨在打造政府不可回避之干预或保障责任时，应该确保所设计的政府任何形式和内容的管理或服务制度达到效益最大化。该原则

---

〔1〕例如，2013年，《中共中央关于全面深化改革若干重大问题的决定》第一次提出"紧紧围绕使市场在资源配置中起决定性作用深化经济体制改革"，而政府发挥更好的作用必须建立在市场决定性作用的基础上。最新的《第十三届全国人民代表大会第一次会议关于国务院机构改革方案的决定》（2018年3月17日）指出："深化国务院机构改革，要着眼于转变政府职能，坚决破除制约使市场在资源配置中起决定性作用、更好发挥政府作用的体制机制弊端"。就社会自治而言，2014年的《国务院关于深化行政审批制度改革加快政府职能转变工作情况的报告》强调"加快培育规范社会组织"，"加快转移适合由行业协会商会承担的职能"。2015年的《法治政府建设实施纲要（2015-2020年）》也提到，"适合由社会组织提供的公共服务和解决的事项，交由社会组织承担"，"推进社会自治"。

〔2〕参见张文明、杨秀清：《精简·统一·效能——中国政府机构与行政管理体制改革》，广西师范大学出版社1998年，第153-162页。

〔3〕参见刘世锦：《经济体制效率分析导论》，上海三联书店、上海人民出版社1994年，第113-114页。

又可具体分解为两个要求。

第一，制度建构的收益应具有正当性

这是行政效能原则不同于狭义效率原则的关键之处。为避免仅仅关注投入与产出的比率，效能原则要求制度建构的产出应该具有价值可欲性，即制度建构的目标收益（有时是一个，更多时候是多个）不能破坏人类的基本价值，如以宗教、民族、种族或意识形态为由对人群实施肉体上消灭的反人类制度，以政权维护为由禁止一切批评政府言论和表达的制度，以获取信息为由对个体实施酷刑的制度，等等。这些目标收益缺乏正当性的制度建构，再怎么努力实现效益最大化，都只会更添恶行而非良法。

第二，制度建构的收益最优化

一般情况下，行政机关的制度建构更多是在同样具有价值可欲性的目标利益之间进行抉择和平衡，而且还要考虑为此可能付出的成本。制度效益最大化原则就要求：1）在收益差不多的情况下，成本最小的方案；或者，2）在成本差不多的情况下，收益最大的方案；或者，3）在成本变化会带来收益变化的情况下——即成本最小但收益也可能很小，收益最大但成本也可能巨大——成本-收益最适当的方案。

这种还原论式的诠释看似十分有理且易懂，但是，成本-收益的计算远非那么简单。成本的计算需要考虑行政成本、管理或服务对象成本、间接成本。其中，间接成本的数据较难获取，评估十分困难。而制度方案的收益，主要是指方案设计者为特定的管理或服务对象增加利益或减少不必要的损失。总体上，收益的计算面临比成本更难量化的难题。例如，有的收益范围（如清洁空气的受益者）难以确定；有的收益与制度方案之间是存在必然联系还是伴随其他因素，不易把握；有的收益难以换算成可资比较的货币单位（如健康）；有的具有未来累积效应的收益应该如何计算其现有价值，等等。[1]

虽然成本-收益分析涉及比较棘手、颇具不确定性的计算以及主观性的价值设定和判断，但是，其作为一种"对公共利益目标的理性追求"的方法，[2]

---

[1] 此处关于成本-收益分析面临的难题及可能的方法，参考英国学者安东尼·奥格斯关于标准制定（一种普遍存在的规制形式）的成本-收益评估的讨论。参见［英］安东尼·奥格斯：《规制：法律形式与经济学理论》，骆梅英译，第157-158页、第163-164页。

[2] 参见［英］安东尼·奥格斯：《规制：法律形式与经济学理论》，骆梅英译，第164-165页。

在许多国家还是受到高度重视。我国也不例外。2004年国务院发布的《依法行政纲要》提出"积极探索对政府立法项目尤其是经济立法项目的成本效益分析制度。政府立法不仅要考虑立法过程成本，还要研究其实施后的执法成本和社会成本。"行政效能原则所蕴含的"理性"，是有助于遏制"效率片面化"倾向的。[1]

（3）相匹配的责任机制

行文至此，有必要提及与行政效能原则在制度建构论上的规范内涵相匹配的责任机制。一方面，行政效能原则在此处特有的规范内涵，已经表现出其不同于其他行政法一般原则的重要特性，即它对有关制度效能的数据、信息有着超量的需求，对数据、信息的利用及评估有着相当的主观性和不确定性。另一方面，在我国当下的情境中，法院对行政机关制度建构活动（通常以制定行政规则的形式）的审查本身就是十分有限的，较为罕见以行政法一般原则作为审查标准、提升司法对行政规则制定审查强度的案例。

基于这两点考虑，行政效能原则对行政机关制度建构活动的规范效力，应该更适宜在代表机关的监督场域（如前述专题询问）和行政系统内部监督场域（如前述绩效管理、效能监察）展示。行政机关的制度建构违反效能原则的，更应该承担政治责任和/或行政责任，而不是由起诉者启动、由法院予以追究的狭义的法律责任。行政机关要为其进行的制度建构是否符合和遵循效能原则，接受监督机关的质询、询问、审核等。

四、法适用论上的规范内涵

此处所谓的"法适用"，是行政机关适用既有规范，针对特定管辖事项进行处理的活动。行政效能原则应用于法规范适用场合，有着以下特点：第一，其基本上不要求行政机关对所适用规范本身是否有助于行政效能最大化进行评判，因为这超出了行政机关在法规范适用情境时的合法/正当角色；第二，其往往与行政机关适用其他法规范交织在一起，成为行政机关处理特定事项需

---

[1] 以效率为名减少或者豁免环评审批，极有可能在过度招商引资的驱动下形成环境恶化、公众环境权益受侵。这就是行政效能原则所反对的"效率片面化"之一例。参见沈岿：《解困行政审批改革的新路径》，载《法学研究》2014年第2期，第21页。

要考量的规范之一；第三，行政效能原则的应用有可能与其他法规范的适用发生冲突或竞合，从而需要权衡与抉择；第四，行政机关在法规范适用场合作出行政行为时对行政效能原则的考虑和应用，有可能在行政行为被诉时接受司法审查。

有鉴于此，关于行政效能原则在法适用论上的规范内涵，本章将主要从以下两个层面展开讨论：一是规范内涵的具体要求；二是效能原则——在司法情境中主要表现为效率原则——的司法适用。

1. 规范内涵的具体要求

（1）行政手段有效实现目标原则

行政效能原则在法规范适用场合的第一个要求就是，行政机关针对特定事项所采取的手段应当是有效的，是可以实现法规范目的的。这个要求基本与比例原则的适当性要求同义。[1] 行政机关选择无法实现法规范目的之手段，既不符合比例原则的适当性要求，也不可能为效能原则所容，因为有效性是效能原则的最起码要求，其注定排斥这种选择。

（2）行政手段效益最大化原则

行政效能原则在法规范适用场合的第二个要求是，行政机关针对特定事项的手段应当是实现效益最大化的。与效能原则在制度建构论上规范内涵不同，此处不要求行政机关考虑市场或社会自治优先，也不要求考虑实现制度建构的效益最大化，而是就具体手段的成本-收益进行相对简单的评估，并在此基础上作出抉择。"相对简单"是就所涉数据、信息的数量以及相应计算而言，但也不排除个别情形下其复杂性不亚于制度建构情境中的效益最大化评估。

行政手段效益最大化有时会同比例原则的最小侵害要求和均衡要求是一致的。比例原则的最小侵害要求是在"多种同样能达成目的之方法"[2]或"在相同有效地达到目标的诸手段"[3]中间选择对行政相对人侵害最小的。因此，

---

[1] 关于比例原则的适当性要求，参见蒋红珍：《论比例原则——政府规制工具选择的司法评价》，法律出版社2010年，第40页。

[2] 参见陈清秀：《行政法的法源》，载翁岳生编：《行政法》（上册），中国法制出版社2002年，第160页。

[3] 参见蒋红珍：《论比例原则——政府规制工具选择的司法评价》，法律出版社2010年，第40页。

如果假定在某种情形中，行政目的（收益）是相同或接近的，行政活动的行政成本也是相同或接近的，那么，符合最小侵害要求的当然也是效益最大化的。比例原则的均衡要求防范的是"杀鸡用牛刀"、"大炮打小鸟"现象，即行政活动让行政相对人付出巨大代价，但为此所得到的公共利益却显著不值得。[1] 从成本-收益分析角度看，若不存在其他变量，这种现象当然也是行政手段效益最大化所明显反对的。

不过，所有这些并不意味着效能原则与比例原则完全等同。比例原则的最小侵害要求并不直接关注行政成本以及间接成本，而均衡要求也只是反对收益与成本明显不合比例的情形，而效能原则的行政手段效益最大化是要对各种可量化成本和收益进行测算的。实践中，会更多出现成本侧、收益侧存在变量的选择项。在这里假设一种相对还比较简单的情形：存在三种可供行政机关选择的方案X、Y、Z，它们都可以实现立法要求的最低公共利益目标（赋值为10），即都符合比例原则的适当性要求或效能原则的有效性要求。只是，X可以实现10，Y可以实现40，Z可以实现80。进一步假定，X的行政成本是10，行政相对人成本是20；Y的行政成本是10，行政相对人成本是25；Z的行政成本是20，行政相对人成本是40。于是，X是侵害相对人最小，但收益（10）与成本（30）明显不合比例。Y是侵害相对人其次小的，成本（35）与收益（40）也还相当，总效益为5，符合狭义比例要求。Z的成本（65）与收益（80）当然相称，且总效益（15）是最大的，但侵害行政相对人也最大。

若X因不符合均衡要求而容易被淘汰，那么，在最小侵害的Y和效益最大化的Z之间，应该作何选择呢？这个问题的答案不是简单的比例原则胜过效能原则，抑或相反。因为，比例原则的必要性要求是假定目标不变情况下选择手段最小侵害的,而这里假设的是手段-目标的成本-效益存在同步变化的情形。究竟让特定个人或组织承受较大牺牲以获取最大效益，还是宁愿获益减少也不能让特定个人或组织负担过大，这样的选择是更多价值倾向的，而不是工具理性可应对的。然而，效能原则的效益最大化至少意味着，不能简单地去选择Y，而忽略选择Z的可能性。

---

[1] 参见陈清秀：《行政法的法源》，载翁岳生编：《行政法》（上册），中国法制出版社2002年，第160-161页。

2. 效率原则的司法适用

迄今为止，我国法院基本是在判决中使用"效率"一词，而没有提及意义更为广泛的、涉及价值设定与判断的"效能"，可以想见法院在这个方面的谨慎立场。也正因为此，效能原则在司法适用场合所欲解决的问题，在范围和难度上无法同制度建构场合对应的问题相提并论。法院对效率原则的应用状况，可予以下评价。

（1）弱意义：补强实在法规范的解释

在涉及被诉行政机关是否拖延履行法定职责的案件中，如"柳铁案""郭长城案""刘殿明案"，法院都提到行政效率原则。实际上，拖延履行法定职责就是没有正当理由地发生明显迟延,其必定是不效率的。《行政诉讼法》（2017）第72条、第74条有"不履行法定职责"和"拖延履行法定职责"的法律概念，对其解释并适用的焦点在于判断是否有明显不合理的迟延，不必特别诉诸效率原则。所以，此类情形下效率原则的应用仅有补强的作用，而不是关键决定性的，其意义相当之弱，可以忽略。

（2）强意义：支持更符合效率原则的实在法规范解释

在"杨庆峰案"中，效率原则有了更大的作用。当《工伤保险条例》中的"事故伤害发生之日"应该解释为"事故发生之日"还是"事故伤害结果发生之日"这一问题出现时，被诉行政机关的考虑并非完全没有道理，其提出的是调查取证困难的一种可能。然而，伤害结果在若干年以后发生并不一定会有调查取证困难。假如确实有，也只会影响工伤申请人主张是否成立。相反，若伤害结果还未出现，即投入行政资源进行调查，必定是劳而无功的。况且，待伤害真的出现时，劳动保障部门[1]不予处理，无疑会使立法保护工伤受害人权益的目的落空。据此成本-收益分析，法院和工伤申请人对实在法规范的解释更胜一筹。

（3）更强意义：评判法规范缺位情形下的行政活动

在"宝珀案"中，原告关于被告应当事先告知合议组成员的主张，涉及的是法规范未予规定的一个正当程序。法院认为，原告在事后主张合议组成员应当回避未予回避，符合行政效率原则。然而，"宝珀案"法院对效率原则的应

---

[1]《工伤保险条例》于2010年修订后，改称为"社会保险行政部门"。

用,很难在成本-收益分析上成立。毕竟,被诉行政机关事先告知合议组成员,并不会有多少成本,也有利于当事人及时确定是否需要申请回避。若当事人事后才知道合议组成员并提出回避申请,若申请理由成立,就意味着行政机关需要重新启动程序,这无疑会增加更多成本。因此,效率原则应该是同样支持原告主张的正当程序的。

其实,法院的裁判论理并没有完全展示。法院裁判书中特别提到:"庭审中,宝珀公司明确其对商标评审委员会合议组成员无申请回避理由"。有鉴于此,很有可能潜在的司法逻辑是,由于宝珀公司在诉讼中没有真正向法院表明商标评审委员会合议组成员存在应予回避的情形,若仅仅因为没有事先告知而判决撤销被诉行政行为,被诉行政机关重新启动程序,再次作出的行政行为与被诉行政行为完全一致几乎是注定的,这显然浪费行政资源、不符合效率原则。不过,这又牵扯到下一个有待进一步观察和探究的"最强意义上的效率原则"的适用问题。

(4)最强意义:与其他行政法一般原则的冲突适用

效率原则的应用最易引发争议的是,在它与其他行政法一般原则发生冲突时,有没有可能胜出。"淄博干式真空泵案"和"李党林案"的法院看似给出了肯定的答案。面对被诉的违法超期决定,法院以效率原则为由支持被诉行政机关,即便后者违反依法行政原则。若以此类推,是不是任何仅仅有超时限问题的行政行为,都不会被法院撤销或确认违法?事实并非如此。例如,在"龙蒙诉天津市北辰区宜兴埠镇人民政府、天津市北辰区人民政府乡政府案"(以下简称"龙蒙案")中,法院认定被告天津市北辰区宜兴埠镇人民政府作出《申请信息公开的答复》已超过法定答复期限,依法确认其未在15个工作日内对原告提出的政府信息公开申请进行答复的行为违法。[1]

不过,"淄博干式真空泵案""李党林案"的共同特点是:第一,被诉行政机关的超期决定都涉及存在对立利害关系的两方当事人;第二,被诉行政行为对起诉者不利,却对另一方利害关系人有利;第三,被诉行政行为除

---

[1] 参见"龙蒙诉天津市北辰区宜兴埠镇人民政府、天津市北辰区人民政府乡政府案"(天津市北辰区人民法院,[2016]津0113行初177号)。类似地,参见"徐成升等诉山东省济阳县人民政府、山东省济南市人民政府案"(山东省济南市中级人民法院,[2015]济行初字第297号)。

超期以外，没有其他违法问题；第四，起诉者都提出撤销被诉行政行为的诉讼请求；第五，若以超期为由判决撤销，行政机关再需时间重新作出完全一致的行为，这会对立法所欲保护的另一方利害关系人合法权益构成不利影响。

根据这些特点，法院最终考虑效率原则，没有支持起诉者的撤销请求。申言之，与被诉行政行为相关的时限要求，本意是保证行政机关维护一方当事人权益的效率。超时限决定本就已经造成对法规范所欲维护权益的不利（成本1），若因此而撤销并责令行政机关重新作出，就会进一步付出行政资源（成本2）以及进一步拖延对合法权益的更多不利（成本3）。在重作行为基本一致，且超时限并未实质影响起诉者权利义务的情况下，后两个成本应该尽量避免，方能效益最大化。在诸多超时限行政行为有类似情形的案件中，法院基本采取相同的立场。〔1〕除依法行政原则外，如前所述，"宝珀案"法院也有一个效率胜过正当程序的隐含逻辑：若承认宝珀公司关于应当事先告知合议组成员的正当程序主张，并判决被告推倒重来，再作出一个相同的决定，肯定是不效率的。更何况，还牵扯到第三方利害关系人的合法权益。

当然，仔细推敲可以发现，法院在这里真正考量的是，撤销重作判决是否有效率，而不是被诉行政行为是否符合效率原则。虽然这两个考量经常交织在一起，撤销重作判决的效率权衡含有对诉前和诉后行政效率的综合评估，但毕竟是不能混淆的。因此，严格意义上，这不是在被诉行政行为应当合法与被诉行政行为应当合乎效率之间进行选择。前述"淄博干式真空泵案""李党林案"法院基于判决带来的行政效率考虑，没有撤销被诉行为，可还是指出超期决定是程序瑕疵，行政机关应该在以后工作中矫正。"宝珀案"法院应该也可以指出正当程序原则和效率原则都要求被告事先告知合议组成员，被告没有告知是存在程序瑕疵的。由此，法院看似在个案中为效率而牺牲依法行政或正当程序，但通过指出程序不合法或不正当以及对行政未来工作的告诫，还是在相当程度

---

〔1〕 例如，在工伤认定领域，参见"镇江市润宇鞋业有限公司诉镇江市丹徒区人力资源和社会保障局等确认案"（江苏省镇江市中级人民法院，[2017]苏11行终193号）、"东乡县诚信物业管理有限公司诉抚州市东乡区人力资源和社会保障局确认案"（江西省抚州市中级人民法院，[2018]赣10行终15号）。在行政处罚领域，参见"郝劲松诉北京市公安局海淀分局万寿寺派出所公安行政处罚决定案"（北京市第一中级人民法院，[2010]一中行终01613号）、"刘效玉诉阜南县公安局焦陂派出所处罚案"（安徽省阜阳市中级人民法院，[2017]皖12行终286号）。

上可以重申依法行政、正当程序。

以上基于部分司法实例的评价，必定是挂一漏万的，但已经可以揭示效能（效率）原则在法规范适用场合展现其规范内涵的部分图景，也可以发现该原则在此场合与其在制度建构场合之间的异同。效能原则在任何场合都会展现对效益最大化的核心追求。未来导向型的制度建构场合需要考量的因素更多、更复杂、更具未知性，比较适宜通过政治应责、行政应责机制实现效能原则。相较之下，既往特定事件评价型的法规范适用只需关注特定事件本身提供的少量且确定的信息，司法应责机制可以匹配于该原则的应用。当然，这些比较都是在相对意义上的。

五、效能原则与其他行政法一般原则

无论在制度建构论维度，还是在法适用论维度，都会面临效能原则与其他行政法一般原则之间的关系问题，尤其是当它们之间发生冲突，应当如何抉择的问题。这并不是可以轻易获得简单答案的。本章无法也无意穷尽式展开充分的论述，但仍然于此进行初步应对，希冀未来的行政法学说可深入探究。

1. 效能原则与依法行政原则

这两个原则之间最有可能发生冲突的情形是，依法行政要求法律保留、法律优先，但是，当法律滞后于经济、社会的发展，或出现空白或产生阻碍，而立法机关不能及时跟进制定或修改法律之时，法律保留、法律优先很有可能约束行政机关进行效益最大化的制度建构或特定事项处理。对于这种冲突，存在两种可能的解决方案：一是承认依法行政原则在特定情形下的僵化、拘泥、束缚的消极作用，从而允许行政机关进行突破，以保障效能原则的实现；二是强调依法行政原则的规范作用，宁愿让法律空白一段时间，或者让不合时宜的法律成为裹足布，从而牺牲一时的效能，也不能容忍行政机关以效能为名，撞开法律保留、法律优先对行政权的箝羁。

第二种方案似乎明显不能适应改革、发展对效能的需求，容易背上教条主义、形式主义、机械主义等的骂名，也容易为面向市场、社会需求的行政机关所耻笑。而第一种方案可以视为早年"改革突破论""良性违宪论"以及后来的"事后确认论"[1]在本章论题上的折射,注定会如这些理论的命运一样饱受批评。然而,现阶段提出的"重大改革于法有据"的共识和原则,以及《立法法》于2015年修改前后形成的改革授权的政法惯例,[2]可以认为其精神与第二种方案是一致的,只是在第二种方案里楔入"授权"规范,而使其所坚持的法治主义不那么僵化。

因此,可以认为,针对上述可能的冲突,第三个方案是坚持依法行政原则,并在该原则中嵌入灵活的、可适应改革发展之需的授权或其他装置,从而为效能原则的"依法应用"提供框架和空间。这是解决或至少是缓解冲突的理想方案。《行政诉讼法》(2017)第74条第1款的规定,[3]其实也是在设置此类装置,为法院裁判如前述案例中那样对诉前、诉后行政效率进行综合权衡提供依据。当前的问题在于,这样的装置还不够完善,以及在应该设计怎样的装置上还有不少分歧和争议。

2. 效能原则与比例原则

这两个原则之间的涵义重叠、相异和冲突之处,前文已经提及。比例原则无论取传统的三阶要求,还是加入目的正当性要求,[4]效能原则在相当程度上是与其相合的。行政效能需要考虑目标价值的合法性/正当性、手段的有效性,也会将行政相对人的损害纳入成本-效益计算之中,在目标/目标收益不变的情况下,对相对人利益侵害(即成本)最小的手段,无疑是手段效益最大化的。

只是,行政效能原则中的市场或社会自治优先、制度或手段的效益最大化,并不为比例原则本义所容,有其独自的意义。而一旦制度或手段的成本与收益的公式两端出现变量,且收益随成本增加而有正比增长时,效能原则的效益最大化追求至少为制度建构或手段选择,提供了一个可供民主对话和讨论的备选

---

〔1〕 关于这些理论,参见沈岿:《论宪制改革试验的主体——以监察体制改革试点为分析样本》,载《当代法学》2017年第4期,第7-9页。

〔2〕 关于这方面的讨论,参见沈岿:《论宪制改革试验的主体——以监察体制改革试点为分析样本》,载《当代法学》2017年第4期,第9-12页。

〔3〕 该款规定:"行政行为有下列情形之一的,人民法院判决确认违法,但不撤销行政行为:(一)行政行为依法应当撤销,但撤销会给国家利益、社会公共利益造成重大损害的;(二)行政行为程序轻微违法,但对原告权利不产生实际影响的。"

〔4〕 参见刘权:《目的正当性与比例原则的重构》,载《中国法学》2014年第4期,第133-150页。

方案。这是比例原则不能提供的。

3. 效能原则与信赖保护原则

信赖保护原则的出发点并不是追求效益最大化,而是提醒政府应当诚信,不得出尔反尔、反复无常,旨在维护人民对政府行为的信任与依赖以及由此信任与依赖产生的利益。不过,当信赖利益有外在表现和信赖值得保护这两个要件满足,需要考虑采取何种保护方式时,效能原则就融入信赖保护原则之中了。申言之,若没有其他值得维护的利益明显胜过信赖利益,就应以存续的方式保护信赖利益不受损害。反之,若有更重要的国家利益、社会公益需要照顾,就得以赔偿或补偿的方式救济受损的信赖利益。[1] 两种保护方式都充分重视政府获得公信的价值以及人民信赖政府产生的利益,在成本-收益可计算的范围内都会实现效益最大化。当然,效能原则与信赖保护原则差异甚大,各有独立存在之意义,不能彼此替换、合二为一。

4. 效能原则与正当程序原则

正当程序原则的初衷是维护程序自身有的独立于结果的价值,而不论程序是否会促进行政决策或行为的正确与否。[2] 听取意见、利害关系回避、说明理由等程序,都有促进正确决定的可能。听取意见有助"兼听则明",防止"偏信则暗";利害关系回避有更大概率保证公正决定;想到必须进行理由说明,可以让行政机关在进行方案或手段选择时更加理性。但是,行政法将这些列入应予遵循的正当程序,并不基于正确可得性的概率,而是它们本身独立的意义。若从效能原则看待这些程序,它们在有的情形中是有违效益最大化的。在行政决定(收益)不变的情况下,听取意见、找到合适人选替换需要回避人员以及为决定说明事实和法律上的理由,都是增加成本、减少收益的。可以认为,正当程序原则的确立,意味着效能原则必须容忍这些基本程序带来的——通常是比较微小——的成本。

这个观点也是可争辩的。一种功利主义的立场会认为,由于这些程序有促

---

〔1〕 参见黄学贤:《行政法中的信赖保护原则》,载《法学》2002年第5期,第23-24页。
〔2〕 参见周佑勇:《行政法的正当程序原则》,载《中国社会科学》2004年第4期,第119页。

进正确决定的可能性,其也就有了依附于决定正确性的价值,因而它们不仅仅是成本,也是有潜在收益的。如此立场与美国最高法院在一些案件中发展出来的、被称为"正当程序效能模式"的司法理论是大体一致的。根据该理论,对正当程序具体要求的认定需要考虑三个不同因素:(1)受到政府行为影响的私人利益;(2)私人利益在已经应用的程序中被错误剥夺的风险,以及如果存在任何增加或替代的程序保障,这种程序保障可能具有的价值;(3)政府利益,包括所涉及的政府职能、增加或替代的程序带来的财政与行政负担。[1]换言之,增加或替代的程序是否对减少错误的可能性有所裨益,以及增加的行政成本是否远超收益,是应当予以权衡的。

对程序可能带来的收益与成本进行计算,以确定该程序是否值得,是一个看上去较为科学并由此颇具吸引力和说服力的方法。但其也存在不可避免、难以克服的计算难题,会造成前后不一、混乱不堪的说理和结论。[2]因此,这种方法的可取性、有效性以及并存的局限性,都应得到充分清醒之认识。无论如何,我国行政法上的正当程序原则主要还是指向听取意见、回避、说明理由等最低限度程序要求,这些要求应该脱离效能考虑。换言之,行政机关不能以效能追求为由,否认这些程序的适用和约束,除非极特殊的情形,才允许效能的影子出现。[3]

六、结语:理论拒绝固步自封

本章试图让行政效能原则得以在行政法一般原则系列中真正获得一席之地。为此,回顾了该原则如何被我国主流学说摒弃的学术史,指出其主要原因

---

[1] 参见[美]杰瑞·马肖:《行政国的正当程序》,沈岿译,高等教育出版社2005年,第109页。应当注意,该书中被译为"效能模式"的英文原文是competence model。
[2] 参见[美]杰瑞·马肖:《行政国的正当程序》,沈岿译,高等教育出版社2005年,"第三章 效能模式"。
[3] 例如,《治安管理处罚法》(2012修正)第15条规定:"醉酒的人在醉酒状态中,对本人有危险或者对他人的人身、财产或者公共安全有威胁的,应当对其采取保护性措施约束至酒醒",这一限制人身自由的约束是不需要以听取意见为必经程序的。再如,利害关系回避或任何人不能自己做自己案件法官原则的应用,有时必须让位于必要性,即"没有别的人有权这样做",否则,行政机制会发生故障。参见[英]威廉·韦德:《行政法》,徐炳等译,中国大百科全书出版社1997年,第110页。

在于三个彼此交织而促进的背景因素：行政诉讼制度的创建、行政法学脱离行政学影响的独立意识以及深植于大陆法系传统行政法学总论的法官适法导向之方法论。

然而，行政效能原则并不因为不受理论的待见，就完全被置于法律制定者和实施者的视野之外。正相反，无论在制定法层面，还是在代表机关和行政系统内部监督审查层面，乃至作为传统行政法核心的司法审查层面，该原则都受到不同程度的重视。此种出自法律系统的重视，并非是无源之水、无本之木。改革开放以来通过机构改革牵引的政府重塑，宗旨之一就是适应时代之需，革除阻碍效能之弊。这个最初基于克服官僚主义动机的需要，又不断地被日渐形成共识的市场经济战略和社会治理转型战略所推动，最后成为持续不断的转变政府职能、提高政府效能的诉求。其进一步投射至自宪法本身及以下的法律制定与实施，可谓势成必然。

面对四十年风起云涌的效能政府建设，面对行政体系未来也不会松懈、只会应时代特点而有具体形式和内容变化的效能追求，面对这些在现实法律系统中的映射，行政法学若仍然固守必须与行政（管理）学划清界限的窠臼，仍然坚持效能（效率）为行政管理原则而非行政法学原则，则无法具备公法理论应有的历史性、经验性、解释性和批判性等优良品质。[1] 它就不能保持历史敏感性，不能感受时间流逝而发生的对政府效能的需求变化；它就不能根植于对效能政府建设现实以及法律促进行政效能的作用的理解；它就不能很好地创造或完善针对围绕效能展开的行政和法律现实的解释框架；它就不能对各种关于行政效能原则及其应用的解释进行理性审视和理论探究。简言之，这样的行政法学只会是固步自封的、自我陶醉的、严重失语的。

20世纪90年代初，罗豪才教授提倡以"公民权-行政权平衡"为核心理念的行政法平衡理论。行政效能原则若能进入行政法一般原则之列，将弥补以往原则体系偏于消极约束、限制行政权以保护公民个体权益倾向之不足，通过注重行政权的高效行使，可以在制度建构上作出更有利于公民集体权益的抉择，在个案处理上也可以使高效行政对处于利益冲突或竞争态势中的一方公民个体

---

[1] 关于公法理论应有的这些品质，参见［英］马丁·洛克林：《公法与政治理论》，郑戈译，商务印书馆2002年，第53页。

权益提供更好的保护，也可以使行政资源得到更有效配置、并促进其背后隐含的公民集体权益。这些恰是平衡理论所期待的。

当然，对效能原则的规范内涵及其应用进行理论上的探索和检讨，分歧、争论注定会存在。庆幸的是，学术智识在广度和深度上的延伸，往往都是在不断的左拉右扯中获得的。

热情 /Passion 05/05/2021

> 我们之所以能了解自己当下身处何方，原因之一在于我们拥有解释清楚我们如何走到这里的能力。然而，我们没有高超本领将叙事能力投向未来。
>
> ——道格拉斯·洛西科夫

第八章　互联网经济与政府监管创新

互联网经济是在现代信息技术和网络技术发展基础上依赖互联网络产生的一系列经济活动现象。网络不仅是经济信息的集结地和散发地，更是许多交易行为的发生地。当前，主要的互联网经济形态有电子商务、互联网金融、即时通讯、搜索引擎和网络游戏等，[1] 随着"互联网+"的进一步发展，更多的互联网经济形态是可预料的。在中国，市场经济和法治政府的进一步深入发展，正在撬动政府监管的旧体制、旧习惯、旧思路。而互联网经济犹如另一根更大的杠杆，将要整体上改变以往政府监管的现实世界环境。风起云涌、变化迅猛的互联网经济，犹如"互联网+"这个词所寓示的那样，有着无限丰富的前景，而法治政府建构背景下的政府监管必须应对各种新的任务和挑战。具体监管措施、方式的设计和选择，都有待结合特定情境特定问题展开研究和探索。然而，结合互联网的特点，也确有必要形成对互联网经济政府监管原则以及监管方式可能创新方案的一般性共识，从而引导对具体监管措施、方式的思考和设制。

一、作为一种生活系统的互联网

我们人类生活所处的环境，实际上是由不计其数、大大小小、相互嵌套或勾连的系统综合构成的。我们出生之后，就进入到家庭/家族的系统；成长过程中，会进入到幼儿园/学校的系统；就业了会进入到所在单位的系统；通过

---

[1] 参见欧阳日辉：《从"+互联网"到"互联网+"——技术革命如何孕育新型经济社会形态》，载《学术前沿》2015年第10期，第29页。

每天餐饮会进入食品系统；从住所出来走到大街上会进入到交通系统；购买房子会进入房屋开发销售系统等。凡此种种，不胜枚举。一切系统都有其自己的特点，都有其显在或潜在的规范，都会直接间接影响和塑造我们的行为方式和习惯，就如同最简单地我们在马路上遇红灯停、遇绿灯行而不是相反。

互联网其实不单单是一种技术，它已经实实在在地成为另一种人类生活系统。它的特点在于：

1. 虚拟性

即网络上的活动是在计算机虚拟的环境中进行的。例如，与现实世界逛街购物所去的实体店不同，互联网上的网店并没有实际的店铺，既无需占据一定的物理空间，也没有常见的面积、方位、地址可言。网购的物品也更多地是以图片、数据、网评等展示其品质，而无法实际触摸体验。

2. 陌生性

即网络上的经济活动主体之间是极为陌生的。本来，从费孝通描述的作为"熟人社会"的农村社会走向城市、走向工业化的过程中，就是一个人际之间关系日益陌生化的过程。在现实世界中，这种陌生化不会走向一个极致，尤其在社交领域，基本上每个人都会有其相对熟悉的社交圈；即便在经济领域，实体店铺的线下活动，也会使店家与常客之间发生更多基于人格信用的"熟人"信赖。然而，在互联网世界的经济活动，即便经常发生在特定的电商与消费者之间，也很难形成"熟人"信赖，甚至还会担心会不会被"杀熟"。[1]

3. 开放性

即互联网是对各式各样的经济活动主体、经济活动类型、经济活动信息开

---

[1] "杀熟"，即利用熟人的信任，采取不正当手段赚取熟人钱财的行为。它在传统经营活动中也会存在。但是，在实体世界，"杀熟"还是或多或少会顾忌"熟人圈"舆论。而互联网经济活动中的"杀熟"，是针对"常客"，但不见得是"熟人"。商家在虚拟世界中的"杀熟"更便利（可以充分利用常客形成的大数据）、更隐蔽（常客与店家无法如现实世界那样面对面交流，常客无法凭藉生活经验在言谈中发现问题）、更无顾忌（常客与店家很难形成的"熟人圈"的交集）。关于"杀熟"和大数据"杀熟"，参见邹开亮、刘佳明：《大数据"杀熟"的法律规制困境与出路——仅从〈消费者权益保护法〉的角度考量》，载《价格理论与实践》2018年第8期，第47页。

放的,其已经有的和即将有的容纳力是无穷的,技术的发展可以使其创造出难以想象其丰富性的经济空间。

4. 跨界性

即互联网已经跨越了各种传统的界域,如国界、地界和业界等,从而可以更加快捷地实现经济领域的跨界活动、交易和结合。例如,互联网可以实现全球范围内B&B(Bed & Breakfast)、Homestay式家庭旅馆的流行。[1]

5. 传播性

在互联网世界里,若非特定的规制,信息传播是不受时间和空间局限的,如此传播规律可能极快地促成经济活动,也可能短时间内造成极大破坏。例如,一条候车的信息,可能会迅速到达离候车者最近的专车司机那里,并迅速完成交易;而一条关于某种品牌食品质量极差的信息,可能会迅速导致该品牌食品销量锐减。

6. 分享性

互联网已经带来并将在未来继续带来利益的分享,免费或低成本搭便车的情况经常发生。互联网用户可以在网络平台上足不出户地货比多家之后购物,可以在临出门前就能找到一辆顺风车低价搭乘,可以众筹进行灾害救助、创业投资、艺术创作、科学研究等。而这些在"前互联网时代"是无法想象的。

互联网系统的特点还可以举出一些,但以上足以显示该系统不同于以往各种生活系统的方面。而且,它与原有的生活系统已经发生、正在发生以及将要发生各种形式和程度的嵌入或融合,从而带来大范围的生活系统的革命性巨变。其中,互联网所及之处的共性是:第一,不断产生新的利益增长点,并且有可能触及、碰撞和撼动原来的利益格局,如电商对实体店的冲击、网络约车对巡游出租车(俗称"扫大街"出租车)的冲击、平台金融对传统银行业的冲击等;

---

[1] B&B是指提供过夜住宿和早餐的小型民宿。房子为私人所有,给住宿者提供房间。详见https://en.wikipedia.org/wiki/Bed_and_breakfast,最后访问:2021年5月28日。Homestay是当地居民分享住房给游客居住一晚到一年不等,条件可以是付费;或者是交换居住(即本地居民到游客所住地旅游住在游客家);或者是给主人管家或提供劳务。详见https://en.wikipedia.org/wiki/Homestay,最后访问:2021年5月28日。

第二,不断改变人们的行为习惯和规范,不同的生活系统都会有相应的行为习惯和规范,互联网会持续地促成它们的变化,如网购替代逛街购物、短视频营销或网络直播营销替代纸质或电视广告等。

二、互联网经济的政府监管原则

面对一种正在与其他生活系统发生"化学反应"的互联网及其带来的互联网经济,本身正在适应市场经济深入发展和法治政府建设而改革自我的政府监管,也需要有相应的、针对性的变革。同时,传统的政府法治原则,以规训、控制行政权为主要目标,在理论上、学理上体现为行政法一般原则,如合法性原则、合理性原则、比例原则、信赖保护原则、正当程序原则、禁止不当联结原则等。虽然这些原则仍然对互联网经济的政府监管有效,仍然可以起到防止政府随性、任意行使监管权的作用,但是,看上去对政府监管如何更为有效地适应互联网生活系统,[1] 并没有十分妥帖的契合性。因此,有必要考虑新的体现有效监管的原则。本章兹提出以下三项,以供进一步研究和探索。

1. 适度监管原则

互联网经济方兴未艾,且活力十足、变化快捷,并非传统经验和知识能够及时把握。相对而言,互联网新的经济活动的创造者,可能在技术上、在专业性上比行政机关工作人员更为熟悉。在这种情况下,即便互联网经济新现象可能会造成许多新的问题,如电子商务领域消费者权益保护问题、知识产权保护问题、网络约车的乘客安全问题,但政府也应该坚持政府辅助地位,让市场自主、社会自治先行或者占主导地位,只有在市场、社会无法自行解决的问题上才实施监管。[2]

在我国,传统经济领域经历了一个从计划经济向市场经济、政府管理向政府监管的衍变过程。互联网经济的不同在于,它一开始就是在政府没有或极少管理或监管的情势下发展起来的。其间发生的一些问题,也是通过经济主体自

---

〔1〕 关于行政法一般原则体系应当考虑政府有效性而吸收"效能原则"的讨论,参见本书第七章。

〔2〕 在此意义上,即效能原则于制度建构论层面的规范内涵之"市场或社会自治优先"的体现。参见本书第七章第三部分。

行解决的，如通过网络评价、销售量数据解决网店消费者无法实际体验产品带来的信息不对称问题，网购消费者在相当程度上参考这些信息可以作出是否购买的决策。至于伴随网络评价而产生的刷单炒信之扰乱正常互联网交易秩序的行径，因其愈演愈烈且有"大型化、团伙化和专业化"的趋势，单靠网络平台自身已经难以规制，才有必要采取相应的政府监管措施。[1] 所以，不要因为互联网经济一出现问题，就马上动用政府监管或者传统思路的政府监管，应该有"让子弹飞一会儿"的思路。

另外，政府若确实需要进行监管时，在作出重大监管决策之前，应该进行必要的比例原则分析和成本收益分析，判断政府的监管目标是否正当、相应的备选的监管措施是否真的可以实现监管目标、是否对相关正当利益的侵害是最小的以及是否可以做到"物有所值"，即对于监管目标而言，监管手段付出的成本是值得的。[2] 而且，这些分析应该是在公开、透明的环境中进行，以便让公众可以对分析的相关考虑是否正当合理提出意见。一个慎议的、理性交流的监管决策作出过程，也同样体现政府的适度监管立场。

当然，适度监管原则内含的市场自主、社会自治先行的要求，也不能机械而僵化地适用。当互联网经济与直接涉及公共安全和人民生命健康的传统领域交集而产生新的业态时，适度监管原则并不意味着一上来就放开市场、听任其自主。以互联网药品交易为例，我国从1999年明令禁止网上销售处方药、非处方药，到2000年在广东、福建、北京和上海试行药品电子商务，开始开展网上非处方药销售试点，再到2005年，允许非处方药品网上交易，但从事互联网药品交易服务的企业必须经过审查验收并取得互联网药品交易服务机构资格证书，然后到2017年正式取消互联网药品交易服务企业（第三方平台除外）审批，意味着已经取得"药品生产企业许可""药品批发企业许可""药品零售企业许可"的无须再获得互联网药品交易服务企业许可，即可进行互联网药品交易。[3] 这个过程的起步看似并不符合适度监管原则，但药品直接关乎人

---

[1] 参见卢代富、林慰曾：《网络刷单及其法律责任》，载《重庆邮电大学学报（社会科学版）》2017年第5期，第26页。

[2] 这也是效能原则之"管理或服务制度的效益最大化""行政手段有效实现目标"和"行政手段效益最大化"要求的体现。参见本书第七章第三、四部分。

[3] 参见刘传绪、文占权、张彦昭、曹常影、刘伟：《关于互联网药品交易服务企业审批制度改革的思考》，载《中南医药》2017年第12期，第1796页。

民生命健康，1999年的明令禁止和2000年的试点结合来看，可以发现有适度监管原则的影响，直到2017年取消审批，更是进一步体现适度监管原则的充分落实。

2. 公共治理原则

由于互联网的虚拟性、开放性、跨界性、传播性、分享性等特点，传统的建立在地域和部门分界、金字塔式层级控制和政府垄断信息优势的管理体制，势必面临极大的挑战。与其固执地坚持这种体制，以至于在互联网经济监管方面处处碰壁（如部门管辖、地域管辖问题[1]），还不如放松政府监管，充分发挥企业（如互联网平台）、行业组织和社会组织（如消费者保护组织）等的各自优势与作用，形成互联网经济的公共治理体系。

与公共治理密切相关的就是承认和鼓励软法之治。[2] 当前，在互联网世界，经济形态更新快速，社会、经济活动频繁，而社交活动与经济活动也比以往更多地交织在一起，活动方式多种多样，涉及不计其数的利益，引发各类利益冲突在所难免。由于这些活动或者完全发生在互联网上（俗称"线上"），或者在网络世界和现实世界交替发生（俗称"线上线下"），无论如何，都带有互联网系统的特性。利益冲突若完全依靠国家、政府之手，依靠"硬法"为保障的治理手段，必定不能实现众所期待的治理目标。既然承认公共治理的必要性，也就必须承认公共治理体系之中各方主体（包括政府、企业、社会组织等）在规则制定方面的积极作用，必须承认不具有国家强制力保障实施效果的规则的意义。

以中国互联网协会为例，其自21世纪以来制定的软法规范可以列出很长的一份清单：

（1）《中国互联网行业自律公约》（2001年12月3日）
（2）《中国互联网协会反垃圾邮件规范》（2003年2月25日）

---

[1] 关于互联网经济对传统政府监管冲击带来的部门管辖、地域管辖等问题，参见沈岿、付宇程、刘权等：《电子商务监管导论》，法律出版社2015年，第121-125页。尽管因为监管实务与相关规则的发展，其中的例证可能过时，但问题并不会在传统监管体系中得到较大改善。

[2] 关于公共治理与软法之治，参见本书第三章第二部分。

（3）《互联网新闻信息服务自律公约》（2003年12月8日）

（4）《互联网站禁止传播淫秽、色情等不良信息自律规范》（2004年6月10日）

（5）《中国互联网协会互联网公共电子邮件服务规范》（试行）（2004年9月1日）

（6）《搜索引擎服务商抵制违法和不良信息自律规范》（2004年12月22日）

（7）《中国互联网网络版权自律公约》（2005年9月3日）

（8）《文明上网自律公约》（2006年4月19日）

（9）《抵制恶意软件自律公约》（2006年12月27日）

（10）《博客服务自律公约》（2007年8月21日）

（11）《文明博客倡议书》（2007年8月21日）

（12）《中国互联网协会反垃圾短信息自律公约》（2008年7月17日）

（13）《中国互联网协会短信息服务规范》（试行）（2008年7月17日）

（14）《"中国互联网协会网络诚信推进联盟"发起倡议书》（2009年3月10日）

（15）《反网络病毒自律公约》（2009年7月7日）

（16）《中国互联网协会关于抵制非法网络公关行为的自律公约》（2011年5月16日）

（17）《互联网终端软件服务行业自律公约》（2011年8月1日）

（18）《中国互联网协会抵制网络谣言倡议书》（2012年4月8日）

（19）《互联网搜索引擎服务自律公约》（2012年11月1日）

（20）《互联网终端安全服务自律公约》（2013年12月3日）

……

而且，政府监管部门的软法之治与社会组织的软法之治，形成呼应关系，共同应对新问题、新挑战。例如，中国人民银行、工业和信息化部、公安部、财政部、国家工商总局、国务院法制办、银监会、证监会、保监会、国家互联网信息办公室于2015年7月14日发布《关于促进互联网金融健康发展的指导意见》以后，中国互联网金融协会在2016年3月25日，发布了《互联网金融行业健康发展倡议书》。

这些更偏于软法性质的规范已经不是传统民事契约可以定性之，也不是长期形成的习惯法、民间法、道德、职业伦理、商业习惯等。将其纳入软法范畴，以软法治理的思维，承认其作用、效力，解决其存在的弊端，是更为妥当的方法。

随着类似规范的日益增多，法院也会将其作为认定行业标准、商业道德的重要参考。典型的案件是最高人民法院二审审理的"北京奇虎科技有限公司等与腾讯科技（深圳）有限公司等不正当竞争纠纷上诉案"。[1] 在该案中，针对奇虎公司、奇智公司上诉时关于一审法院以互联网协会发布的《互联网终端软件服务行业自律公约》认定其违反了诚实信用原则和公认的商业道德、属于适用法律错误的主张，最高人民法院指出：

> 在市场经营活动中，相关行业协会或者自律组织为规范特定领域的竞争行为和维护竞争秩序，有时会结合其行业特点和竞争需求，在总结归纳其行业内竞争现象的基础上，以自律公约等形式制定行业内的从业规范，以约束行业内的企业行为或者为其提供行为指引。这些行业性规范常常反映和体现了行业内的公认商业道德和行为标准，可以成为人民法院发现和认定行业惯常行为标准和公认商业道德的重要渊源之一。……该自律公约系互联网协会部分会员提出草案，并得到包括本案当事人在内的互联网企业广泛签署，该事实在某种程度上说明了该自律公约确实具有正当性并为业内所公认，其相关内容也反映了互联网行业市场竞争的实际和正当竞争需求。人民法院在判断其相关内容合法、公正和客观的基础上，将其作为认定互联网行业惯常行为标准和公认商业道德的参考依据，并无不当。[2]

3. 信息效用最大化原则

互联网经济运行的主要引擎之一是信息。正是信息在网络中的快速生成、

---

〔1〕 最高人民法院，[2013] 民三终字第5号。
〔2〕 必须指出，最高人民法院并未用"软法"概念指称这些规范，但其使用"提供行为指引"说明其中部分规范的性质，并将这些规范作为认定行业标准和商业道德的"参考依据"，也可折射其并没有将这些规范视为具有强制执行的效力。

传递和分享，才使得生产、交换、分配等经济活动可以较之传统经济模式更加快捷高效进行。经济主体的产品销售和服务供应，是否能够占领市场，获得消费者的认同，不仅取决于产品和服务的质量，取决于产品和服务是否可以满足个性化的需求，而且取决于其本身的相关信息供应是否及时、准确，取决于消费者对其的评价信息是好是坏。信息供应也不仅仅是指某一类产品或服务的信息，通过某种广告的形式抵达潜在的某一类消费者群体，按照尼葛洛庞帝的观点，还包括完全个人化的信息服务。

> 在后信息时代里机器与人就好比人与人之间因经年累月而熟识一样：机器对人的了解程度和人与人之间的默契不相上下，它甚至连你的一些怪癖（比如总是穿蓝色条纹的衬衫）以及生命中的偶发事件，都能了如指掌。
> 举个例子，你的电脑会根据酒店代理人所提供的信息，提醒你注意某种葡萄酒或啤酒正在大减价，而明天晚上要来作客的朋友上次来的时候，很喜欢喝这种酒。……[1]

信息对互联网经济的举足轻重的作用，也导致了信息泛滥、信息虚假或信息掩蔽的现象。信息泛滥是指在互联网上的经济活动，虽然不受时空限制，给了活动主体更大的选择交易空间，但也带来获取的信息量过大、从而造成分析、判断和选择困难的问题。信息虚假是指互联网经济活动主体有意提供不真实的信息，以诱使其中的交易方作出信息提供者希望的决策。信息掩蔽则是互联网经济活动主体有意隐藏掩盖对其不利的信息，以使交易方在信息不完整的情况下作出对掩蔽者有利的决策。[2] 这些活动的存在，应该是很大程度上依赖信息的互联网经济秩序所不可避免的，但也是必须应对，尽量减少其存在、减少其信息的负向效用，从而让信息的正向效用最大化。[3]

---

[1] 参见［美］尼葛洛庞帝：《数字化生存》，胡泳、范海燕译，海南出版社1996年，第193页。

[2] 有论者以信息超载、信息衰减、信息投机指称类似现象。参见汪旭辉、张其林：《平台型网络市场中的"柠檬问题"形成机理与治理机制——基于阿里巴巴的案例研究》，载《中国软科学》2017年第10期，第35页。

[3] 关于信息使用的正向效果、负向效果，参见陈建龙：《论信息效用及其实现过程》，载《北京大学学报（哲学社会科学版）》1996年第3期，第38页。

有鉴于此，互联网经济的政府监管也应该考虑信息效用最大化原则。一方面，政府监管的主要目标之一就是让信息真实、准确、及时地在互联网经济系统中传递，遏制信息泛滥、信息虚假、信息掩蔽等妨碍此目标实现的活动，以收信息的最大功效；另一方面，信息既然可以为互联网经济活动主体所用，同样也可以为政府充分利用，为监管提供协助和贡献。政府可以采取以信息技术为基础的监管手段；信息披露、信用评级等具体监管方式的应用，都与信息效用最大化原则有勾连。

以上三项并非穷尽了所有的互联网经济的政府监管原则，特定的经济活动肯定还需要有特殊的、有针对性的监管原则。

三、互联网经济政府监管方式创新

基于上述认识，政府在互联网经济监管方面，可以考虑以下监管方式的创新：

1. 更大范围、更大幅度的放松监管，尤其是去审批化

在我国，自2013年以来，行政审批的改革呈现出不同于以往运动式改革[1]的常态性、持续性特点，政府监管的放松本身就在进行之中。而面对互联网经济的兴起，面对互联网与各种传统经济活动的结合，政府在实施监管时首先需要考虑，是否还有必要将传统经济活动领域中的审批制度照搬到线上来。如果能够根据互联网经济的特点，适时地对线上活动更多地放开，把不必要的审批在线上予以停止，或许可以让互联网经济释放出更多的活力。

前文提及的互联网药品交易服务企业审批制度的变革，是对此进行说明的适宜事例。尽管因为药品与人民生命健康的紧密相关性，对互联网药品交易最初采取谨慎立场是合乎情理的，但是，从2000年开始试点至2017年取消互联网交易服务企业（第三方平台除外）审批，毕竟经历了17年之久，是否需要历时如此之长，不无研究的价值。更何况，即便已经取得长足的进展，有论者

---

[1] 关于行政审批运动式改革，参见沈岿：《解困行政审批改革的新路径》，载《法学研究》2014年第2期，第22页。当时指出，对2013年以来的改革是否"已经走上常规之道，尚难下断言"。不过，现在看，至少自本届政府以来，行政审批改革一直持续进行。

仍然认为还需要进一步改革，将第三方平台作为互联网交易服务企业的审批制改为备案制，并加强配套的事中事后监管，如完善检查促进企业自律、完善部门与机构之间的协调配合、建立动态的监测机制等。〔1〕

2. 承认与平衡网络平台的治理地位

互联网经济相当程度上已经发展成为平台经济。"电子商务经济是以电子商务平台为核心，以电子商务应用需求、电子商务服务业为两翼，以新一代信息技术应用为支撑，包含众多信息消费内容的新型经济生态系统。"〔2〕一方面，网络平台为了自身有序发展、持续占有并不断获得市场份额，应对竞争者的挑战，会采取各种措施管理平台用户的行为，激励其作出平台所需要的行动，约束其可能破坏平台交易秩序、平台声誉的行为。这是平台基于自我利益需要而产生的治理动力。另一方面，网络平台，尤其是大型或超级平台，聚集了成千上万的商家，其与买家发生的交易行为主要是在网络平台搭建的虚拟空间里完成的，无论是从管理对象的数量还是从交易行为发生的场所来看，政府事事进行直接监管是"不可能完成的任务"。在线下交易市场中，如集贸市场，市场监管工作人员的身影时不时出现其中，而不主要依靠集贸市场本身管理。这种景象是很难发生在网络市场之中的。因此，鉴于平台在技术、经营、管理上的优势，鉴于政府全面监管既不可能、也不利于互联网经济活力的释放以及自生秩序的形成，国家应该通过不同领域的立法，更多地承认网络平台在公共治理体系中的地位，发挥其可能更有效率的、对平台内经营者的监管作用。

当然，网络平台的治理也并不是万能的，其本身是一个逐利的经营者。为了吸引和黏住更多的用户，可能会对用户的违法违规行为放松监管；为了节省经营成本——监管成本也可以视为一种经营成本，若无严格的法律要求和政府对其监管行为的监管，其也不会花太大的价钱投入到对其声誉以及虹吸效应不会带来实质性变化的监管。从政府的角度言，其也不能因为网络平台的作用，而完全放弃其对平台、对平台内经营者的监管。在公共治理体系中，政府在监

---

〔1〕 参见刘传绪、文占权、张彦昭、曹常影、刘伟：《关于互联网药品交易服务企业审批制度改革的思考》，载《中南医药》2017年第12期，第1796-1798页。

〔2〕 李广乾、陶涛：《电子商务平台生态化与平台治理政策》，载《管理世界》2018年第6期，第104-105页。

管方式的选择上应该主要考虑：

（1）"政府管平台、平台管经营者"模式的具体内容。在互联网经济中，监管对象的选择和确定是一个没有固定答案的难题。[1] 政府是监管平台还是平台内经营者？若是平台内经营者，政府是直接实施监管，还是可以更多地让平台监管，政府通过监管平台来督促平台内经营者合法合规地经营？这些需要结合具体情境（场景）、特定监管问题、政府和平台各自优势及不足而定，无法一概而论。然而，至少，"政府管平台、平台管经营者"模式是可能的一个备选方案，这一点已经形成共识。关键问题在于，这个模式的具体内容也需要"情境化（场景化）设计"。比如，在曾经引发热议的网约车监管问题上，当时就有论者认为：

> 就目前的情况看，接入平台的网约车的安全问题、驾驶员资质、犯罪记录和违章问题、保险问题等都已经可以由平台公司通过技术和商业手段解决。[2]

（2）灵活安排必要的政府监管。必须注意到，平台的自我逐利动机，会使其在不同的监管问题上（如打击违反无理由退货规则的行为和打击侵犯知识产权行为）或者在其不同的发展阶段上（如市场培育初期和市场份额基本固定时期），表现出不同的治理需求、动力以及能力。例如，在对待刷单问题上，

> 网络平台的态度具有截然不同的两个方面。在市场培育初期，平台对刷单者的态度往往十分暧昧，采取了听之任之的立场。在市场份额基本瓜分完毕、竞争固化之际，网络平台的态度从放纵转变为坚决打击。平台鲜明的态度转变似乎十分矛盾，但却不难理解。通过衡量各种行为的经济成本与效益，平台初期刻意的监管不力乃是本益分析下的自我抉择，后期的

---

[1] 参见郭家堂、骆品亮：《互联网对中国全要素生产率有促进作用吗？》，载《管理世界》2016年第10期，第47页。

[2] 王静：《中国网约车的监管困境及解决》，载《行政法学研究》2016年第2期，第55页。

严厉打击更是"经济人"理性的自我选择。[1]

对于平台的这种差异，必要的政府监管应当进行灵活的安排。原理上，若平台放松监管，可以由政府直接实施监管，或督促平台加强监管；若平台改变监管态度，提升了其监管力度，政府就可以适当撤出。

（3）各治理系统的有机衔接。其实，由政府治理、网络平台治理以及交易自组织治理（如网络交易市场中出现的商会联盟）共同组成互联网经济公共治理体系，已经被广泛认同。[2]对于政府监管实务而言，如何通过立法或政策，或者在立法或政策不能固化的情况下，如何通过沟通、协商和共识，使不同的治理系统形成或尽量形成"无缝连接"，在各自有效的范围内发挥其作用，这是考验政府以及其余各方智慧的问题。

3. 充分利用网络技术和信息手段实施监管

对于传统经济活动的监管，政府监管部门经常会开展一些定期或不定期的现场执法检查。而互联网经济活动相当程度上是在线上完成的，以传统针对现实世界的方式开展监督检查显然无法适应之。因此，有必要建立网上巡查平台，通过网络技术和信息手段加强对互联网经济活动的监管。而且，互联网经济活动对信息依赖程度很高，相应的监管也就主要是对信息的监管。例如，巡查电商网站是否在醒目位置公开营业执照信息或者其营业执照电子链接标识情况等信息，巡查网店经营者发布的商品和服务信息，包括名称、种类、数量、质量、价格、运费、配送方式、支付形式、退换货方式等，巡查网店经营者是否具有故意夸大商品销量、是否故意抬高评分、是否故意雇人写好评、是否故意删除差评等行为。[3]更进一步，由于网络信息不计其数且瞬息万变，政府

---

[1] 卢代富、林慰曾：《网络刷单及其法律责任》，载《重庆邮电大学学报（社会科学版）》2017年第5期，第29页。
[2] 参见孟凡新：《共享经济模式下的网络交易市场治理：淘宝平台例证》，载《改革》2015年第12期，第105-106页。
[3] 其实，网络巡查作为一种新型的监管技术，自21世纪初已经采取。参见刘国奇：《组建网络巡查分队 搜索企业网站信息 实行网络广告备案》，载《中国工商报》2004年4月28日。随着技术的发展，网络巡查也相应地更为广泛地使用。参见彭军、向琼华：《强化网络巡查 提高监管效能》，载《工商行政管理》2014年第11期，第71页。

监管应该适应互联网特点,开发高端的监管新技术。例如,2019年11月5日,市场监管总局委托浙江省市场监管局开发建设的"全国网络交易监测平台"正式上线:

> 全国网络交易监测平台建设将大数据、人工智能、云计算、区块链等最新技术深度应用于市场监管前沿领域。平台正式上线运行,标志着网络市场监管工作迈上了新台阶,将有助于市场监管部门更加敏锐地发现违法线索,更加精准地查处违法行为,更加有力地维护网络市场秩序,更好地践行以人民为中心的发展理念,维护消费者的合法权益,对于提升网络市场的监管能力和风险预控能力,加强网络空间治理体系建设,持续优化网络营商环境具有重大意义。[1]

4. 合理实现线上线下的差别对待

互联网经济活动显然是与传统经济活动存在较大差异的,由此,摆在政府监管面前的一个难题是,什么时候"线上线下一致对待",什么时候又"线上线下合理差别对待"。《消费者权益保护法》第25条规定,"经营者采用网络、电视、电话、邮购等方式销售商品,消费者有权自收到商品之日起七日内退货,且无需说明理由,但下列商品除外:(一)消费者定作的;(二)鲜活易腐的;(三)在线下载或者消费者拆封的音像制品、计算机软件等数字化商品;(四)交付的报纸、期刊。除前款所列商品外,其他根据商品性质并经消费者在购买时确认不宜退货的商品,不适用无理由退货。"这个无理由退货规定就是相对合理地对线上交易消费者和线下交易消费者权益进行了差别对待。

然而,根据原国家食品药品监督管理局2005年颁发的《互联网药品交易服务审批暂行规定》,通过自身网站与本企业成员之外的其他企业进行互联网药品交易的药品生产企业和药品批发企业,还要另外经过审批获得互联网药品交易服务资格证书,才能在线上从事药品交易。在互联网技术日益成熟完善且容易可得的情况下,要求已经合法成立的药品生产企业、批发企业必须再经审

---

[1]《全国网络交易监测平台正式上线》,载《中国质量与标准导报》2019年第11期,第10页。

批的"线上线下不一致"的对待,显然是不适当的。当然,如前文所述,2017年1月12日,《国务院关于第三批取消中央指定地方实施行政许可事项的决定》(国发〔2017〕7号)最终将该项审批取消,并在决定中针对取消审批后如何加强事中事后监管提出了明确要求,而这些要求体现了"线上线下一致"的回归,即已经在线下取得药品生产、批发、零售许可的企业,不必再经一道审批手续,就可以直接在互联网上进行药品交易,监管部门只需结合互联网药品交易的特点进行事后监管即可:

> 取消审批后,食品药品监督管理部门要强化"药品生产企业许可"、"药品批发企业许可"、"药品零售企业许可",对互联网药品交易服务企业严格把关。要建立网上信息发布系统,方便公众查询,指导公众安全用药,同时建立网上售药监测机制,加强监督检查,依法查处违法行为。

四、结语:为未来监管

当前,技术创新正在以一种常人难以想象的速度迅猛发展。许多新奇的概念,如大数据和分析、云计算和其他平台技术、移动解决方案和基于位置的服务、社交媒体和其他协作应用、互联设备和物联网、人工智能和机器学习以及虚拟现实,[1] 也层出不穷地指向各种正在改变我们生存和生活的技术创新。尽管我们作为非专业人士,无法准确地或大致准确地讲述这些陌生的、不明就里的概念的涵义,但这些技术对我们生活影响的现实存在,如通过移动手机进行网络购物、在社交媒体上遭遇定向的营销广告,总能让我们获得似懂非懂的了解。

技术革命及其带给我们生活方式的日新月异,让我们时不时会有一种感觉:"当下"真的是转瞬即逝,在还没完全熟悉"当下"的情况下,新的"当下"又已降临。媒体思想家美国人道格拉斯·洛西科夫曾经说道:

> 在新技术、新理论、新商业模式、新运作方式的刺激下,我们都成为

---

[1] [英]迈克尔·韦德、[美]杰夫·劳克斯、[英]詹姆斯·麦考利、[美]安迪·诺罗尼亚:《全数字化赋能——迎击颠覆者的竞争战略》,中信出版集团2019年,"前言",第15页。

未来主义者。这些新事物带给我们的不是简单重复,而是一些不同的东西:一种带有不确定性的转变,但至少可以确定的是其重要性前所未有。每过去一年,我们似乎就距离召唤着我们的"混沌吸引子"更进一步。我们每进一步,时间本身似乎就流逝得更快。……回顾20世纪90年代那喧嚣的、经由网络放大的长期繁荣,其主要特征似乎体现在向前看的姿态……〔1〕

于是,当网络技术、信息技术在经济领域不断快速地催生新的经济形态、业态时,利益的格局会迅捷地变化、更新,利益的冲突也会此起彼伏,其中又因为技术的介入,而形成常人无法及时认识和理解的专业复杂性。负有维护公共领域秩序任务的政府,就会面对一系列眼花缭乱、"你方唱罢我登场"的问题与挑战。在数字化时代,企业为了对抗竞争对手,避免被竞争对手颠覆,必须具备超强感知能力、明智决策能力和快速执行能力。

> 全数字化业务敏捷性强的企业能够迅速有效地应对新出现的威胁,在竞争对手还没觉察之前抓住市场机遇(超强感知能力)。它们利用信息优势剖析价值源泉,并制定制胜战略和价值主张(明智决策能力)。它们还会快速改变航向、抵御威胁并利用机会,借助平台创造天翻地覆的变化(快速执行能力)。〔2〕

与处在全数字化漩涡之中的企业相比,政府监管同样也需要在感知能力、决策能力、执行能力上发生变革。但是,毫无疑问,其面对的不是同业对手的竞争,面对的是类似网约车行业与传统出租车行业这样的利益碰撞,是类似互联网药品交易安全性这样的国内监管问题,是类似数据跨境流动这样的国际监管课题。与企业为追求不被颠覆而需要更强的敏捷性甚至冒险性不同,政府监管不能快速转向、不能"见风就是雨"、不能朝令夕改,否则,公共秩序会被搅乱、摧毁。而另一方面,政府监管又必须保持"向前看的姿态",不能固守

---

〔1〕 [美]道格拉斯·洛西科夫:《当下的冲击》,孙浩、赵晖译,中信出版社2013年,第4页。

〔2〕 [英]迈克尔·韦德、[美]杰夫·劳克斯、[英]詹姆斯·麦考利、[美]安迪·诺罗尼亚:《全数字化赋能——迎击颠覆者的竞争战略》,中信出版集团2019年,第115页。

成规、不能一味追求稳定（稳定是法治的内在要求之一）、不能不分情境或场合地陷入面向确定性的决策思维（确定性是传统行政法对行政行为的要求，体现为事实清楚、证据确凿等）。如何在两端之间保持平衡，如何在不同场景下面对不同监管问题作出"明智决策"，是一个非常棘手的难题，政府需要有适应时代特点的行为规范或指引。

这应该不只是公共行政学、行政管理学的使命，行政法学也责无旁贷。本章的探索仅仅是开始起步，别说离终点的距离尚有多远，单是关于终点的想象，都不甚清晰。

街角 /Street Corner   12/02/2020

> 我们正在成为受到更多统治的国民,我们受到委员会、理事会和官员们——中央的与地方的、高层的与低层的——各种方式的通知,他们行使着由现代成文法律所赋予的权力……附属立法权力已经具有很大的重要性。如果将它们删除,剩下来的就只是残缺不全的过时画面。
>
> ——梅特兰

第九章　走向应责胜任的法治政府

关于行政法的任务和宗旨,始终是行政法理论基础无法回避的问题,也是一直以来存有争议的。在我国当代,自改革开放、行政法学复兴伊始至今,无论是在行政法平衡理论及其他流派的争鸣时期,抑或"新行政法"概念掀起又一轮基础问题和体系研究之际,这个问题始终若隐若现于诸多论者的叙述之中。[1] 正统的、经典的行政法原理,自然将保证和促进政府依法办事作为基础理念,这一点为所有行政法研究者所公认,也是毋庸置疑的。或许会引发不同看法的是,除了坚守"政府合法"以外,行政法是不是就不用考虑别的了?更具体一点讲,是不是就无需考虑"政府有效""政府能干"等人民同样关心的问题?是不是可以明确宣告,这些问题不是行政法应该关心的,也不是行政法能够关心的?

按常理,行政法作为一种专门规制行政权的规范和制度体系,是不可能不考虑和关心政府如何高效完成其任务的。本书第七章在讨论"行政法上的效能原则"时,已经呈现实定法规范、代表机关监督审查、行政系统内部监督审查以及司法审查对行政效能/效率的切实关注。可见,上述问题的答案是显而易见的。其实,这样的设问暗含着把行政法与行政法学不加区分、混为一谈的情形。行政法学在传统上不关心或较少关心政府有效、能干问题,也是一个基本事实。但是,这种传统正在接受反思。行政法学以行政法为研究对象,就不应该把行

---

[1] 参见本书第二章、第五章。

政法本身具有的多维度复杂关切简单化,其所构成的知识和理论体系就不应该在如何帮助政府完成有效治理任务上完全失语。本章的目的是探讨:一个应责胜任的法治政府应该是怎样的。

一、守法和能干:孰优?

当今,简单易用、成本低廉、传播迅捷、形式多样的媒体,让政府违法行径以及相应的锋芒毕露,或尖锐或戏谑的评论,更容易直击民众的眼目和心思。无论信息是否真实可靠,评论是否合理中肯,承受着此类事件或评论不断冲击的民众,在用脚投票、犬儒主义、愤世嫉俗、鸵鸟策略、玩世不恭、激烈抗争等诸多选项之间,进行着单项或多项的心理或行动抉择。而表面差别化的选择,无法掩盖对"政府必须守法"的共同诉求。

于此之际,执政党在其共和国执政历史的第六十五个年头,首次通过以依法治国为主题的中央决定,[1] 被各方舆论视为中国法治进程中的里程碑。一时间,如同以往每次中央高层的重大决策公之于世都会形成的效应一样,法治政府之建设,成为万众举首期盼之头等大事。各级政府纷纷组织多种形式的领导干部法治培训;对领导干部法治素养和法治能力的测评、考核制度,正在孕育或已经推出;[2] 特定领域法律的制定和修改,重新塑造司法结构和品格的司法改革,决定未来法律人才的法学教育动向等等,都较之以往受到更多、更密切的关注。

对于执政党和政府而言,改革开放取得的巨大绩效,以中国崛起成为第二大世界经济体为显著标杆,已经在相当程度上获得了广大民众的认可。只是,蛋糕做大同时必然带出的蛋糕分配问题,在一个法治尚未完善的体系中,是很难得到让人民满意或基本满意的解决的。尤其是,这个"人民"已经呈现日益

---

〔1〕 即《中共中央关于全面推进依法治国若干重大问题的决定》(2014年10月23日中国共产党第十八届中央委员会第四次全体会议通过,以下简称《依法治国决定》)。

〔2〕 《依法治国决定》关于领导干部法治培训以及领导干部法治建设的绩效考核都有明确要求。"坚持把领导干部带头学法、模范守法作为树立法治意识的关键,完善国家工作人员学法用法制度,把宪法法律列入党委(党组)中心组学习内容,列为党校、行政学院、干部学院、社会主义学院必修课。""把法治建设成效作为衡量各级领导班子和领导干部工作实绩重要内容,纳入政绩考核指标体系。把能不能遵守法律、依法办事作为考察干部重要内容,在相同条件下,优先提拔使用法治素养好、依法办事能力强的干部。"

细密而复杂的阶层和利益划分，发展所得利益与所付成本在其中的分配，无疑是极其棘手的。[1]

20世纪70年代末以来，改革开放所引发的社会分化持续进行和社会冲突愈益明显。在如此短的时间内，一个本处于相对封闭条件下的社会，在内部因素强力推动和外部因素积极诱导下，其社会分化如此迅速、如此广泛、如此深刻，在中国乃至世界史上都是空前的。

可以预见，在21世纪前20年，还会有更为复杂的社会分化现象出现。[2]

另一方面，不同部门或层级的掌权者，因法治约束的匮乏，成了举足轻重的利益或成本之分配者，易为有影响的大小力量所俘获，不仅引致普通民众的愤怒，更是让执政党和政府感受到自上而下科层制控制的松弛，感受到相当数量的官员和民众不同意义上的但同样危险的离心动向。

党的十八大以来，党中央提出了"全面依法治国""全面从严治党"的国家战略，加大了对腐败的惩治力度。从查处的腐败案件中，我们发现腐败不再是简单的个案，而更多的是系统性腐败（Systemic Corruption）案件。……在系统性腐败条件下，贪官污吏经常直接资助商业投机，而商人也经常影响政府决策，参与制定有利于他们的法律政策，同时在保护伞下阻碍那些威胁他们利益的法律实施。[3]

---

〔1〕 关于中国社会阶层划分和利益倾向的研究文献甚多。例如，有论者将社会阶层划分为十大阶层：国家与社会管理者阶层、经理人员阶层、私营企业主阶层、专业技术人员阶层、办事人员阶层、个体工商户阶层、商业服务业员工阶层、产业工人阶层、农业劳动者阶层和城乡无业失业半失业者阶层。参见陆学艺主编：《当代中国社会阶层研究报告》，社会科学文献出版社2002年，第8页。单就农村社会阶层而言，有论者指出，取消农业税之后，依据农户与土地的关系，可以分为脱离土地的农民阶层、半工半农阶层、在乡兼业农民阶层、普通农业经营者阶层、农村贫弱阶层，而不同阶层的农民对土地收入依赖程度、对土地流转态度、对乡村秩序的态度都不尽相同。参见贺雪峰：《取消农业税后农村的阶层及其分析》，载《社会科学》2011年第3期，第70-79页。

〔2〕 朱光磊等：《当代中国社会各阶层分析》，天津人民出版社2007年，第1页。

〔3〕 杨柠聪：《系统性腐败的形成机制与治理路径》，载《廉政文化研究》2019年第1期，第27、28页。

由是,"全面依法治国""政府必须守法"的主张,在中央高层和民众那里获得了更为一致的认可,并在强大宣传力量推动之下,力图成为整个执政体系的共识。尽管,措辞简单的主张所赋予的意义、价值和目标,不同群体之间显然且必然在认知上有大小不一的鸿沟。

然而,扪心自问:难道我们仅仅需要政府守法或者依法而治就可以了吗?守法政府或法治政府就是我们所期待的"好政府"了吗?法治虽然重要,但它会真正成为政府和人民始终优先予以考虑的大事吗?无论我们赋予"法治政府"概念多么丰富的意涵,法治政府的建成真的可以为下列问题的有效应对提供保证吗?

诸如,在国际层面上,国土完整性的保护;贸易保护主义;国际恐怖主义;全球气候变暖和能源危机等。在国家层面上,产业结构的不合理,农业基础的薄弱;发展的不平衡、不协调和不可持续;科技创新能力的低下;城乡差距和贫富悬殊;食品、药品的安全;医疗、住房、养老、扶贫、济弱等社会保障;资源和生态环境的合理利用;民族平等、团结和共同发展等。[1]在地方层面上,地方生产总值和地方财政收入;招商引资、外贸出口、规模以上的工业企业、固定资产投资和重点工程建设;农民生活水平、现代农业与新农村建设;国土资源与环境保护等。

世界的、历史的观察可以让我们确信,法治不见得"总能"高效率地解决该国所面临的一系列经济和社会难题。关于法治与效率之间的关系问题,或许是法学理论以及相关经济学理论最棘手难题之一,因为这一宏大命题往往只能通过聚焦并透视其在特定问题上的体现才可在掌握和评析有限事实的基础上得出相对有效的结论。而这种"相对性"也会带来认识上的不完全一致。例如,有论者通过研究发现,

> 在金融压抑的经济体中,单纯地改善法治并不促进金融的全面发展;相反,它通过减少私人投资的比重对经济增长产生相当大的负面作用。我们发现这个负面效应来自于法治对漏损效应的牵制,它阻碍了金融资源从

---

[1] 这些问题可参见《坚定不移沿着中国特色社会主义道路前进,为全面建成小康社会而奋斗——在中国共产党第十八次全国代表大会上的报告》(2012年11月8日)。

无效的国有经济部门流向有效率的私人经济部门。[1]

当然,论者进一步指出,其研究结果或可部分地解释低水平法治和高速经济增长并存的"中国之谜",但其无意否认"良好的法治促进经济增长"这一命题。对此,其他论者就指出:

> 必须坚持加强市场经济法制建设,充分发挥法律的优化资源配置的功能。此前有研究发现加强法治并不必然能促进经济增长甚至会阻碍私人部门的融资和发展(卢峰、姚洋,2004)。但必须清醒地认识到,那些研究结论有特定的前提,即在市场化程度不高的环境下,法治的作用无法得到充分发挥。我们不能错误地将那些研究结论一般化。

该论者认为其观点看似与卢峰、姚洋相左,但实际上也有着逻辑的一致性,因为,其观察是,"对于国有控股公司而言,法治的正面作用贯穿了整个样本期间(2001-2010);而对于非国有控股公司而言,法治的正面作用仅在市场化程度较高的后五年表现得较为明显,在市场化程度较低的早期,加强法治并不能有效制约其过度投资行为"。[2]

仔细分析这两篇论文的观点,其中隐藏着对"法治"的不同理解及对不同意义"法治"不加区分的使用。当论及市场化程度不足或较低的情况下加强法治并不一定有利于经济效率时,他们都把"法治"视为形式法治,即对现行法律规定(实质压抑市场化)的遵守和执行。而当论及必须"加强市场经济法制建设"时,笔触则指向实质法治,即赋予"法治"促进市场化、优化资源配置的实质意义。法学理论上传统的"形式法治"与"实质法治"之内在张力,[3]

---

[1] 卢峰、姚洋:《金融压抑下的法治、金融发展和经济增长》,载《中国社会科学》2004年第1期,第55页。
[2] 万良勇:《法治环境与企业投资效率——基于中国上市公司的实证研究》,载《金融研究》2013年第12期,第164页。
[3] 古希腊哲学家亚里士多德指出,"我们应该注意到邦国虽有良法,要是人民不能全都遵循,仍然不能实现法治。法治应包含两重意义:已成立的法律获得普遍的服从,而大家所服从的法律又应该本身是制定得良好的法律。人民可以服从良法也可以服从恶法。就服从良法而言,还得分别为两类:或乐于服从最好而又可能订立的法律,或宁愿服从绝对良好的法律。"[古希腊]亚里士多德:《政治学》,吴寿彭译,商务印书馆1995年,第199页。这些论述已经间接地道出了形式法治和实质法治,部分地揭示二者之间的张力。

也就在法治是否有助于经济增长、经济效率的争论上发生了转化。

与法治（形式意义）并不总能促进效率一样，政府守法和政府能干也并不总是集于一身。例如，在 20 世纪 80 年代至 90 年代，美国行政法学者普遍反思美国行政法对重大行政规则（major rules）制定的僵化作用。

> 重大规则是指那些对涉及 1 亿美元或以上的经济产生影响的行政规则。事实上，所有人都认可，颁布重大规则的程序耗时、繁重和不可预测。结果，行政机关转向利用其他决策技术，如制定非规则性规则（non-rule rules）、进行裁决（adjudication），来实现监管目标，行政机关也就没有充分利用规则制定程序。况且，即便重大规则可以通过制定程序和司法审查而幸存下来，它们也往往会"冻在原地"（frozen in place），因为修改和废除规则的标准并不比第一次制定规则的标准更轻松。[1]

在这样的情况下，行政机关出现明显的监管失灵。例如，美国环保署（EPA）花费了数百万美元和十多年时间，针对一种有害物质制定了一项规定，结果却在 1991 年被法院判决无效，理由是决策程序不充分。而美国职业安全与健康管理局（OSHA）在其于 1970 年成立以后的 22 年间，仅就工人接触的数百种有毒物质中的 24 种作出了相应规定，而当该局试图通过发布一项可适用于 428 种有毒物质的通用规则来回应人们对其进展缓慢的不断批评时，该规则又被法院以决策程序不充分为由判决无效。[2]

政府守法与政府能干之间哪个更重要的问题，不仅体现在具体规制领域或事项，也同样体现在整个执政体系获取民心方面。在执政竞争制情境中，政府下台、更换较多地不是因为严重违法，而是因为施政不力。有的时候，一个守法但碌碌无为的好官，不见得比一个违法招商引资、却实际创造人民福祉、又没有中饱私囊的能吏，更能得到普通民众的认可。若要让普通人在政府守法与政府能干之间进行选择，假如二者不可兼得的话，普通人并不见得就一定不能

---

〔1〕 See Paul R. Verkuil, Rulemaking Ossification---A Modest Proposal, Administrative Law Review, Vol. 47, No. 3 (Summer 1995), p. 453

〔2〕 See Richard J. Pierce, Seven Ways to Deossify Agency Rulemaking, Administrative Law Review, Vol. 47, No. 1 (Winter 1995), p. 61.

容忍能干政府在一定范围内的违法，只要这种违法可以"造福一方"，且收益并未成为个别官员或其亲朋的巨额个人财富。当然，这种认可或容忍也许会忽视习惯于接受"违法创造绩效"所潜在的长期负效率，但是，毕竟，对于绝大多数民众而言，当前的——或许是短视的——经济繁荣、就业增加、收入提高、环境改善等，比起依法办事及其可能有的长期效应，是更被关心的、更为直观的。

以上所述绝非主张政府能干就可以为所欲为，也绝非主张政府基于绩效的正当性压倒一切。只是希望在一片呼吁法治政府的声浪之中、在行政法传统学理力主法治政府建设之余探究：面对各种复杂的治理难题，我们究竟应该形塑什么样的法治政府，即便它不能在绝对意义上做到治理良好，也可以让我们能够大致接受它以及它的执政能效？

二、代议民主式法治的魅力和局限

政府为何要守法？中国历史上开启"法治"先河、奠定以后悠久帝制基础的商鞅，或许对此的回答为"立信立威"。据《史记·商君列传》记载，商鞅在其变法令颁布前，用重金悬赏搬移巨木之人，意在表明立法者言而有信，为执行新法铺平道路。新法实施未久，秦国人多有到国都表示不满的，恰逢太子犯法，商鞅称"法之不行，自上犯之"，因太子是君位继承者，不能动刑，故对其太傅和老师施以刑罚，以示法令的权威。[1] 由此，在商鞅那里，君主、政府和法令是三位一体的，君主、政府守法就是执行自身定下的规矩，以此威信方能让所有人民服从新法，而新法只有得到普遍实施，才能见其成效。后世的王安石对商鞅的评价就在其《商鞅》诗中："自古驱民在信诚，一言为重百金轻。今人未可非商鞅，商鞅能令政必行。"

延续了两千多年的君/政/法一体驱使人民的格局，被兴起西方、波及中华的主张人民民主的革命浪潮彻底颠覆了。在立国理论上，"人民"分离出"全体人民"人格和"个体人民"人格。"全体人民"与"君主"易位，成为主权者和立法者。法令不再出自被废弃的君主之口，而是出自拟制的全体人民之手、反映全体人民意志。全体人民意志的构成，则是个体人民的代表们通过议事并

---

[1] 参见司马迁：《史记》，中华书局1959年，第2231页。

依照多数决规则作出决策的结果。由于代表们是个体人民行使一人一票投票权自由选举出来的,每个个体人民——无论贵贱贫富——终究得有当家做主的地位,并得享自由的意志和平等的尊严。[1] 负责行政的政府也从君/政/法一体中分离出来,政府不再是法令制定者的角色,而是法令的严格执行者。[2] 政府守法不是"立信立威"以助驱使人民守法,而是履行全体人民意志执行人的应尽职责。个体人民之所以服从政府执法,也不是因为处于被驱使的地位,而是服从自己的意志,尤其是对这种建立在自由、平等基础上的代议民主过程及其结果的认同。

在世界范围内,如此或类似话语组成的立国理论,将个体人民一个个摆在过去供奉神灵和君王的位置,从而对人民展现了无比的吸引力。19世纪中后期以来,多数国家的基本结构和框架照此搭建,中国概莫能外,尽管总有具体的差异性。由此,法治政府的核心要义就是依照全体人民所立之法办事,任何违法的政府行径皆应予以纠正或惩戒,在政府行为合法或侵权与否问题上的争议,皆有得到公正审查(最经常的是司法审查)的机会,受违法行为侵害之个体人民皆有权获得合乎正义的救济。总体上按此要义接受规束的政府,就会被认为是合格的法治政府,也就是可以接受的政府。至于本章开篇提出的"政府能干"问题,也就隐没在代议民主式法治政府的负责逻辑之中了:政府严格守法却不能干,并非政府之过,而是全体人民所立之法有缺陷,亦即主权者(人民)、立法者(人民代表)之过。

然而,此种理论建构的法治政府,可能从来没有在现实世界中完整地存在

---

[1] 必须指出,由于历史的原因,1949年中华人民共和国成立前后,关于作为主权者的"人民"的范围,并不指向所有的中华人民共和国公民。按照毛泽东在《新民主主义论》的观点,新民主主义共和国"只能是在无产阶级领导下的一切反帝反封建的人们联合专政的民主共和国","'国民'这个名词是可用的,但是国民不包括反革命分子,不包括汉奸"。参见毛泽东:《新民主主义论》,载《毛泽东选集》(第二卷),人民出版社1991年,第675、676页。但是,现行《宪法》第2条第1款明确规定:"中华人民共和国的一切权力属于人民。"第33条规定:"凡具有中华人民共和国国籍的人都是中华人民共和国公民。中华人民共和国公民在法律面前一律平等。国家尊重和保障人权。任何公民享有宪法和法律规定的权利,同时必须履行宪法和法律规定的义务。"

[2] 现行《宪法》第3条第2款、第3款规定:"全国人民代表大会和地方各级人民代表大会都由民主选举产生,对人民负责,受人民监督。国家行政机关、监察机关、审判机关、检察机关都由人民代表大会产生,对它负责,受它监督。"第85条规定:"中华人民共和国国务院,即中央人民政府,是最高国家权力机关的执行机关,是最高国家行政机关。"第105条第1款规定:"地方各级人民政府是地方各级国家权力机关的执行机关,是地方各级国家行政机关。"

过，最多也只是部分地存在。纯粹理论的完整性愈来愈被复杂现实撕裂，不同方向的拉扯使得实际的政府距离理论核心愈来愈远。

首先，全体人民意志构成论基本是理想的假设。在"投票选举→代表组织→代表议事→立法决策"的意志传输带上，几乎每个环节都有阻遏"所有"或"多数"个体人民意志"有效"进入假设的意志转化过程的力量。沉默、冷漠或搭便车的选民、冲动而非慎思的选举偏好、利益代表的比例、议事过程的成本限制、强势意志的控制性和支配性等，都会使得有些应该得到表达、应该被重视、应该在"全体意志"中有一席之地的利益，被排斥在外。"局外人"效应或"局内弱者"效应，在全体意志形成过程中不同程度和样态地发生。以人民的名义完成的立法，并不总是体现各方正当利益的合意或妥协。法治政府即便执行这样的法律，也不见得可以被心口合一地服从接受。对此，美国政治理论家汉娜·费尼切尔·皮特金（Hanna Fenichel Pitkin）关于代表与民主的论述值得关注：

> 至少还有一个特殊的民主声音对代表保持着警惕：那就是让·雅各布·卢梭。……卢梭强调，英国自以为自己是自由的，但实际上他们只是在选举投票那一刻才是自由的；然后他们就立即降格为奴隶，不再是人民……
>
> ……我们的统治者已经变成了一个自我永续的精英，统治（或更准确地说管理）消极或一盘散沙的人民。代表不再是代理人民，而是代替了人民。
>
> ……汉娜·阿伦特……在晚年说，"统治者与被统治者的古老分野已经再次引起人们的注意，（美国和法国）革命原本试图通过建立共和国取消这一分野，在这个意义上，代议制政府事实上已经变成了寡头制政府；人民再次被拒绝进入公共领域，政府事务再次变成了少数人的特权。"[1]

其次，全体人民意志的完整性、明白性和确切性渐趋困难。代议民主式法治政府的合法性，来源于一丝不苟地执行主权者既定的法律，其隐含的假定在于，法律作为全体意志的表达，是完整无漏洞的、明白无秘密的、确切无含糊的。

---

[1] 参见［美］汉娜·费尼切尔·皮特金：《代表与民主：不稳定的联姻》，载王绍光主编：《选主批判：对当代西方民主的反思》，欧树军译，北京大学出版社2014年，第82-83页。

唯有如此，法治政府在执法时就如电脑运行预设软件那样精准无误，人民则可以预期政府的可能行动，政府与人民之间纠纷的裁决者则容易评判政府行动的合法性。〔1〕

但是，这个假定对代议民主过程寄予了过分的信任，代表们的能力、议事过程的限制和议决事项的棘手性等，使其无法完成这一不可能的使命。随着工业化、技术化、信息化、网络化进程的加速，立法规范的设计，更多着眼于"为不可测的未来谋定发展方向或路径"，而不是着眼于"巩固已经被经验确定可欲的秩序"。立法者甚至不能仅仅考虑如何分配利益和协调利益冲突，更需考虑未来可能生成的利益和利益格局。这些设计或考虑的专业性要求，愈加使得人民代表感觉心有余而力不足。于是，立法出现了大量含糊不清的词语，出现了许多因预料不足而被事后经验证成的漏洞或矛盾，更多出现了授予政府见机行事的规则制定和执行的裁量权，这种授权有时是"一揽子的"或"空白支票的"。换言之，全体意志／立法决策的具体内容的形成权，已不再由人民代表掌控，而是转移到原先只是执行者的政府手中。

> 含糊的、概括的或模棱两可的制定法引发了自由裁量权，并且威胁到以行政法"传送带理论"为依据的行政行为的合法性。只要制定法未有效地指示行政行为，个人自主权就极易受到行政官员任意施加的制裁的影响，重大的社会和经济政策问题就由并非正式向选民负责的官员来决定，而传统模式制约行政的功能和使行政合法有效的功能都要受到损害。〔2〕

与之相应，全体意志／立法决策的缺位、模糊、授权裁量，也给政府与人民之间争议的裁决带来难题。代议民主式法治政府的框架之中，行政纠纷裁判者被赋予重要的守卫者角色期待。这种角色之所以被接受，不是因为裁判权高于／优于行政权，而是裁判者以作为全体意志表达的法律为标尺，对政府行为进行合法性评判。若该意志完整、明白和确切，政府行为是否与其一致的判断，

---

〔1〕 在美国行政法上，对政府因执行立法指令而获得合法性/正当性，有一个形象的称谓，即"传送带"（transimission belt）。参见［美］理查德·斯图尔特：《美国行政法的重构》，沈岿译，商务印书馆2002年，第10-11页。

〔2〕 ［美］理查德·斯图尔特：《美国行政法的重构》，沈岿译，商务印书馆2002年，第12页。

就不是一件难事，裁判和裁判者地位也不会有任何正当性问题。反之，在政府更多地依据立法授权或者模糊立法作出裁量决策的时候，裁判者就失去了立法意志的明确指引，而一旦失去了立法者靠山，其裁判活动就容易"腹背受困"。无论倾向于政府还是个体人民，都会有"裁判者立法"的嫌疑。比起普通刑事、民事案件的裁判者立法，行政争议裁判者的这种嫌疑更易动摇其正当性。因为，代议民主式法治政府论并没有提供充分理由证成以下命题，即裁判者立法比政府裁量隐含的规则创制更应被接受。

最后，代议民主式法治政府的衰微，将原本掩蔽的政府能干问题凸显出来。代议机构的有心无力或者故意逃避，以及裁判机构的尴尬处境，既让行政权在国家权力结构之中处于主导地位，同时又把政府推向执政体系责任的中心。如果政府不再是所谓全体意志的执行者，其对规则创制、政策形成的决定性作用成为常态，人民就会对其寄予厚望，若重大决策失败，人民自然会转而质疑其是否有能力胜任。这在行政权经历由小到大的国家是如此，更不用说行政一直占据支配性地位的中国。改革开放四十余年，人民虽然对代表机构、裁判机构屡有诟病，但更多处于舆论风口浪尖、接受如潮批评的还是各级政府及其部门。许多领域出现的严重经济和社会问题，如城乡差别、贫富悬殊、教育不公平、环境恶化、资源枯竭、食品安全等，都会主要归责于政府。[1]

而且，在绝大多数语境中，批评者习惯于站在代议民主式法治政府论的立场，或谓立法不完善，或谓政府执法不力，或谓问责制度不健全，似乎循此立场进行诸多努力，这些问题就可以迎刃而解。殊不知，问题的根本症结不在于政府是否要真正归位到执行者角色，而在于其是否真正胜任有效应对棘手治理难题的规则和政策生产者的角色。

三、何谓应责胜任的法治政府

什么样的法治政府才是胜任上述角色的呢？如果代议民主式法治政府论的传统主张，既不能使政府真正受制于人民代表立法，又不能使其真正有能力担纲新的角色，那么，我们又需期待何种法治政府呢？

---

[1] 在我国，每年"两会"——全国人民代表大会和全国人民政治协商会议——期间，国务院的《政府工作报告》备受关注，几乎覆盖所有重大的经济、社会问题。由此可见一斑。

在尝试提出应责胜任的法治政府主张之前，有必要以一个共识和一个限定作为前提。共识是，所谓的棘手治理难题，基本起因于利益更趋多元化、利益主张和维护更趋积极以及利益冲突更趋激烈。因此，有效应对治理难题并非朝夕之功，并非寻求恒久的唯一正确解决方案，并非一个难题不断得到解决的减法过程，而是在一个长期无尽的过程之中，努力让已有的和未来的正当利益得以充分表达和博弈，并在某个时刻达成较为合理的妥协或平衡，并与时俱进地修正这样的妥协或平衡。

另外，政府作为法律执行者的基本角色定位，并未因其规则和政策生产者角色的崛起或凸显，而有任何明显的淡化。在更广意义上，政府的规则和政策制定也可以被认为是在执行立法者宽泛的授权。然而，为了充分利用有限篇幅，下文的讨论主要是针对作为规则和政策制定者的政府，尽管有些元素对于作为狭义的法律执行者的政府而言也是必备的。

基于以上共识和限定，应责胜任的法治政府至少应具备如下元素：

1. 渐进而适度的代议民主

代议民主并非法治政府本身内含的，却是法治政府不可或缺的条件。人民代表大会制度仍然是基本的政治制度，代议民主的不足仍然是建设法治国家需要应对的问题。只是，不宜将代议民主的过程乐观地视为一切政府权力正当性/合法性的唯一来源，不宜将其乐观地视为形塑法治政府的唯一可靠基础。对于应责胜任的法治政府而言，可能更为合适的立场是，将其作为重要立法的保留场所，作为政府权力正当性/合法性的来源之一，作为执政体系中有别于政府并由此具备其独立价值（例如有时会比政府决策过程容纳更多的利益考量或中立于政府利益）的规范形成过程，其产生的规范作为政府权力正当性/合法性评判的优位标准。[1]此外，代议民主过程还是反思和检视政府的规则、政策、决策的重要场所之一。简言之，代议民主过程无法完全克服前文所提的弊病，故这些定位和功能引领下的制度进步（如提高常委会专职委员比例、税收立法收回、加强预算民主等）是必要的，但不宜过于理想化。

---

〔1〕 相应地，在行政法上，有法律保留原则、法律优位原则等予以体现。

2. 政府组织的合理化

多领域、多层次出现的治理难题以及由此滋生的对各种秩序的需求（如食品药品安全、电子商务发展等），是政府及其部门难以独立应付和供给的。应责胜任的法治政府即便没有来自代议机构的指令，都应该高度关切政府组织的合理打造或重构，并将其作为一个持续的、常新的过程。其中，极为重要的是：（1）积极培育成熟的市场和社会自治，合乎时宜地实现政府抽身或转身，厘定政府有效边界；（2）政府部门适时重组；（3）各级政府间的事权、财权合理配置；（4）建立运作有效的部门间、层级政府间以及区域政府间合作协调机制。[1]

3. 精英／专家及其知识经验的汲取和重视

工业化不断繁殖着社会分工并使其更加细密而又交织，对应的治理任务需要专门知识和经验。应责胜任的法治政府应当有能力汲取精英和专家，并重视其对治理可能有的贡献。就此，至少应在三个维度展开：（1）通过公正的选择机制，吸纳有相当专业基础的人员成为公务员，配以不同的相应职位，拒绝不正当利益输送在人员选拔上的影响；（2）通过良好的管理制度，使行政人员得以持续获取专门经验和知识；（3）通过开放的专家咨询机制，充分听取政府所属专家型行政人员和政府外专家的意见，并辅以完整的专家咨询记录制度，为以后可能的规则、政策和决策反思提供材料。[2]

4. 利益的充分有效表达

改革进入"深水区"，要害就在于可能会撼动已经形成的利益格局，对既得利益者构成威胁。例如，与高考录取分省配额制密切关联的教育机会平等问题，就涉及大城市新移民／子女对原居民／子女既有优惠的冲击。因此，应责胜任的法治政府，无论是在其依法有权形成规则、政策和决策的范围内，还是在为代议民主过程提供政策方案的范围内，都应当形成一个让各方利益诉求得到充分有效表达的机制。具体包括：（1）尊重和保障自由的利益表达；（2）通

---

[1] 由国务院坚持推动的行政审批改革、当下的放管服和优化营商环境改革、基层（乡镇和街道）管理体制改革、区域合作改革等，都在努力实现政府组织的合理化。

[2] 在美国行政法上，曾经有一种理论，把行政机关享有和行使宽泛裁量权的正当性／合法性建立在专家和专业知识的基础上，故被称为行政合法化的专家知识模式。参见［美］理查德·斯图尔特：《美国行政法的重构》，沈岿译，商务印书馆2002年，第48-61页。

过社会组织管理改革促进利益的组织化，原子化的、散沙化的利益表达既不效率，又难以与组织良好的利益形成均势；（3）社会组织的去行政化，努力实现社会各方利益通过组织化形式得到有序而又独立的表达；[1]（4）借助行政过程的公众参与（最好是通过利益组织的参与），形成理性的、辩论的、妥协的利益表达和协商。

5. 规则、政策、决策的共和性

法治政府原则上向人民及其代表负责，而不是向参与行政过程的专家和公众负责，这给行政首长偏离专家和公众意见提供了正当性理据。然而，在当下的政府治理过程中，有的利益被充分甚至过分考虑，有的利益则被排斥在外，或者最多只是被聆听了。有时，为了维护既得利益（利益主体可能包括政府自身、其他组织以及个人），政府甚至阻碍技术和制度的创新。这些都不符合"中华人民共和国"中的"共和"原则。"共和"在理想上是一种由人民统治且为了所有人共同利益的政体。[2]尽管判断具体规则、政策、决策是否符合所有人共同利益，注定是一个争议丛生的问题，但明显被某个或某些利益俘获而罔顾其他正当利益诉求，无疑是与"共和"要求相悖的。为此，应责胜任的法治政府应该在利益充分有效表达的基础上，（1）通过慎议的方式，考量和权衡各方利益；（2）于其最终形成的规则、政策、决策中体现考量和权衡的过程，尤其应当给予必要的理由说明；（3）排除不正当的部门利益、地方利益、组织利益和个人利益。

6. 政府信息和政务的公开

政府既然在相当程度上扮演规则、政策和重大决策的制定者角色，应对各种复杂的利益分配和协调问题，就应该让其掌握和形成的信息充分公开，让其政务过程充分公开，除非确实考虑国家安全、商业秘密和个人隐私的需求。至

---

[1]《国务院关于深化行政审批制度改革加快政府职能转变工作情况的报告》（2014年8月27日在第十二届全国人民代表大会常务委员会第十次会议上）指出："国务院正在开展社会组织管理制度改革，对行业协会商会类、科技类、公益慈善类、城乡社区服务类社会组织实行直接登记，推进行业协会商会与行政机关脱钩，探索一业多会，着力去除行政化。"

[2] 古希腊哲学家亚里士多德曾经将政体分为君主政体、贵族（贤能）政体、共和政体以及它们各自的变态僭主政体、寡头政体和平民政体。其中，共和政体是"以群众为统治者而能照顾到全邦人民公益的"。参见［古希腊］亚里士多德：《政治学》，吴寿彭译，商务印书馆1995年，第132-134页。

少有三个理由支撑这样的公开：第一，"正义不仅要实现，而且要以看得见的方式实现。"其实，对于利益分配和协调的正义与否，总会延伸出谁的正义、何种正义的争论，但是，是否可以被看见，则是一个相对容易判断的标准；第二，"阳光是最好的防腐剂"，唯有充分的公开，照顾不正当利益的黑箱、灰箱操作，才更容易被发现，才会形成阻止其再度发生的威慑力量；第三，"充分知情是理性、慎议的基础"，难以想象，信息的屏蔽或不对称会有助于形成一个合理的决策。因此，应责胜任的法治政府同时必定是一个透明政府。[1]

7. 开放和权威的反思体系与过程

人无完人，任何个人和组织都会犯错，政府也不例外。寄希望政府通过的每一项规则、政策和决策都是正确的，都是实现各正当利益最大化或最佳状态的，显然是不切实际的，也是苛刻的。更何况，政府重大议决事项的复杂性和议决过程的局限性并不容易应对，考虑和权衡失当在所难免，不能简单地称其为对或错。应责胜任的法治政府应该不忌讳承认错误或失当，关键是需要开放和权威的反思体系与过程。尽管政府有许多时候如同常人，也"爱面子"，也担心承认错误会失去人民的信任，也会试着去遮掩令自己难堪的事实，但是，就像一个在绝大多数时候勇于认错和改错的人更容易获得认可一样，政府也是如此。目前已有的、且在不断完善过程中的代表机关监督、法律法规规章乃至规范性文件的合宪性合法性审查、行政复议、行政诉讼等，都是反思体系和过程的组成部分，进一步努力的方向是更加开放、更加权威。无论如何，反思的目的不是埋怨和指责，而是检视启动反思过程的利益主张，是否真的在以往的规则、政策和决策形成过程中被忽略了，是否真的需要一定的调整以更好地协调各方。[2]

8. 贤良、廉洁和负责的行政德性

孟子云："徒善不足以为政，徒法不足以自行"。在立法者更多将规则和政策具体内容的形成权交付政府的背景下，无论授权出于无奈还是出于习惯，既成事实是政府及其官员有了更大的自由活动空间，有了更大的资源和利益支

---

[1] 关于我国在政府信息公开、公众参与等方面取得的发展之大概，参见本书第四章第二部分。

[2] 作者曾经提出"因开放反思而合法"的主张，参见沈岿：《公法变迁与合法性》，法律出版社2010年，尤见第一章，第3-23页。

配权力。由于法律已经不可能精细到告诉官员如何"逢山开路、遇水搭桥",在模糊宽泛标准或空白支票指引下的行政裁量就要相当程度地仰仗官员的贤良、廉洁和负责。贤良、廉洁和负责的行政德性的形成,除了前述精英/专家汲取机制,还可依靠:(1)真正的行政首长政治负责制。政治负责制不同于法律责任、纪律责任、道德责任,其考验的是行政首长是否能够在其负责领域回应各方利益诉求并胜任政策官员的角色。(2)劳酬相当且公开透明。付出与回报相匹配,是任何用人制度的核心原则之一。胜任的政策官员享受高薪是其重大政治责任的对价,不仅无可厚非,而且应该堂正施行。一切正当收入及待遇皆应晒于阳光之下。(3)最严格的反腐制度。对于任何超出正当利益范围的腐败行径,通过严密的制度予以有效预防和惩戒。任何政府若不能有效制止腐败蔓延,对行政体系、社会风气形成恶劣影响,势必不利于其对经济、社会难题的治理,这是千古不变传承下来的教训。

概而言之,传统的代议民主式法治政府的理论想象,如果不是完全不合时宜,也是过于简浅和单薄,而无法适应当今复杂治理的需要。无论在其他发达国家、发展中国家,还是在中国,现实的经济社会治理都对行政权提出了超越执行者、接近创制者的要求,提出了政府必须应责(accountable)和胜任(competent)的要求。这些要求究竟是什么——特别对中国而言,则有待我们共同去探索、发现和发展。

月光 /Glistening Moonlight   04/02/2022

>　　如果真的发生如下的事情：其中有一人被解除了桎梏，被迫突然站了起来，转头环视，走动，抬头看望火光，你认为这时他会怎样呢？他在做这些动作时会感觉痛苦的，并且，由于眼花缭乱，他无法看见那些他原来只看见其阴影的实物。
>
> ——柏拉图

第十章　面对传统、现在与未来的行政法学

　　自清末民初，行政法学借西学东渐之风进入我国，入土、生根、发芽、成长。其间，经历战争阻却、法统割断和运动纷扰。自改革开放起，有着欧陆法系和英美法系之混合水源浇灌的行政法学，终于获得一个持续、稳定、拿来主义与本土化交织的发展环境。四十余年来，行政法学的知识和理论在不断增长，尤其是近些年来，一种被称为"新行政法"的观念也同样自外舶入，突然让更多的行政法学研究者发现，原来不经意间，我们已经有了行政法学的传统，并且深深地陷入其中，犹如柏拉图笔下的洞穴囚徒，只知阴影而不知实物。[1]

　　于是，在众多论者的努力之下，这个"传统"由潜意识浮现于意识之中，由模糊不可名状而逐渐清晰，本书之前若干章节也多有涉及。当然，不同论者笔触之下所呈现的传统也不尽一致，但我国引入的西方行政法学不分法系之差异，皆立足或主要立足司法面向的法学传统，这一点可以基本形成共识。20世纪80年代末、90年代伊始，《行政诉讼法》的制定和实施，让移植的行政法学终于找到了真正可以让学术之根扎得更深、让枝叶开得更加繁茂的沃土。本土的与移植的一拍即合，在面向司法、定位行政合法性方面，似乎没有太多的违和感。彼时，并没有研究者非常清醒地意识到，这将同样成为中国行政法学的"传统"。

　　然而，这个传统并不直接关心行政目标是什么或应该是什么，不直接关心

---

〔1〕　参见［古希腊］柏拉图：《理想国》，郭斌和、张竹明译，商务印书馆1986年，第272-276页。

为实现行政目标需要什么样的组织形式、权力配置、资源和手段，不直接关心行政的绩效如何实现与保障。于是，当依法治国、依法行政被奉为治国理政之基本原则时，行政法学似乎对行政官员无法给出既能合法合规又能高效完成治理任务的一体指引。合法与违法也就成了行政法学雷打不动的评价政府活动的二元符码和标准体系，效能与否不在此体系之中。行政法学面临的挑战实际上是一个选择：我们是仍然坚守"法学"的阵地，坚守"法学"的本色，坚守"法学"的擅长，还是直面这种"法学"的真实面目，直面其有所长之有所短，直面现实世界需要解决的问题往往是合法性与有效性复杂交织的？

本章尝试从我国《行政诉讼法》的制定切入，把前文提及的司法面向的行政法学传统进行更为细致的画像，呈现其在西方源起国家是如何形成的、之后又是如何受到诘问的，而我国又是如何在两大法系的影响之下进行混合地继受，又是如何在本土显露其局限的。进一步，我国的行政法学需要作出怎样的努力，完成怎样的使命，才有可能获得更加完善的知识和理论体系，以回应正在迎面扑来的现实与未来。

一、行政诉讼是法治基石

《中华人民共和国行政诉讼法》的意义并不仅仅在于让人民可以到法院去起诉政府，更在于开启了中国走向真正法治的序幕。

自1840年鸦片战争以来，中国历经列强辱华、清朝覆灭、民国初建、军阀混战、国共第一次内战、抗日战争、国共第二次内战、共和国建立；此后，再经土地改革、镇压反革命运动、抗美援朝、私有制改造、反右斗争、大跃进、文化大革命，直至改革开放。这期间，虽有现代法制之播种、生根、发芽，但毕竟风云际会、动荡频仍，权力集中胜于权力约束。节制权力、防止滥用的真正法治之精神，并未在执政团体获得认同，更遑论普及拓延至广大人民，制度建构也缺乏稳定、平和、持续进行的适宜土壤及环境。

"文革"结束后，以邓小平为主要代表的中国共产党领导层，痛定思痛，深刻反思，呼吁建设一个不受领导人个人意志左右的法制。1978年12月，邓小平说："为了保障人民民主，必须加强法制。必须使民主制度化、法律化，使这种制度和法律不因领导人的改变而改变，不因领导人的看法和注意力的改变而改变。"[1] 在中国共产党第十一届三中全会召开之前，时任第五届全国人大常委会委员长的叶剑英在中央工作会议上指出："一个国家非有法律和制度不可。这种法律和制度要有稳定性、连续性，它们是人民制定的，代表社会主义和无产阶级专政的最高利益，一定要具有极大的权威，只有经过法律程序才能修改，而不能以任何领导人个人的意志为转移。"[2] 以经过民主程序的、稳定的法律和制度，取代变化不定的领导意志，显然已经十分接近以约束权力为主旨的现代法治理念。

行政诉讼法即于如此时代背景下诞生。第七届全国人大常委会副委员长、法制工作委员会主任王汉斌，在《关于〈中华人民共和国行政诉讼法（草案）〉的说明》中特别指出，这部法律的制定是"我国社会主义法制建设的一件大事，也是我国社会主义民主政治建设的一个重要步骤"，不仅可以"贯彻执行宪法和党的十三大报告提出的保障公民合法权益的原则"，"维护和促进行政机关依法行使行政职权，改进和提高行政工作"，也可以促进"治理经济环境，整顿经济秩序和廉政建设"。在我国，相比较人民代表机关和司法机关，政府及其部门对经济、社会生活的影响更具常规性和统治力。因此，一部行政诉讼法虽然主旨只针对行政机关依法行使职权，却如同一根指挥棒，牵引着政府、司法乃至整个执政体系，迈上了通往法治国的艰难但正确的道路。

自行政诉讼制度普遍建立之后，作为其姊妹篇的行政复议制度先后经《行政复议条例》和《行政复议法》而建立和完善，规范国家为其侵权行为承担独立公法责任、为受害人提供救济的《国家赔偿法》也随后出台。接着，行政处罚、行政许可、行政强制这三类对个人或组织之自由权、人身权、财产权等在极大范围内产生影响的行政作用方式，也分别由《行政处罚法》《行政许可法》和《行政强制法》予以规范。期间，《立法法》又对国务院及其部门、地方政府制定行政法规和规章的活动进行权限和程序上的严格控制，也为城市流浪乞讨人员收容遣送、城市房屋拆迁管理、劳动教养等制度的废除或改良奠定基础。《政

---

[1] 参见邓小平：《解放思想，实事求是，团结一致向前看》，载《邓小平文选》（第二卷），人民出版社2003年，第157页。

[2] 参见毛磊：《不同寻常的中国特色之路——从改革开放三十年看中国特色社会主义法律体系基本形成》，载《中国人大》2008年第16期，第21页；刘政：《新时期的人大工作从这里起步——五届人大二次会议的功绩》，载《中国人大》2002年第7期，第40页。

府信息公开条例》则推动习惯于"民可使由之,不可使知之"的政府,向开放、透明转型。

每一项制度的产生都有其自在的背景和使命,都有其自在的时代性和历史性。将每一项促进政府法治的制度之形成,皆追根溯源地归结于行政诉讼法的功劳或行政诉讼法制定者预设的美好意志,肯定是言过其实的。然而,假设没有这部法律的存在,绝大多数后续的立法努力将是无法想象的。因为,约束行政权行使的规范离开纸面落到实处,必须要有坚实的、常规的、权威的司法审查作为保障。尽管它不是唯一的保障,但绝对是举足轻重、不可或缺的。

二、司法面向的行政法学传统

行政诉讼法的颁布和施行,与改革开放以后中国行政法学传统的形成是同步的。这个传统是"移植型法学"或"学习型法学"的结果。[1]中国本土虽有"民告官"之历史,却无现代意义驯服权力之法治传统,以及与此法治相匹配的系统化行政诉讼制度之传统,故此处所谓"传统"是新的、舶来的、年轻的、尚未深深扎根的。这个传统肇始于20世纪初,其所蕴含的行政法总则(总论)知识体系,即逻辑上形成的行政组织法、行政行为法(行政作用法)和行政救济法的三分结构,有着更多的欧陆法基因,甚至可以准确地说,是日本同时代行政法学的基因,是日本所摹效之德国行政法学的基因。[2]虽然此知识传统曾经一度因学习对象转向苏联而有所中断,但改革开放后,它很快便得以复苏。[3]

---

[1] "移植型法学"并不是绝对地照搬照抄,所以,"学习型法学"似乎更贴切。然而,作为初学者的学习与作为研究者的学习是不同的,最初的学习基本是移植为主,就如同每个人在牙牙学语阶段都是以模仿为主一样。

[2] 参见本书第一章。

[3] 全国第一本行政法教材中,总论部分的构成包括"我国国家行政管理的指导思想和基本原则""国家行政机关""国家行政工作人员""行政行为""国家行政管理的法律监督"。参见王珉灿主编:《行政法概要》,法律出版社1983年。类似的教材结构是"行政组织法""国家工作人员法""行政活动法""行政诉讼法""行政法制监督"。参见姜明安:《行政法概论》,北京大学出版社1986年,第五章以下。90年代初,对当时的行政法学研究进行综述和评价的一本书,也以"行政法学绪论""行政主体""行政行为""行政复议""行政诉讼""行政赔偿"为体例,后三项可归为行政救济法范畴。参见张尚鷟主编:《走出低谷的中国行政法学》,中国政法大学出版社1991年。

相较而言，当时，英、美行政法同样在考察之中，却对这个传统没有构成决定性影响。当代行政法巨擘王名扬先生最早介绍的英国行政法，在体系上看似也有上述三分结构的影子。[1] 然而，正如先生所言，英国行政法发展较晚，没有较完整的系统，各学者间的著作体系也不一致，"一个外国人写英国行政法时不能不首先确定自己的体系"。而"中国人所接受的法学教育，不论在旧中国或是在社会主义新中国，在法学体系和基本概念方面和欧洲大陆法系比较接近"。[2] 可想而知，该书的体系结构有王名扬先生自己思考的印记。而在该书之前，美国学者伯纳德·施瓦茨所著《行政法》得以翻译出版，美国行政法被定位于"对行政机关的授权，行使行政权力必须遵从的方式（主要强调法定程序规则），以及对行政行为的司法审查"，比法国等大陆法系国家的行政法概念更为狭窄。[3]

尽管大陆法系（德日）与英美法系早先在有关行政法范围和行政法核心内容的认识上存有差异，英美行政法上也罕见所谓行政法分论之说，但是，在行政法总论方面，它们还是分享了一个共性，即只关注行政权力的行使如何受到规范和约束，对行政管理实质目标的实现不加关注。经由日本对中国产生影响的德国近代行政法总论体系源于奥托·迈耶的创造，其目标是克服极权国家或警察国家的弊端和建立法治国家，强调行政的合法性、可控性以及司法对行政合法性的控制和检验。其与后来的美国行政法落足行政程序和司法审查不同，而是选定行政行为作为基础概念。但其并非探讨行政行为如何实现行政管理目标，而是关注行政行为的形式化、可预测性与可计算性，希望藉由法的形式理性限制国家权力。与形式法治主义相随的法教义学/法释义学，在奥托·迈耶处也表现为以行政行为为核心的"行政方式法释义学"，使行政法最终发展为"行为方式——权利救济"的固定模式。[4] 英美行政法学同样不关注行政管理和服务的实体内容。在美国，不仅将大陆法系行政法经常关注的公务员法、

---

〔1〕 "中央政府""地方政府""公法人"可归为行政组织法，"行政机关权力的性质、根据和行使方式""委任立法""公开调查听证和调查法庭"可归为行政活动法，"行政上的救济手段""行政裁判所""司法审查""行政上的赔偿责任""行政监察专员"可归为行政救济/监督法。参见王名扬：《英国行政法》，中国政法大学出版社1987年。

〔2〕 参见王名扬：《英国行政法》，中国政法大学出版社1987年，"序言"，第2-3页。

〔3〕 参见[美]伯纳德·施瓦茨：《行政法》，徐炳译，群众出版社1986年，第1-2页。

〔4〕 参见本书第五章。

行政财产的取得和管理、公共事务和行政责任等视为公共行政范畴,[1]而且,通常也都"不讨论政府决策的实体问题,例如行政机关何时必须授权提高收费标准或批准发放残疾人社会保障补助"。[2]

行政诉讼法在中国的出现,加之长期以来就有的以诉讼或司法为面向的法学方法论,强化了这个对公共行政本身如何运作才能达成有效政府、善治政府问题有意无意忽略不计的行政法学传统。在当时一本极具影响力的行政法学综述和评价的书中,以下阐述将行政法学研究的基本出发点定位于行政诉讼,是对这一倾向的充分展示。

> 那么,行政法学研究的基本出发点是什么呢?我们认为,这个基本的出发点应该是行政诉讼。其理由是:
>
> 从整个法学研究讲,其最基本的出发点是诉讼,可以说,整个法学的大厦就是以诉讼为基础,所有法学学术上的观点、理论上的概念最终都服务于诉讼这一实践需要,离开了诉讼这一基础,法学也就失去了存在的必要。……
>
> 法律与诉讼之间这种密切的联系,导致法学研究也必须以诉讼为其基本出发点。行政法学当然也不例外。否则,行政法学也就失去其存在的价值。……[3]

于是,行政法基本原则(合法性原则、合理性原则)的概括与梳理,同行政诉讼合法性审查建立联系;行政组织法的研究落在"行政主体的角度,所有的行政组织法规范不过是在确立各个行政机关在行政法上的主体地位";行政行为理论所涉的概念、分类、效力以及具体实施形式等,也都要"放入到行政诉讼这一背景中去考虑时,才能具有实际价值。"[4]

---

[1] 参见[美]伯纳德·施瓦茨:《行政法》,徐炳译,群众出版社1986年,第2页。
[2] 参见[美]理查德·皮尔斯:《行政法(第一卷)》(第五版),苏苗罕译,中国人民大学出版社2016年,第3页。
[3] 参见张尚鷟主编:《走出低谷的中国行政法学》,中国政法大学出版社1991年,第704页。
[4] 参见张尚鷟主编:《走出低谷的中国行政法学》,中国政法大学出版社1991年,第705-707页。

由此，行政诉讼法不仅是中国走向法治的基石，同样是当代中国行政法学发展的基石。当行政法学沿着这个司法面向展开时，学习对象——大陆法与英美法——之间的差异，似乎化于无形，学习研究的国别不同，不再成为严重的阻隔。曾经一段时间，由于英语在学者中间的更大普及率，对英美法系行政法的研究超过对法、德、日的研究，少数学者对后者作出的贡献弥足珍贵，但丝毫不影响行政法学对前者的借鉴。英美法语境中才有的"司法审查"，[1] 被用来作为中国行政诉讼的另一称谓，被视为更有助于把握该制度的精髓。[2] 较之大陆法系国家，英国的自然正义、美国的正当程序以及美国的《联邦行政程序法》，似乎在中国行政程序法的发展中受到更多关注，以至于最终，在尚无统一行政程序法的情况下，程序正当、正当程序成为在中国立法、政策和司法中生根的话语。[3]

三、行政诉讼法与传统的局限

行政诉讼法确实给行政法学的研究找到了立足之处，"学习型法学"也很快摆脱了悬空的境界，与行政诉讼实践形成彼此呼应，对域外理论进行了本土化改造。然而，司法面向的行政法传统，自然也就受制于中国行政诉讼本身及其发展，形成了自己独有的特色和局限。

1. 行政组织

由于行政诉讼法的投射，行政组织法的研究基本限于行政主体理论，一是为行政诉讼确定适格被告，二是为各单行立法进行行政职权配置时提供三种可供选择的组织形态：（1）行政机关；（2）法律法规（后来延及规章）授权组织；（3）受委托组织。公务员法虽然为行政法教科书所覆盖，但也停留在法规范

---

[1] 由于法国行政法院的特殊历史和定位，法国行政法上的对应术语是行政诉讼或行政审判，而不是司法审查。参见王名扬：《法国行政法》，中国政法大学出版社1997年，第549页。

[2] 参见罗豪才、王天成：《中国的司法审查制度》，载《中外法学》1991年第6期，第1-7页。另外参见罗豪才主编：《中国司法审查制度》，北京大学出版社1993年。

[3] 国务院2004年发布的重要文件《全面推进依法行政实施纲要》提及依法行政的基本要求之一是"程序正当"。《国有土地上房屋征收与补偿条例》《普通高等学校学生管理规定》等行政法规、规章中有"程序正当"规定。关于司法实践，参见何海波：《司法判决中的正当程序原则》，载《法学研究》2009年第1期，第124-146页。

介绍和解读层面。行政组织的设置、职能配置是否违反组织法,是否可以促进有效善治政府,中央和地方行政的关系,地方与地方行政之间的关系,公务员的权利——尤其在受惩戒过程中——是否得到保障等问题,一概在行政诉讼法的视野之外,也就较少为学者所关注与深入研究。于是,在大陆法系国家受到行政法学关注的行政组织诸多问题,并未在有着大陆法系传统的中国全面展开。

2. 行政规则

这里以"行政规则"替代传统行政法学所用"抽象行政行为"一词,指称行政法规、规章和其他行政规范性文件。制定行政规则实际上是当代行政最富争议的核心权力。无论在什么体制之下,只要在政治和宪法理论上承认人民是主权者,代表人民行使主权的机关是立法机关,行政机关是立法机关的执行者,那么,行政规则——尤其是创制性行政规则——的制定,就涉嫌僭越代议机关(代表机关)的权限。因此,如何给行政规则制定权划出不可逾越之权限边界,如何让制定者在较为宽阔的权力驰骋疆域内合理合度地操控缰绳,如何使人民摆脱等待者、被实施者的消极角色而进入规则制定场域成为介入者、影响者——尽管不是决定者,就成为规训、驯服行政的一个重要课题。

遗憾的是,1989年制定的行政诉讼法在这方面没有作出突出贡献。其只是允许与抽象行政行为对应的具体行政行为直接进入司法审查视域,[1]而明确把行政规则排除在受案范围之外。当然,这并不意味着法院完全丧失对行政规则的审查权。行政诉讼法关于行政审判依据的规定(依据法律、行政法规和地方性法规,参照规章),以及该法本身没有明确但被普遍认同的下位法应当服从上位法的法制统一原则,被解释为让法院获得了对行政规则进行间接审查的权力,法院可以在对被诉行政行为进行审查时附带审查该行为所依据的行政规则是否合法。根据理论,行政法规、规章和其他行政规范性文件皆可受审,实践中也的确如此。[2]

---

〔1〕 为适应《行政诉讼法》于2014年的修改,下文皆以"行政行为"替代原先的"具体行政行为"。

〔2〕 行政法规受到审查的案例,参见章剑生:《依法审判中的"行政法规"》,载《华东政法大学学报》2012年第2期,第125页;规章受到审查的案例,较为典型的,可见最高人民法院2012年4月9日发布的指导案例5号"鲁潍(福建)盐业进出口有限公司苏州分公司诉江苏省苏州市盐务管理局盐业行政处罚案"。

然而，一则，这种附带的间接审查运用较少；二则，这种审查以行政规则付诸实施转化为行政行为、行政行为又被提起诉讼为前提，不能应对行政规则在未转化为针对个人或组织的行政行为之前即造成个人或组织权益受到侵害的情形（如超市遵循行政规则将不符合要求的商品下架，使商品生产者受损），也不能应对行政规则让个人或组织面临遵守或不遵守都会使自己权益受损的两难倾向（如遵守规则可能直接导致经济损失，不遵守规则就会面临被罚）；三则，这种审查仍然局限于狭义的合法性审查，即是否与上位法相抵触的审查，难以预防和治愈行政规则与法的一般原则发生冲突的情形。

3. 行政合同（行政协议）

2014年修改前的行政诉讼法并未明确将行政合同或行政协议争议纳入受案范围，审判实践中即便有此类争议通过行政诉讼加以解决，也并不多见。因此，虽然行政法学者一直将行政合同作为行政行为或行政活动的一种，但行政合同理论更多的是在引介域外，并尝试拿来主义地适用诠释于国有土地有偿出让合同、全民所有制工业企业承包租赁合同、粮食定购合同、农村土地承包合同、人事聘用合同、公共工程合同等。[1] 然而，由于此类合同争议常见地经民事诉讼解决，加之，民法学者普遍倾向于将同样这些类型的合同视为民事合同，并呼吁"警惕将经济合同定位为行政合同的倾向，以免计划经济的手段在新的名义下死灰复燃"，[2] 所以，行政合同在这个传统中并未获得可以进行充分理论研究的司法资源，直至行政诉讼法的修改。

4. 公产或公物

王名扬先生早年在介绍法国行政法时提及，"行政机关为了执行职务，除必须具备法律手段外，还必须具备人的手段和物的手段"，"物的手段，即行政主体的财产制度"。行政主体的财产可分为公产和私产，前者受行政法支配和行政法院管辖，后者受私法支配和普通法院管辖。公产可分为两类：（1）公众直接使用的财产；（2）公务用财产，即行政主体从事公务所用、其自然状态

---

[1] 参见应松年主编：《行政行为法》，人民出版社1993年，第十六章；张树义：《行政合同》，中国政法大学出版社1994年。

[2] 参见史际春：《〈合同法〉的喜与忧》，载《法学家》1999年第3期，第79页。

或经过人为加工以后的状态是专门或主要适应于公务所要达到的目的的财产。公产在公共使用目的的设定、废除和变更、公产界线的划定、公产的相邻关系、公产的维修、不能转让性以及公产保护的处罚、公产的使用等诸多方面,都应受到不同于民法的行政法特殊规范之约束。[1]

这一显具大陆法系公法私法划分之烙印的理论,并未在学习借鉴过程中被直接拿来,行政公产问题始终未得到广大行政法学者的关切。究其原因,第一,当时的行政法学注意力集中于行政行为,对行政物质手段未能顾及;第二,财产问题向属民法学研究范畴;第三,公产研究难度大,所有、使用、管理、保护等一系列问题非行政法学擅长。[2] 其实,假设行政诉讼法起草之时,因行政公产引发的争议被纳入受案范围,注意力、学科范围、研究难度等自然会迎刃而解。当然,也许正因为最初行政法学者没有深入专门的研究,行政诉讼法的起草也就不可能将这已经属于民法学、民事诉讼"势力范围"的问题划归其管辖,最终形成互为因果的循环。

行政法学对行政公产研究的匮乏,使得行政公产需要行政法予以特殊规制的认识,没有普遍形成或接受,这在一定程度上成为滋生公产保护不足之弊端的原因。例如,在公私合营的民营化过程或国企改制中,管理者的腐败、过低的估价、经验决策多于依法科学决策、决策责任制的缺失等因素,或居其一,或多个交织,造成国有资产的流失。[3] 这些因素的存在,与传统行政法在此领域的缺席不无关联。

综上,改革开放以后的当代中国行政法学,虽然沿袭了近代以来的传承,以大陆法系尤其是德国、日本为参考摹本,司法面向、法律实证主义、法律自治的基因特征得以保留,但是,在本土的发展以行政诉讼法的颁布施行为底基,以后续的行政复议、国家赔偿、行政处罚、行政许可、行政强制等制度为主干,加之受到同时期发展的民法学、经济法学之影响,又使其自身形成了独有的特点和局限。

---

[1] 参见王名扬:《法国行政法》,中国政法大学出版社1997年,第301-356页。
[2] 参见张尚鷟主编:《走出低谷的中国行政法学》,中国政法大学出版社1991年,第711-712页。
[3] 参见王乐夫、陈干全:《我国政府公共服务民营化存在问题分析——以公共性为研究视角》,载,《学术研究》2004年第3期,第69-73页。

2014年行政诉讼法的修改,授权法院可以对行政法规、规章以外的其他行政规范性文件进行附带审查,从而把原先通过法解释方法获得的间接审查权"扶正"了;另外,也明确因政府特许经营协议、土地房屋征收补偿协议等行政协议而发生的争议,归入行政诉讼受案范围。因此,上述有关行政规则、行政合同的不足,或可通过更多的行政审判实践、案例积累、学说提炼、制度建构等,得到一定程度的弥补和完善。

然而,沿着行政诉讼法维度的行政法学发展,终究会受制于这个维度继续延伸的限度。行政规则的司法审查仍然会在一段时期内是附带的、形式法治定位的,在行政组织、行政公产等方面可能的争议仍然会处于行政诉讼法辐射范围之外,这些方面的研究和制度建构也就会继续游走在行政法学边缘。此外,行政诉讼法维度再怎么延伸,范围再怎么扩大——假设法院可以于特定情形下对行政规则进行直接审查,司法审查强度再怎么深入行政过程——假设法院可以判断行政规则是否滥用职权、反复无常或明显不当,似乎都无法突破司法面向的传统偏向于行政权合法性控制的局限。

四、真的不用回答行政实体问题吗?

如前所述,大陆法系(德日)[1]和英美法系的行政法学传统虽有较大差别,但共通的是,不关心行政实体问题,不关心政府如何组织和运作可以更好地处理经济、社会问题,只关心政府权力的行使必须在公法——狭义的只是实定法明文规定,广义的包括实定法未予直接或间接体现的公法原则——的框架内、轨道上;这个驯化、羁束行政权的任务就主要落在法院那里,让法院、法官拿着公法规范尺子去衡量争议的行政行为是否符合法的要求。而且,这个共性也被认为是公法、公法学应有的使命,政府组织和运行的有效性、最佳性问题,应该交由公共行政、行政学去研究,公法学人不应该去做分外之事,也做不好分外之事。真的应该这样吗?

---

[1] 此处主要指向对中国近当代行政法更具影响的日本及其背后的学习摹本德国。法国行政法院的特殊历史及其地位,使法国行政法有着不同于德国、日本的行政面向。法国行政法院本身就隶属行政系统而非司法系统,"法官主要来源于法国国家行政学院的高才生。他们进入法院以后,通过各种措施结合法律知识和行政经验"。参见王名扬:《法国行政法》,中国政法大学出版社1997年,第22页。

第十章　面对传统、现在与未来的行政法学

在许多国家，这个关乎行政法范围的问题，可以说由来已久，而非新鲜事。英美公法学人反思其历史，承认过去法律"可用于纠正或规制行政，且无须被完全牵扯到使公共政策指令运作的日常活动之中"。然而，"有关公法范围的学术争论有时追求法与行政更有效的结合"。美国第28任总统、著名政治学、行政学家伍德罗·威尔逊早在1887年就发表文章批评"英国人长期以来成功地学习控制行政权力的艺术，而不断忽略完善行政方法的艺术"。100年以后，英国政治学家加文·德鲁瑞也感慨公法与公共行政之间"缺少合作"。不仅研究公共行政的学者批评法律疏远行政，加拿大最具影响力的已故公法学者约翰·威利斯也认为法律人过于执着地对政府运作施加宪法和类宪法限制，行政法过于关心法律，未充分考虑其他学科，经验根据也不够充分。[1]

在德国，由于财政危机、资源短缺，具有命令控制性质的高权行政从传统领域退出，接近市场运作的形式（如私有化）和有利于社会自我规制的形式得到极大发展，合作和契约型的行政活动日渐增多，政府组织也在工作流程、组织间交流、透明度等方面进行更有效率的重新架构。这些行政实践已经使得传统行政法落后了，"特别是行政活动形式的理论、行政程序理论和法律保护理论等，在面对这些发展时仍然表现出了不甚清晰的态度"。行政法院对行政自主裁量空间的控制力不从心，越来越倾向于适用行政自己发展出来的标准，这就需要行政和司法共同地、合作地承担责任。[2]

在日本，"公法学的基本性视角是通过法院以及法官的眼睛思考如何处理既已发生的纠纷，即它有着将法作为病理学而予以把握的特点"，而现在，有更多的学者是通过实证的、经验的研究去分析现实的行政活动，分析其与法律之间的偏差及原因。行政法学的当代使命是对新的行政现象、行政手段进行事实描述，理解协商型的、取得相对人同意型的行政手段以及建议、警告、推荐等非正式行政活动在现代行政中的作用，认识到其中较多是不具有法律效力的或者仅具有"宽松效力"，进而探求它们对法治主义原则发展的意义。[3]

---

[1] 参见［加］韦德·麦克兰奇兰：《公共服务法与新公共管理》，载［新西］迈克尔·塔格特编：《行政法的范围》，金自宁译，中国人民大学出版社2006年，第144-145页。

[2] 参见［德］迈哈特·施罗德：《德国行政法》，载［荷］勒内·西尔登、弗里茨·斯特罗因克：《欧美比较行政法》，伏创宇等译，中国人民大学出版社2013年，第154-156页。

[3] 参见［日］大桥洋一：《行政法学的结构性变革》，吕艳滨译，中国人民大学出版社2008年，第3-58页。

以上罗列仅仅是直接或间接影响中国当代行政法之学习对象国正在发生变化的冰山一角，在学习对象国，对此尚有不少的争议，但是，无论如何，已经足以显现倾向于司法面向的行政法学传统之缺陷：它是偏重解决行政纠纷的、事后规范的、只关心已经发生的行政行为是否合法合规的，而很难为制度具体化建构的、事前规范的问题——政府组织应该如何架构、应该采取什么样的活动方式和手段及其组合去更有效地实现民主或准民主过程所设定之行政目标——给出自己的贡献。而这个问题恰恰是当代行政合法化（legitimization）的核心。

在当代，经济、社会交往的发展及其复杂性，注定了在具体事务上政府与市场、政府与社会的作用边界应该如何划定——无论是通过立法划定还是通过行政自我改革划定——成为必须经常讨论的重要议题。"大政府、小市场、小社会"或"小政府、大市场、大社会"等大而无当的观念或原则都是无济于事的。进而，当政府作用边界基本划定、政府作用目标基本设定后，立法者不得不交给政府更多、更广阔自主空间去考虑政府应当以什么活动和手段发挥作用，也就是，粗疏的立法需要行政进行具体化制度填充。这也同样成为一个无法回避的经常性议题。然而，这些议题多半不是发生在司法场合，"新行政法的主要来源是行政和立法部门"。[1] 在缺乏对法律、法规、规章甚至其他行政规范性文件进行有效司法审查的中国，情况更是如此。

面对这些在立法过程、行政政策过程中亟待解决的问题，行政法学人真的可以无视之，简单地闭上眼、摆摆手称"这不是我们所应研究和所能研究的"？或者，虽然参加这些议题的探讨，却不管不顾行政目标究竟为何，不管不顾什么样的组织架构、活动方式或手段是可用的、有效率的，只顾拿着法律保留、法律优先、越权无效、比例原则、信赖保护、正当程序等法治原则，去衡量被别的学科或实务部门提出来的有关组织、活动或手段的方案是否合法吗？难道只要消极的审查立场，而完全不顾积极的建设立场？会不会被"到底有没有更好的建设性意见"难倒？又或者，当立法宽泛授权逐渐成为常态，法律保留、法律优先、越权无效等已经基本松弛无力的情况下，行政法学人是不是就可以

---

［1］ 参见［美］阿尔弗雷德·阿曼：《新世纪的行政法》，载［新西］迈克尔·塔格特编：《行政法的范围》，金自宁译，中国人民大学出版社2006年，第141页。

拿着"比例原则"这杆秤走天下，而不顾该原则内含的目的正当性考量、多手段比较权衡、成本-效益分析等所提出来的、在具体语境中对跨学科研究的需求以及对行政实体问题探究的需求？

五、迎面扑来的现在与未来

四十年中国经济、社会的快速发展，带来了世界第二大经济体的成就，同时形成了利益更加多元化、利益分歧和碰撞更加频繁发生的局面，人民维护权益的意识和行动也在不断加强。契约自由、迁徙自由、表达自由、信仰自由等自由权，消极防卫意义上和积极获得意义上的财产权，牵扯城乡差异、户籍改革、农民工权益、教育平等的平等权，以及人格尊严、名誉和荣誉、隐私权、个人信息安全等各类权益，都有着不同的群体或个体提出各自诉求，且彼此之间难免发生一定的冲突。〔1〕

面对利益多元化、利益均衡发展的重大使命，政府的作用边界、组织结构、活动方式和手段、工作程序等，也正在发生并且将持续发生剧烈的变化。自改革开放伊始，始终需要应对的政府与市场、政府与社会之间的关系，会在越来越多的具体领域、具体情境、具体议题中加以处理。在是否应当打破垄断、营造市场，是否应当设定特定许可或审批，是否应当让特定事项交给市场或社会自我管理、自我规制或自我服务，是否应当在某个领域或行业实施民营化，是否应当加强公私合作等问题上，总是萦绕着放权还是集权又或放管结合的经典问题。而深层次的问题是，怎样的政府—市场—社会关系结构，可以更好地完成做大蛋糕又能比较公平地分配蛋糕的事业。毕竟，作为全球第二大经济体的中国，人均GDP在世界上的排名仅仅是70余位，〔2〕

而在政府作用的空间内，面对多元冲突的利益，实现行政管理或服务目标的决策机制，势必要摆脱单方行政模式，而转向由多方利益参与、协商的行政

---

〔1〕 例如，廉租房建设、安居工程建设对部分群体的居住条件的改善，会与现有土地或房屋所有权人或使用权人发生冲突；异地求学参加中考、高考的利益诉求若要实现，会增加当地居民子女竞争难度；针对恐怖主义的威胁采取的信息收集，会影响到个人隐私、个人信息安全；等等。

〔2〕 参见王文、卞永祖、刘延洁：《我国人均GDP排名变动情况及人均GDP预测》，载《当代金融研究》2018年第6期，第20-21页。

过程。[1] 在促进目标有效实现的可用手段清单里，不仅仅只是行政命令、行政处罚、行政许可（审批）、行政强制、行政收费等，协议、指导、奖励、建议、劝告、曝光、约谈等并非以强制为后盾的手段，也日益受到重视。在行政与行政相对人、利害关系人之间，除了命令-服从的关系模式外，协商-合意的关系模式在更大范围内推行，且经常交织在一起。

近些年，随着信息化、网络化、电子化、数据化、全球化的拓展和深入，一种利用信息、数据作为治理手段的趋势方兴未艾，且有加速推广的明显迹象。利用信息、数据可以对行政管理或服务对象进行"精准画像"，有助于政府在较少成本的条件下形成管理或服务策略和手段方案的精准选择。更加令人关切的趋势是，政府收集和利用个人或组织违法信息、分享相关数据，以及倡导实行对应的联动（经常称为"联合惩戒"）措施，包括记入失信记录、提醒告诫、重点监管、声誉不利、资格限制或剥夺、自由限制等，希冀由此起到原先法律实施机制所不能达到的预防违法犯罪之威慑效果。[2] 在这个过程中，相较特定公共事业领域的民营化、特定项目建设或管理的公私合作关系（public-private partnership），政府主导下的公私联动呈现出前所未有的规模和看似没有边界的走向。

于是，以规范行政、使其有效运作以保护和促进公民权益为不变之宗旨的行政法以及行政法学，现在和未来需要应对的两大主题是：

1. 如何确定行政法的疆域边界

行政法的疆域也就是行政法的适用领地，其涉及传统上的公法和私法之划分。过去，这个界线本就不是绝对泾渭分明的，以后，会更加具有模糊性和变动性。在找准和划定疆域边界时，必须考虑公法和私法规范各自以及互

---

〔1〕 2004年国务院发布的《全面推进依法行政实施纲要》就提出"建立健全公众参与、专家论证和政府决定相结合的行政决策机制。实行依法决策、科学决策、民主决策"。最新的立法例是国务院于2019年颁布的行政法规《重大行政决策程序暂行条例》，其中第6条规定："作出重大行政决策应当遵循民主决策原则，充分听取各方面意见，保障人民群众通过多种途径和形式参与决策。"

〔2〕 参见国务院于2014年颁布的《社会信用体系建设规划纲要（2014—2020年）》和2016年颁布的《国务院关于建立完善守信联合激励和失信联合惩戒制度加快推荐社会诚信建设的指导意见》。

动的效果。

（1）政府是否应该在特定领域或事项上退出，交给市场和社会的问题，不是一个简单地运用类似于《行政许可法》关于"公民、法人或者其他组织能够自主决定的、市场竞争机制能够有效调节的，就可以不设行政许可"的行政法规范就能迎刃而解的。此类规范内含了一个"场景模拟"和试验，在其中，与个人或组织自主决定、市场竞争机制有关的公法和私法规范应该是什么，以及它们各自的以及配合的效应如何，都必须在模拟试验中充分考量。

（2）在公共事业民营化的过程中和以后，或者在具体项目建设或管理上形成公私合作关系的过程中和以后，肯定会出现公法和私法混合适用的现象，棘手之处在于哪些方面适合由行政法介入，哪些方面则应当由私法规范调整。民营化或公私合作关系往往是以行政协议的方式实现的，且大多涉及行政机关支配的物，因此，与之相关但不完全重合的是，行政协议的缔结与履行、行政公产的使用与保护，也存在类似问题。

（3）在政府主导下公私联动的社会信用体系建设中，企业、社会组织与政府进行的联合惩戒，是要在一定范围内受公法规范的约束，还是将其仍然划归私法范围、确立特殊的私法规范对其实施的失信惩戒进行限制。

（4）当电商平台越来越被视为电子商务领域实行公共治理的一个重要主体时，其与平台内用户——经营者和消费者——的关系是一个纯粹基于契约（同意协议，点击进入）的民事关系，完全受私法调整，还是因为其在一定程度上处于支配地位，且在执行本应由政府完成的工作或类似于政府的职能，就应该由行政法或公法适度介入。

2. 如何实现有效性与合法性的结合

毫无疑问，对于绝大多数行政官员而言，摆在首要位置的问题是，如何运用资源和手段去有效地实现各种复杂的管理和服务目标，从而完成立法机关、上级机关交办的任务。至于其行动和手段是否合法的问题，在法治松弛的环境，并不会被关注，在法治严明的环境，即便受到重视，也只是放在次要位置的。与之相反，从事行政审判工作的法官，面对的是原告提出来的被诉行政行为不合法的主张，需要查明和判断该主张是否成立，亦即被诉行为是否具备合法性。至于被诉行为是否有效地完成了管理和服务目标，不应该是优先考虑的。

司法面向的行政法学传统，更关切的是法官考虑的问题。理论上探讨的行政组织地位、行政行为形式化、类型化、行政行为效力、行政行为程序、行政诉讼构造以及司法审查标准等等，都是直接或间接给法官合法性评判提供智识支持的。即便传统行政法学也是立法者制定立法法、行政处罚法、行政许可法、行政强制法等法律的智识渊源，但这些法律的主旨也还是为行政权合法行使设定框架和轨道。

然而，在任何国家和地区，在任何时代，若作为整体的行政法制度——即与行政有关的所有法律制度——只是执着于给行政设定不可逾越之规矩，而不去设定行政所欲追求的目标，不去考虑为目标实现而提供给行政必需的、有效的组织形式、资源和手段，这是令人难以想象的。如此制度及其设计者和执行者势必会被人民所唾弃，因为，人民更需要的是一个可以促进经济发展、财富增长、秩序稳定、人权实现、民生保障、社会公平的政府。传统行政法学只是关注和展现了其所研究对象的一面，而基本无视了行政法的另一面，无视了它在有效性维度上已经作的以及应当作的努力。因此，现在与未来的行政法学，需要植入行政官员的视角和问题意识，需要为行政的有效性提供概念和知识工具，以期实现有效性与合法性的有机结合。

（1）在政府—市场—社会的关系结构中，可以考虑确立一个假定或原则，即在为人民提供更多产品、服务乃至管理上，竞争性市场、开放性社会相比政府更具有效性。这个假定或原则并不是放之四海而皆准的，但至少为行政官员在是否向市场化、社会化改革或者是否动用政府之手干预市场、社会等问题上提供思考的方向和优先选择的方案。除非有更具说服力的证据和理由，否则，该假定或原则就适用于具体方案的确定。

（2）凡是依法或依委托提供公共管理或服务的组织，无论本来属性是行政机关和机构，还是非行政机关的企业、事业单位和其他组织，它们的设置、内部组织架构、内部工作机制和流程、跨科室、跨部门、跨地域之间的沟通合作等，都应该有助于管理或服务目标的有效实现，并有相应的规则予以保障。行政法学可以也应该对此作出贡献。

（3）在传统的行政命令、行政处罚、行政许可、行政强制、行政奖励、行政指导、行政合同（协议）等行政行为形式化之外，应当研究标准制定、信息规制、价格控制、资源配置、私人规制、国有化、建议、劝告、约谈等措施的效用及其边界,〔1〕研究在什么情况下、针对什么问题可以采取什么样的措施,以及决定采取措施和执行决定时应当遵循的程序和实体正当的规范等问题。〔2〕如此,行政官员如同拥有一个有效解决问题的装备库,供其有针对性地进行决策选择。

(4)决定当今经济、社会样态的一支重要力量是技术。生物技术、信息技术、新材料技术、新能源技术、空间技术、海洋技术被普遍认为是高新技术集中的六大领域。〔3〕在这些领域快速发展的技术,同样快速地改变着我们生活的世界,我们在获得和享有技术提升带来的好处同时,也面临着层出不穷的新的问题。政府或者更广义的公共管理者或服务者,也是如此。以信息技术为例,它以电子技术为基础,包括通信技术、自动化技术、微电子技术、光电子技术、光导技术、计算机技术和人工智能技术等。正是信息技术的进步,使得行政自动化、通过数据的治理以及更大范围内更高效率的公私合作治理成为可能。但是,如何对待自动化的错误或故障,如何对待自动化抑制裁量,如何使得自动化处理及"处于黑箱中"的算法是合理的,如何防范黑客攻击对行政的干扰和破坏,如何保护个人隐私,如何防止出现公对私的大面积强制或侵夺等一系列问题也由此产生。如果不对特定技术、技术的效用、技术的风险等有所了解,是很难应对这些问题的,更不能给出一个适度实现技术有效性的规范框架。试想,信息、网络、数据、人工智能正在声势浩大、铺天盖地地迎面走来,以很难预测的速度改变着周围一切,我们是不是还认为,行政法学仍然只需在合法性维度上拓展和深入?

---

〔1〕 类似的研究,参见[英]安东尼·奥格斯:《规制:法律形式与经济学理论》,骆梅英译,苏苗罕校,中国人民大学出版社2008年;[美]史蒂芬·布雷耶:《规制及其改革》,李洪雷等译,北京大学出版社2008年。

〔2〕 比如,2018年4月,作者曾经针对高校约谈学生的工作,草拟《学校约谈指南(建议稿)》并通过"现代法学前沿"微信公众号发布公开征求意见。该指南就学生拒绝约谈权、请求回避权、亲友或律师陪同权、约谈的合适时间与时长、一般不同时约谈亲属的规则、约谈的平等、尊重、保障正当权益原则等,提出了建议性规范。由此,作者试图传达:并不因为约谈属于传统行政法学中的"行政指导"范畴,或者属于柔性行政的范畴,就可以忽视其程序和实体的正当性要求。

〔3〕 参见郭朝先:《高新技术究竟包括哪些领域》,载《中国经济导报》2010年5月4日第B05版。

六、结语：我们的使命

"不是我不明白，这世界变化快"。三十多年前，行政诉讼法颁布之际，正是崔健这首歌收录专辑《新长征路上的摇滚》、唱响全国的时候。在快速转型的时代，公共行政发生着巨大的变化，以公共行政为规范对象的行政法也同样如此。只是，行政法学似乎仍然停留在百多年前学自日本、间接学自德国的框框里，尽管其中不间断地进行着新的制度、知识、学说的填充。

回顾传统，我们要向传统的近代奠基者和当代复兴者前辈们表达崇高的敬意和感谢！在思变的时刻，我们必须清醒，传统的其实还远不够扎实和成体系，正在变革的还尚未成型，且仁智意见相左。面对传统与变革，我们需要着力完成行政法学的三大学术任务和挑战：（1）更加成熟的体系化；（2）接地气的本土化；（3）超越传统法学的局限。[1]

这三大任务相互交织、彼此影响，未来的中国行政法学是怎样的？让我们带着期待探索，在探索中期待。

---

[1] 参见本书第五章第四部分。

桥 /Bridge 08/20/2022